図解で■早わかり

最新 人事・労務の基本と実務

社会保険労務士・
中小企業診断士
森島 大吾 監修

本書の3大特色

募集、採用、教育研修、人事考課など人事の
基本や考え方がわかる。

労務の基本からテレワーク、副業・
兼業などの新しい問題まで解説。

働き方改革法、パワハラ防止法、
高年齢者雇用安定法など
時代の変化に伴う法改正に対応。

三修社

はじめに

　「人事労務」は大きく、人事と労務の仕事に分けられます。人事は、その人の特長を見極め、採用や適材適所の配置を決定するものです。これらは、社員一人ひとりの可能性を最大化していくことだといえます。一方、労務は、規則や規程で社員を管理することです。労務管理というと社員一人ひとりよりも組織の秩序を維持する行為ということもできます。

　このように人事と労務では、相反する側面を持ち合わせているといえるでしょう。中小企業においては、人事労務をひとつの部署で担当していることも多く、さまざまな業務があることの他に、幅広い視点でヒトや組織を見る能力が必要とされています。

　さらに、これからの人事は、企業競争の中で、人材育成の視点も必要とされています。日々変わる外部環境の中で、求められる人材を育成することも人事に求められる能力のひとつです。なぜ人は学ぶのかという心理学的な視点や、研修を企画するスキルなどの専門性も必要になってくるでしょう。

　本書は、人事労務の多岐にわたる業務の基礎的な知識や考え方をまとめた入門書です。人事の仕事として、どの企業でも行われている採用活動の方法や留意点を中心にまとめています。また、働き方改革時代の労務管理や、副業・兼業、テレワーク等の新しい働き方についても基本的な事項を記載しています。これから人事の専門性を身に付けたいという会社担当者の1冊目として、幅広い業務の概要を網羅した内容となっています。

　本書で人事労務の基本を学び、自社でご活用いただき、お役に立てていただければ監修者として幸いです。

　　　　監修者　社会保険労務士・中小企業診断士　森島　大吾

CONTENTS

PART 2　働き方改革に対応した労務管理の法律知識

PART 3　在宅勤務・副業などの新しい働き方

PART 4　継続雇用・パートタイム・派遣などの法律知識

PART 1

人事の仕事の基本

人事の仕事

「人」という資源を教育・供給する仕事である

■ どんな仕事なのか

人事の仕事内容としては、採用・退職、教育・研修、管理統制、労務に関する業務といった内容が挙げられます。企業によって、さまざまな部門がこれらの仕事を行っている場合があります。たとえば、採用・退職、教育・研修については人事部門が担当し、管理統制、労務に関する業務については総務部門が担当するというような企業もあります。また、総務部門と人事部門を兼ねた部署を置いている場合もあります。

採用・退職では、会社の規模や業績などに合わせて、会社の人員数についての計画を立てます。その年度の退職者数（定年退職者数、自己都合退職者数）を推定し、次年度の新規採用人数などを決定したり、採用計画の策定などを行います。最近では、採用手法の多様化により、ハローワークや求人サイト以外にもソーシャルネットワークなどの採用手法を取り入れている会社も多いようです。さまざまな採用手法を組み合わせ、自社にとってより効率的な人材採用をめざしていかなければなりません。また、これと同時に退職に関する業務も行います。

教育・研修では、新規採用の従業員に対して研修を行い、スキルアップを図ります。研修内容そのものの計画立案を行い、研修を通して質の高い社員を育てるための教育を実施します。また、新規人材への教育だけに限らず、会社の経営方針などをふまえて、既職の従業員のスキルアップをめざす人材開発も担当します。

教育・研修は、新入社員、中堅社員、管理職などの勤続年数

給与等の管理

人事の仕事として重要なものとして、社員一人ひとりの給与や賞与、退職時の退職金などの支払額の決定や管理などがある。人事が管理する給与や賞与の額については、それぞれの部署の業績や個人の成績などの評価に基づいて、具体的に支給する金額を決定する。

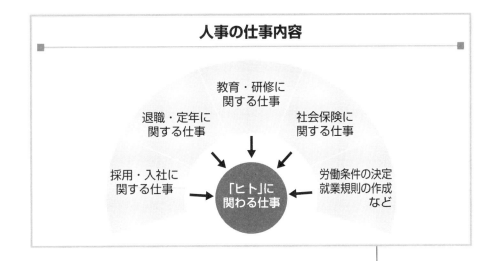

人事の仕事内容

教育・研修に
関する仕事

退職・定年に
関する仕事

社会保険に
関する仕事

採用・入社に
関する仕事

「ヒト」に
関わる仕事

労働条件の決定
就業規則の作成
など

別に分けて実施する場合もあれば、営業、企画、事務などの職種別に実施する場合もあります。

　管理統制では、従業員への評価を行う際の基準や労働環境の整備や改善を行います。管理統制は、成果を上げた人がきちんと評価されるしくみづくりや、成果を還元するための賃金制度の設計など、モチベーションを高く働き続けるための制度づくりです。また、就業規則などの策定・改定も、人事が担当する業務のひとつです。

　人を育てていくという仕事に携わるということは、人との関わりを持つ中で仕事を進めるということが大前提になります。従業員を適正に、かつ公平に評価をするために、人事部で働く従業員には「人を見る力」が要求されます。従業員の経歴や学歴からだけの判断ではなく、従業員の特徴や才能、モチベーションなど、さまざまなことを加味して配属先の部署を決定したり、人材開発のための研修を行う必要があります。

　このように見てみると、人事部での仕事にとって重要なことは情報収集です。部署や従業員一人ひとりの業績や能力、自社が関わる業界についての動向など、ありとあらゆる情報を把握

していることが大切です。

　また、採用・退職に関わる人事が担当する仕事には、労務に関する事務も含まれます。具体的には、健康保険や年金、雇用保険などの手続、各種保険制度についての管理、給与計算などが挙げられます。

給与計算

一定のルールに従って決定された支給額から、所得税・住民税・健康保険料（介護保険料）・厚生年金保険料・雇用保険料等を差し引いて、手取額を計算する事務のこと。

■ 人事部の特徴

　企業には経営目標を記載した事業計画があるはずです。中長期的な売上目標や単年度の目標に沿って、具体的な行動計画などが組まれているような場合が多いようです。小さい会社であっても社長の頭の中には事業計画があり、明文化されていないこともあるようです。

　このような計画に沿って、人事面から経営をサポートするのが人事部の役割です。たとえば、売上を伸ばすために東京本社以外に大阪に支店を持つような場合、そこで働く従業員を事前に確保する必要があります。支店を開設してから採用を始めていては遅いといえます。人事部には、最適な部門構成や人員配置、採用計画を構築するということが求められます。

　また、企業で働く人材のスキルや質が、そのまま企業の業績へと結びつくといわれる現代では、いかに従業員のスキルを伸ばしていくのかが重要です。たとえば、昨今のICT化や機械化は目まぐるしいものがあります。このような外部環境の中で必要なスキルや知識を更新していく必要性は高まっています。その育成のすべてを担うのが人事部といっても過言ではありません。

　企業の事業業績を伸ばすために必要な「人」という資源を教育、供給していくことが人事部の特徴だといえます。

■ 仕事のスケジュール

　人事部における仕事は、月単位、年単位、中長期的な単位の仕事があります。月単位の仕事としては、給与計算、中途採用

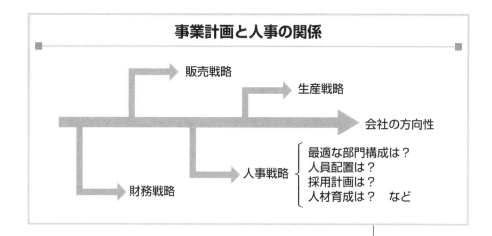

事業計画と人事の関係

販売戦略

生産戦略

会社の方向性

人事戦略 { 最適な部門構成は？
人員配置は？
採用計画は？
人材育成は？　など

財務戦略

などが挙げられます。給与計算では、勤怠管理を行い、賃金支払日までに給与計算をして、賃金を振り込みます。年度途中に退職がある場合は、必要な人員数を見極めながら、都度中途採用で補充を行います。

　年単位の仕事には、新卒採用や年間の研修計画があります。新卒採用では、次年度の4月入社に向けて会社説明会や面接を年間通して行います。選考などは6月〜9月にかけて行われることが多いようです。選考後には、入社までモチベーションを高めていくようなフォローアップを行っていく必要もあります。売り手市場の昨今では、前年度の夏頃からインターンシップの受け入れを開始している会社もあります。

　また、年単位の仕事には研修計画の立案・実行もあります。事前に開催日を設定しておくことで、研修計画をスムーズに進めることができます。

　中長期的な単位には、人事評価の見直しや部門構成の変更が挙げられます。これらの仕事は、毎年毎年変更してしまうと混乱のもととなってしまうため、中長期的な視点で良い面、悪い面を含め検討をしていく必要があります。また、経営者を巻き込んで改革していくという根気も必要です。

欲しい人材の見極め

経験、資格、実績、知識、人間性などを見る

■ 業績の向上に貢献してくれる人材が欲しい

会社が社員を採用しようと考えるときには、どんな理由があるのでしょうか。状況はさまざまでも、突き詰めれば「会社を経営していくための人手が足りない」というのが社員を採用しようとする根本の理由です。

ただ、このとき単に人数を増やせばよいのかというと、そうではありません。経営者にしてみれば、会社の業績の向上に貢献してくれる「良い人材」を多く採用し、長く勤めてもらいたいというのが本音でしょう。

■ どうすれば集めることができるのか

「良い人材」を採用するためにはまず、求人に応募してもらわなければなりません。求人情報を出す際には、給与や勤務時間、人材に求めるスキルなどといった条件面を適正に出すことが重要です。

なお、いくら良い人材が多数応募してきてくれても、適切に採用できなければ意味がありません。採用試験や面接などによって、その人が会社の求める人材かどうかを見きわめることができるよう、採用担当者の能力アップを図ることも忘れないようにしましょう。

■ 何を重視するか

優秀な人材かどうかを見きわめる条件として、経験や資格、実績、知識などを重視する場合が多いと思います。特に中途採

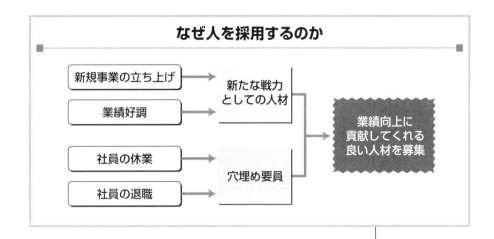

なぜ人を採用するのか

- 新規事業の立ち上げ → 新たな戦力としての人材
- 業績好調 → 新たな戦力としての人材
- 社員の休業 → 穴埋め要員
- 社員の退職 → 穴埋め要員

→ 業績向上に貢献してくれる良い人材を募集

用の場合、会社は即戦力を求めているため、それが最優先の条件となるのもムリはありません。

しかし、能力があるからといって即戦力になるとは限りません。このような事態の背景には人間関係がうまくいかなかったり、職場の雰囲気、地域性や環境の違いなどに対応できる柔軟さなど、その人の人間性が影響することがあります。

■ 人間性は第一

求められる人間性の具体例としては、社会人としての常識があるか、コミュニケーション能力が高いか、リーダーシップを発揮できるタイプかといったことが挙げられます。いくら仕事の能力が高くても、人間性が自社と合わなければ社員の一員として迎えるのは問題があります。

人間性は書類や筆記試験、一度や二度の面接といったことだけでわかるものではありませんので、必要に応じて何度も選考試験を実施するべきでしょう。

さまざまな方法を検討した上で、自社だけの採用に限界がある場合、有料の転職コンサルタント会社や人材紹介会社を利用するのもひとつの方法です。

中途採用で重視する点

新卒採用に比べて、中途採用を行う場合には、特に、会社の即戦力になるか否かという点が重視される傾向がある。教育・研修にかかる時間や費用が少なくてすむため、会社の利益に貢献する期待感が高まるためである。

経営理念との関係

企業が人材を採用する場合に、その人材が持つスキルの高さに注目することは重要である。しかし、スキルだけではなく、会社の理念に適しているかどうかを判断する必要がある。この人間性を判断する上で、経営理念の周知徹底方法を考え、理解を深める工夫が必要になる。

社員を定着させるための退職理由の分析

社員の退職理由を分析する

■ 定着しない原因は会社側にもある

　良い人材だと思って採用したが、なかなか社員が定着しないという会社があります。厚生労働省の統計「新規学卒就職者の在職期間別離職率の推移」によると、平成28年3月末に卒業した大卒者の3年以内の離職率は32%です。約3人に1人が3年後には在籍していないという結果が示されています。特に、小規模な会社ほど離職率が高いという傾向にあるようです。

　未経験の新卒者を採用する場合には、研修などの形で仕事のできる社員に育てていかなければなりません。短い期間ですぐ辞められてしまうと、会社は、「新たな人材を獲得して、新しいアイディアを会社にもたらす」などの社員を採用したメリットを得られないまま、経費の支払い損という状態になってしまいます。また、担当者がころころ変わると、取引先は「何か問題があるのではないか」という不信感を持ちます。会社の信頼性という面からも、このような状況は早く改善しなければなりません。この場合、採用方法の見直しが重要になりますが、それだけでは状況を改善できません。それは、社員の側だけでなく、会社の側にも社員が定着しない原因が潜んでいる可能性があるためです。

■ まずは退職の理由を分析する

　会社が多くの社員にとって「長く勤めたい」と思えるような魅力ある場所であれば、社員が定着しないといったことはないはずです。特に、「良い人材」に長く勤めてもらうためには、

「社風」への適応
会社には、経営者が作成した経営理念に基づいて、「社風」が形成されていることが一般的である。会社が新たな人材を採用した場合に、採用された者がこの「社風」に慣れるためには、ある程度の時間が必要だといわれている。

採用方法の見直し
人材の定着をめざして、①採用の際に提出される履歴書をもっと読むようにする、②採用試験を難しくする、③面接の方法を変えてみる、など、採用方法の見直しを考える会社が多い。しかし、この方法は「社員に根気や協調性が欠けるため辞めていく」など、辞めた側だけに原因を求めているという短所がある。

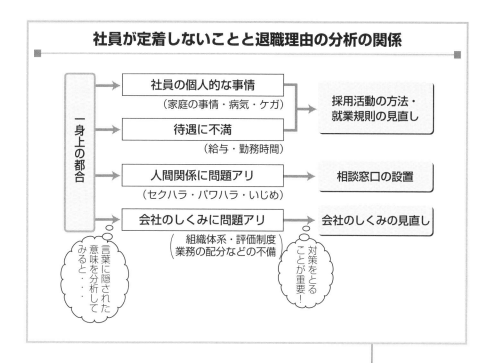

社員が定着しないことと退職理由の分析の関係

一身上の都合

- 社員の個人的な事情
  （家庭の事情・病気・ケガ）
- 待遇に不満
  （給与・勤務時間）
→ 採用活動の方法・就業規則の見直し

- 人間関係に問題アリ
  （セクハラ・パワハラ・いじめ）
→ 相談窓口の設置

- 会社のしくみに問題アリ
  組織体系・評価制度
  業務の配分などの不備
→ 会社のしくみの見直し

言葉に隠された意味を分析してみると・・・

対策をとることが重要！

会社もそういう存在になる努力をしなければなりません。そのためにやるべきこととしては、まず退職した社員の退職理由の分析が挙げられます。

　優秀で将来有望な人が多数辞めていく場合は、その人個人の事情だけではなく、経営者も気づいていないような問題が社内で起きている可能性があります。

　たとえば人間関係がよくない（セクハラやパワハラ、社内いじめなどの問題がある場合）、会社の社員に対する評価制度がきちんと機能していない、「もっとスキルを上げたい」「やりがいのある仕事をしたい」という社員の上昇志向に対応できていない、などが考えられます。

　「一身上の都合」という言葉の裏に隠された課題を見つけ、組織体系や評価制度、業務内容など、会社のしくみの見直しに取り組むようにしましょう。

一身上の都合

社員が辞めるときには、「一身上の都合」という言葉がよく用いられる。家庭の事情や心身の病気など、会社とは関係ない、社員の個人的な事情で辞めることもあるが、中には、給与や勤務時間といった待遇が気に入らないということも考えられる。「一身上の都合」に含まれる内容をよく分析して、採用活動の方法や、就業規則の見直し等による改善が必要である。

要員計画・要員管理

人材確保とコントロールは人事部門の重要な業務である

■ 人材確保の計画を推進すること

　人事部の重要な仕事に、要員管理があります。要員管理とは、会社の事業計画と経営方針に基づいた業務を遂行するのにどの程度の人数が必要か、またどこからどのように人材を確保するか、などを計画し（要員計画）、その計画を推進していくことです。採用、配置・異動、出向・転籍、退職といった一連の流れに関する計画を立て、滞りなく実行していきます。

　これらの活動は、会社内だけに目を向けて、現状の分析と把握をするのではなく、労働市場の動向を見すえつつ、関係法令も遵守するという立場に立って行われなければなりません。

　要員計画は常に長期的な視野に立って、柔軟に行う必要があります。一時的な仕事量の増加や好景気などで社員を大量採用したり、人事異動を繰り返すのは、長い目で見ると得策ではない場合があります。従業員が能力を発揮できるように、会社としても効率的な人員配置が実現できるよう、要員計画を慎重に練っていくことが重要です。

　また、要員管理は必要な人材を確保できれば万時完了というわけではありません。会社の業績を向上させるために、会社として必要な社内教育を行う必要があります。

　たとえば、生産性向上のためにICT機器の導入、機械化などを積極的に取り入れている会社は多くなってきました。会社によっては、業務内容に合わせ会社独自のソフトウェアを使っていることも少なくありません。こういった場合に、社内教育を行われないままにしておくと、生産性向上もままならず、最終

労働力としての人材の確保

事業を行うためには労働力となる人材を確保することが必要になる。しかし、やみくもに人を集めるだけでは、円滑に仕事が進まず、経費のムダづかいになってしまうため、必要なスキルや人数を明確にしておく必要がある。具体的には、単年度と長・中期の人員計画を作成し、その人員計画を基盤に採用活動計画を立て、必要な人材の採用を行う。

雇用形態の多様化に伴う要員計画

近年、就業形態の多様化に伴い、自社の正社員だけでなく、派遣社員やアルバイト、外注スタッフなど、雇用形態が多様化している。そこで、これらすべての雇用形態の人員数を考慮に入れて、近い将来の企業のスタイルに合うように、自社の求める人物像を把握し、人員をコントロールする必要がある。

会社の業績UPに
不可欠な人材の確保に
つながる

要員計画の実行

適切な
要員計画の策定

的には離職につながる可能性もあります。採用だけでなくその後の教育もふまえて要員計画を立てていくとよいでしょう。

■ 要員計画は人材の調節

　会社の事業計画に基づいて、会社の労働力となる人材を調節するのが要員計画です。今日では若者の学力の低下や就業スタイルの変化、労働人口の高齢化、技術革新による新サービスの登場など、企業をとりまく社会情勢も以前とは大きく変わっています。このような時代の流れも考え合わせ、会社の経営方針と現状の問題点を明確にした上で、目標となる要員を決定し、達成するための計画を立てます。

　もっとも、採用だけが人員確保の方法ではありません。要員コントロールの方法として、人手が余っている部門から適切な人数を選出し、研修などの再教育を行い、配置転換をするという手段があるということも、考慮に入れておく必要があるでしょう。

労働力の余剰

要員計画において、人材不足も仕事の効率低下を招くが、労働力が余ってしまうこともまた、企業としてムダなコストをかけることになってしまう。そこで、要員計画は人材不足ではなく、人材の余剰まで含めてトータルで考えなければならない。

人員計画・採用計画

· ·

必要な人員を判断して採用計画を立てる

■ 人員計画について

　要員管理の骨格をなす人員計画の作成は、単年度計画・中期計画・長期計画の視野に立って、それぞれ行います。人員計画作成の流れとしては、まず、長期事業計画や長期収益計画、労働市場の長期展望を見すえて、その会社の基本方針（長期人員計画）を策定します。その後に、長期人員計画に基づいて、比較的見通しの立てやすい中期計画を作成します。現状の経営課題や問題点を洗い出し、分析を行い、労働力の質と量の面から、採用、配置・異動などを計画していきます。この段階で、長期計画が本当に実現可能なものかどうかの見直しを行い、同時に中期人員計画は、具体的な実行計画となる単年度計画の指針として機能することになります。

　施設や機器のような「物」と異なり、労働力となる「人材」は、能力を発揮し、会社に貢献できるようになるまでにある程度の年月を要します。そこで、中期的な視野に立って計画を立て、実行して行くことが非常に重要です。

■ 採用計画について

　会社の経営方針や事業計画をふまえ、現労働力では業務がまかないきれないと判断された場合に、外部から人員を補充することを採用といいます。採用する人数を決定する方法としては、各部門や部署の必要人員を合算していく「積み上げ方式」と、人件費の総額や事業計画などを検討した上で必要人員を算出する「総粋方式」があります。

人員計画のスパン

人員計画における長期計画は、会社の長期的な事業のあり方を示す指針になるため、非常に重要である。実際の動きは、約3年を目安とした中期計画を基盤として、一年度ごとの単年度計画を実行するケースが多い。

採用計画と雇用形態の変化

今日では、以前のように一つの会社に定年まで勤め上げることが絶対的ではない。新卒で採用した人材は、新たに育てることができるが、教育に時間と経費がかかるというデメリットもある。一方で中途採用は、経験や知識から即戦力になるが、前職場や既存社員との労働条件の相違などでトラブルが生じる可能性がある。

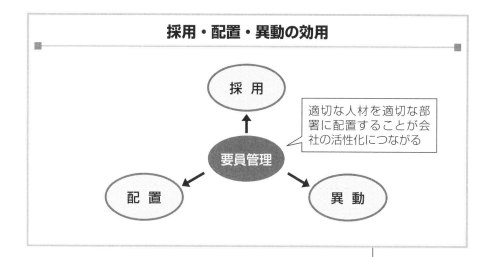

採用・配置・異動の効用

採用

適切な人材を適切な部署に配置することが会社の活性化につながる

要員管理

配置

異動

人員計画の一部である採用計画は、中期計画と単年度計画を作成します。単年度採用計画を作成する際は、採用目的に沿って、学歴別、新卒・既卒別、職業別、雇用形態別に募集対象を決定します。その後に、採用スケジュールの立案、募集手続きと募集要項の作成、採用試験要領の検討、採用コスト算出などを進めていきます。

■ 配置・異動について

従業員の配置と異動は、当然、会社の人員計画に沿って行われることになりますが、従業員の就業意欲を損なうようなことがないような配慮も必要になります。

また、定期的に自己評価や面接を行い、仕事の状況を見直したり、今後のキャリアアップの方向性を確認する機会を設けることで社員の自己啓発を促進することができます。キャリアアップに必要な教育研修の場の設定も有効な手段のひとつです。

会社の構成員である従業員が意欲的に目標を持って働けるような環境を整えることは、結果として、会社全体の活性化や、収益アップにつながります。

社内公募制や社内FA制度

近年の異動においては、社長や上司命令のような一方的な異動ではなく、空きのあるポジションに応募を行う社内公募制や、空きの有無に関係なく、希望するポジションを応募する社内FA（フリー・エージェント）制度なども導入されている。希望の職種に自ら応募できるため、社員のモチベーションアップにつながる。

異動等によるマンネリの防止

同じ環境で、同じ仕事を長期間続けることは、マンネリ化により、仕事の能率に弊害をもたらすおそれがある。そこで適切な異動や昇格により、新たなスキル、経験を積む機会を与えることが重要である。

採用する際のチェックポイント

採用する人材によっては利益ではなく損失を生むことがある

会社は、退職等で足りなくなった人手の後を埋める必要がある場合や、社内の雰囲気が停滞気味になった場合に、さまざまな期待を込めて、人材の採用を検討する。もっとも、履歴書を見ても、面接でいろいろな話を聞いても、会社の期待する人材である保証はないため、さまざまな工夫をこらすことが必要である。

早退や遅刻を繰り返したり、勤務時間中に勝手に休憩を取る、他の社員とすぐにケンカをしてしまい、仕事がスムーズに進まない、取引先のウケが悪い、営業成績が上がらない、ミスが多く、そのフォローで他の社員が迷惑する、などが挙げられる。

■ 採用を軽く考えてはいけない

　会社が求人募集をしたときに、たまたまその情報を目にして応募してきてくれたのだから、これも縁ということで採用することもあるかもしれません。前任者が急な病気で辞めてしまい、すぐにも後任が必要なので、とにかくある程度の知識や能力さえあれば採用してしまいたいという場合もあるでしょう。確かに、そのような形で採用した人でも、想像以上の能力を発揮してくれたり、たとえ最初は役に立たなくても、その後の会社の教育しだいできちんと働いてくれるということもあるかもしれません。しかし、人の採用を軽く考えていると、後で大きなしっぺ返しを食らう可能性があることを知っておくべきです。

■ 人を採用するのはギャンブルのようなもの

　いったん人を採用すると、たとえ会社にとって問題のある社員だったとしても、解雇して別の人に入れかえるということは簡単ではありません。それは、正社員か、パートかアルバイトかといった雇用形態とは関係ありません。労働基準法は、労働契約を交わした相手は非正規雇用も含めてすべて「労働者」であり、正当な理由がなければ解雇はできない、と定めています。社員に注意や教育をするなどの改善策をとることなく、会社側の一方的な判断で解雇すると、社員から不当解雇や損害賠償などの訴訟を起こされる可能性があります。

　このように、労働者は労働基準法をはじめとする法律で手厚く守られています。使用者と労働者の立場を考えると、それも

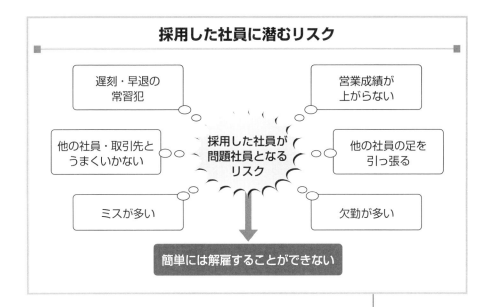

採用した社員に潜むリスク

- 遅刻・早退の常習犯
- 営業成績が上がらない
- 他の社員・取引先とうまくいかない
- 採用した社員が問題社員となるリスク
- 他の社員の足を引っ張る
- ミスが多い
- 欠勤が多い

簡単には解雇することができない

当然かもしれません。しかし、会社側にしてみれば、採用は保証のない買い物であり、絶対に失敗できないギャンブルのようなものともいえるでしょう。

■ 他の従業員にも悪影響を与えることもある

勤務態度や仕事内容などに難のある人を採用すると、まず、仕事が遅れてしまうケースが起こります。たとえば、遅刻や早退といったことはその社員個人のことのように見えるかもしれませんが、その時間分、その人の担当の仕事は進まないわけですから、どうしても影響が出てきます。

次に、他の社員に対する悪影響も考えられます。仕事の進みが悪ければ、他の社員がその社員の仕事を肩代わりしなければなりません。社員同士のいざこざが多くなれば、直接の当事者でなくても社内の雰囲気がぎくしゃくしてしまいますから、他の社員は働きにくくなります。

他の社員への影響

新しく採用した人材が問題を抱えている場合、仕事が他の社員に回る場合がある。当然、他の社員は自分の仕事も抱えているため、その分よけいな負荷がかかってしまう。

雇用のミスマッチ

ミスマッチを防ぐ採用をする

■ コストや業績に影響するおそれもある

　問題のある人を採用するとコストの面でも当然悪影響が出ることが予想されます。ある程度の給与を支払わなければいけないことはもちろん、その社員のフォローのために他の社員が時間外労働をしなければならなくなった場合、時間外労働の手当などを支払うことになります。さらには、取引先とのコミュニケーションやフォローに費用がかかってくる可能性も考えられます。

　さらに、会社の業績そのものに対する悪影響も考えられます。社内に何らかのひずみのある状態ではなかなかいい仕事はできません。いったん失った信頼を取り戻すには長い時間と努力が必要であり、業績に及ぼす影響は甚大です。

■ すぐに辞めてしまうこともリスクのひとつ

　問題のある人は、早い段階で辞めることも多いといえます。辞めてもらって新しい人を採用すればよいというほど、話は単純ではありません。たとえ問題のある社員であったとしても、採用した以上、会社は一人前の仕事ができるように教育をしているはずです。その人が辞めてしまうと、受講させた研修の費用や教育に携わった社員の労力、名刺、制服などの備品代といった経費はすべてムダになってしまいます。また、穴埋めのために再度誰かを採用しようとすれば、採用にかかる労力と費用がもう一度かかることになるわけですから、大変な損失を被ることになります。

問題のある人を採用した場合の悪影響

たとえば飲食店で、一人の配膳担当がよく注文を間違えたり、料理をこぼしたりしていたとする。その場は謝罪すればおさまるかもしれないが、厨房ではそのミスを補うために何度も作り直しをしなければならず、その分他の料理の準備が遅れたり、材料不足になるといったことが起こる。そうなれば直接迷惑をかけたお客様とは別のお客様にも迷惑がかかることになり、クレームが出る可能性がある。

良い人材をとることの大切さ

雇ってはいけない人材		会社の業績向上に 貢献してくれる良い人材
他の社員に悪影響を与える社員 取引先に迷惑をかける社員 コスト面で会社に負担をかける社員 業績に悪影響を与える社員 すぐに辞めてしまう社員	⟷ 担当者の人材を見抜く能力しだい	まじめに働く社員 労働条件が合致している社員 必要なスキルと経験を持つ社員 他の社員と信頼関係を築ける社員 やる気があり努力し続けることのできる社員

■ 利益を生む人材を採用できているか

　では、結局どのような人を採用するのがよいのでしょうか。

　このような状況を打開するためには、会社にとって「良い人材」を採用するしかありません。会社にとって「良い人材」を採用することができれば、それまでの何倍、何十倍の利益を上げられる可能性もあるのです。

　会社にとって「良い人材」とは、つまり会社の業績向上に貢献してくれる人です。ただ、すでに実績を上げている人や知識、資格を有している人をどこかから引っ張ってきて雇えばよいかというと、そうとばかりもいえません。その人が他の社員と信頼関係を結べるとは限りませんし、他社での実績がそのまま自社で活かせるわけでもないからです。また、そのような人を採用するにはそれなりの給与や契約金、地位や権限といったものを用意しなければなりませんから、簡単にはいかないでしょう。たとえば未経験の新卒者であっても、教育しだいで会社を背負って立つ人材に成長する可能性はあるわけですから、肝心なのは採用担当者の人材を見抜く能力を磨くことといえます。

「問題のない人」＝「良い人材」ではない

とにかくまじめに働いてくれそうな人、勤務時間など労働条件の面で合致する人、業務の経験者など、「問題のない人」を採用することを考えがちだが、「問題のない人」が会社にとって良い人材というわけではない。

妥協は禁物

「縁」や「緊急性」などを理由にして、妥協して採用してはいけない。採用するのはそれぞれの会社の価値観に沿った「良い人材」だけである。納得できなければいったん採用活動をやめ、様子を見る勇気を持つことも必要である。

採用にかかるお金

目に見えない費用がかかっている

■ 社会保険や交通費、手当など

　ここで、採用によってかかるお金の詳細を見てみましょう。

　まずは社員の給料です。すぐに思い浮かぶのは労働の対価としての給料ですが、社員に支払っているのがそれだけではないことは人事担当者であればわかるはずです。具体例として、次のようなものが挙げられます。

① 社会保険料

　日本には、業務中や通勤中の事故等によるケガや病気によって休職せざるを得なくなった労働者に対し、給付金を支給する「労災保険」、失業時の手当の給付や教育訓練などを行う「雇用保険」、医療費を一部負担する「健康保険」、一定年齢以上になったときに年金の支給を受ける「厚生年金保険」などの社会保険制度があります。人を雇用する場合、会社側には保険料のうちの全額または一部の金額を負担する義務が課せられています。これらの金額は社員の年齢や、給与の増額に合わせて上昇していき、少子高齢化が進む現在、制度変更でさらに負担が増加する可能性があります。

② 通勤交通費

　電車、バスなどの定期代や自動車のガソリン代など、通勤にかかる費用のことです。1日分の金額が少ない場合でも、毎月、毎年となるとかなりの負担増になります。

③ 賞与、寸志など

　月々の給与とは別に、賞与や寸志を出している会社は多いと思います。支給が義務付けられているわけではありませんが、

人事担当者の人件費

人を採用すると、給与計算をはじめ、社会保険等の手続や勤怠管理、評価などを行う人事担当者が必要になる。また、研修や教育に携わる担当者も必要になり、どうしても人件費がかかることになる。さらに、採用した人がすぐに辞めるなど、補充の人員を採用しなければならない場合、再度採用のための経費がかかる。

人を採用するにはお金がかかる

採用した人材に直接かかる費用

・給与
・手当
・賞与
・通勤交通費
・社会保険料

採用活動と人事に関する費用

・求人広告にかかる費用
・説明会・面接・採用試験にかかる費用
・人事担当者の人件費
・採用した社員の研修・教育にかかる費用

社員にしてみれば労働に対する報奨や給与の不足分の補てんというとらえ方になりますので、一方的に支給を取りやめるのは難しいというのが現実です。また、賞与に対しても社会保険料がかかってくることを忘れてはいけません。

④ 手当等

住宅手当や家族手当、資格手当などの支給を就業規則で定めている場合、該当者に対しての支払義務が発生します。

その他、社員が残業や休日出勤をすればその分の割増賃金を支払わなければなりませんし、有給休暇も与えなければなりません。目安として、月の基本給は20万円だとしても、実際に支払うのは25万円程度になると考えておきましょう。

■ 間接的なコストもかかっている

採用によってかかるお金は、給与明細に掲載される、採用者への直接的なものだけではありません。人を採用することによって、求人広告や面接にかかる費用、人事担当者の人件費、教育訓練の費用などさまざまな経費がかかります。

求人広告などの経費

求人情報を出す方法としては、ハローワークに依頼する他、民間の人材紹介会社や求人広告会社などに登録するという方法がある。民間の会社を利用する場合、登録料や掲載料という費用がかかる。

面接や採用試験を行うための人件費や経費

採用の際には、履歴書の提出を受けて書類審査をしたり、採用試験の実施および採点、面接を行うなどの仕事が発生する。そのため、採用を担当する人に対する人件費がかかる。また、書類審査で不採用になった人の履歴書を返送するなど、細かい経費がかかってくる。

望ましい採用のかたち

■ 自社にあった人材を確保する

人を採用するにあたり、会社が求めるのは、会社の利益向上に貢献してくれるような人材です。単に履歴書の経歴や業界の評価といったもので採用を決めるのではなく、自社にあった人材かどうかを検討することが重要だといえるでしょう。

■ どんな人材が必要なのかを考える

25ページでは「良い人材」を採用することのメリットを説明しました。では、良い人材とはいったいどういった人材なのでしょうか。良い人材は、会社によって定義は異なります。自社にとって必要であり、かつ合う人材を採用するためには、「よい人材」を定義しておく必要があります。そのための手段として、自社で活躍し、会社の業績に貢献している者を「よい人材」と定義するということが挙げられます。たとえば、業績に貢献している者を能力や経験、資格、人柄などの各要素に分解し、会社が求めるのはどのレベルまでなのかを考えていきます。そうすることで「求める人材像」の洗い出しが可能になります。

また、実際に人手を必要としている部署から、仕事の具体的な内容や採用する人材に求める技術、能力、人柄といったことの詳細を確認することも非常に重要です。

条件に合わない人を採用することのないよう、募集活動を行う前に十分に検討しておく必要があるでしょう。

会社の利益になる人材とは

会社の利益向上に、社員が貢献するケースには、たとえば営業活動で大きな仕事を取ってきた場合、他社とのプレゼン競争に勝てるような企画を立案することなどが挙げられる。

人材の採用が本当に必要かを見極める

たとえば経理を担当していた3人の社員のうち、1人が急病で退職することになった場合に、その穴埋めができる人材を求めることが考えられる。しかし、仕事を整理するなどにより、今いる社員だけでも仕事を回せることもあり得る。その場合には、このように、採用が不要になる場合があることを考慮に入れる必要がある。

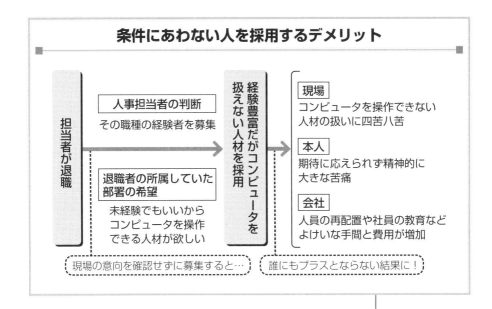

条件にあわない人を採用するデメリット

担当者が退職

人事担当者の判断
その職種の経験者を募集

退職者の所属していた部署の希望
未経験でもいいからコンピュータを操作できる人材が欲しい

経験豊富だがコンピュータを扱えない人材を採用

現場
コンピュータを操作できない人材の扱いに四苦八苦

本人
期待に応えられず精神的に大きな苦痛

会社
人員の再配置や社員の教育などよけいな手間と費用が増加

現場の意向を確認せずに募集すると…

誰にもプラスとならない結果に！

■ 採用試験の方法を検討する

　採用方法にも工夫が必要です。人事担当者と応募者との1対1の面接以外にも多様な採用方法があります。それらの方法を活用したり、組み合わせたりして自社に合う人材を見極めることが大切です。まず、筆記試験やグループワークを実施することが考えられます。筆記試験では、実務処理能力があるか確認することができます。たとえば、Excelのマクロや関数の使用などの、より高度な技術が必要な場合には、実際に例題に解答してもらうことも可能です。グループワークでは、リーダーシップや協調性、コミュニケーション能力など他者とのやり取りを見ることができます。

　さらに、実際に働く部署の従業員による面接も有効でしょう。その従業員が一緒に働きたいと思える応募者は、定着率が高まることは容易に想像できます。また、会社案内や工場見学なども組み合わせて、応募者の態度や興味具合なども見ておくと、面接では得られない情報を得ることもできるでしょう。

社内の雰囲気に合わない社員への対応

本格的に雇用する前に、1週間程度アルバイトなどの形で勤務してもらう「プレ入社」「仮入社」という手段を用い、様子を見る会社も存在する。

将来を想定した採用

採用担当者の教育が大切

■ 採用は時間をかけてじっくりと

　採用は、「欲しい人が来るまで合格を出さない」というくらいの覚悟を持ち、じっくりと腰を据えて行うのが理想的です。これまで、人手がないから早く補充したくて、応募してきた人をすぐに採用したり、何人かの応募者の中から「ここがちょっと問題があるが、このぐらいの人ならいいだろう」と妥協して採用したという経験を持つ会社も多いかもしれません。

　しかし、妥協による採用は、会社にとっても、採用された人にとっても不幸です。会社側が間違った採用によって人件費など多くの損失を被る可能性があることは前述しましたが、過度の期待をかけられた上に、一方的に失望されてしまう社員も、精神的に大きな苦痛を強いられることになるのです。

　その意味でも、妥協して性急に採用するようなことは避けたいところです。回り道のようですが、必要な人材の洗い出し、採用のための条件設定、採用試験の方法決定といった事前準備をきちんとしておくほうが、会社・応募者双方にとってムダがないといえます。

■ 採用する際には３年後、５年後を見据える

　どんなに優秀な人材でも、すぐに会社の利益を生むような活躍はできません。人を採用すると、ある程度の研修や教育の期間が必要だということを十分理解しておいてください。なかなか期待どおりの働きをしてくれない、などと会社側が不満を高まらせていると、その社員は居づらくなってすぐ辞めてしまう

人手不足の解消方法

どうしても会社の人手が足りないことが現実問題としてあり得る。その場合は、「繁忙期の３か月間だけ一時的に」などのように期間を区切った採用や、「派遣会社を利用する」「別の会社に仕事の一部を外注する」という方法もある。人手不足の解消方法は、採用だけではないことを念頭に置いた上で検討する必要がある。

採用に関する費用等

採用試験や面接を行うなど、さまざまな準備をしなければならない。そして準備のためには多くの経費がかかる。さらに、実際に採用に至った場合には、給与を支払っていくことになる。そのため、人材を採用した場合には、一日も早くその投資分を回収できるように社員に結果を出してほしいと考えるのが会社側の本音である。

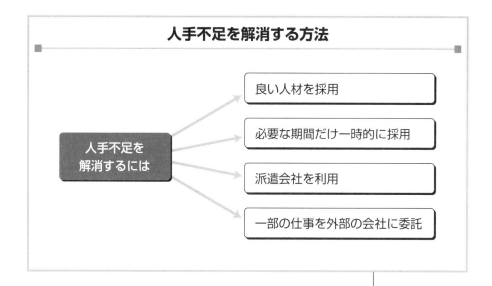

人手不足を解消する方法

人手不足を
解消するには

→ 良い人材を採用

→ 必要な期間だけ一時的に採用

→ 派遣会社を利用

→ 一部の仕事を外部の会社に委託

かもしれません。これではかえって不要なコストがかかることになります。採用して3年後、5年後、その人にどのような存在として会社にいてほしいかを考えた上で採用し、必要な教育をすることができるような体制を整えておくことが重要です。

また、ある程度仕事ができるようになってきたときも、せっかく育てた人材が他社に流れないように、評価制度を整えたり、常に新しい仕事に挑戦できるような組織づくりを心がけるようにましょう。

■ 採用担当者の教育に力を入れる

もっとも、せっかく採用のためにさまざまな体制を整え、準備をしたとしても、面接や採用試験を直接担当する人が応募者の力を見きわめる能力を持っていなければ意味がありません。「必要な資格を持っている」「経験者である」「採用試験をトップで通過した」、などの情報だけではその人の人となりや隠れた能力といったことまではわかりません。最後には採用担当者の「目」が非常に重要な役割を果たすのです。

人材募集のルート

必要な人材の条件によって募集ルートを使い分ける

知人からの紹介

従業員の身内や知り合いなどから人材を紹介してもらう場合、身元が明らかで能力や人柄も事前にわかるので、ある程度安心できるというメリットがある。

一方、ミスマッチだった場合は知人の手前、断りづらいというデメリットもある。

このような採用手法をリファラル採用という。紹介した従業員に紹介料を支払うケースもある。経営者の親族や知り合いなどから紹介を受ける縁故採用とは区別される。

■ どんな手段があるのか

　人材募集の手段には、①求人・転職サイト、②転職エージェント、③ハローワーク、④自社ホームページ、⑤知人からの紹介、⑥店頭掲示・チラシのポスティング、⑦学校への求人申込み、⑧新聞・求人雑誌、⑨派遣会社などがあります。どんな人材を求めているかによって募集手段を使い分けると、効率良く必要な人材にめぐり会うことができます。中でも、最近、多くの求職者が活用しているのが、求人・転職サイト、転職エージェントです。求人・転職サイトや転職エージェントは相対的にコストが高い一方、多くの求職者に自社の募集内容を知ってもらうことが期待できます。また、現在無職で次の仕事を探しているという人だけでなく、現職に就きながら今よりも良い会社があれば転職したいというような潜在層にも見られる可能性があり、より意欲の高い候補者を求める場合などに効果的です。

① 求人・転職サイト

　現在はインターネットで仕事探しができることから、求職者はどこからでも全国の求人情報に触れ、求職者自身が直接、企業と面接などのやり取りを行います。誰でも閲覧できる一方、求人数が多い場合は自社求人が埋もれてしまう懸念もあります。

　また、最近では、求人に特化した検索エンジンのサイトもあります。Googleやyahooで知りたい情報を検索するような感覚で、求人情報を検索できます。職種や勤務地を入力することで、ハローワークや求人・転職サイトの求人情報を検索することが可能です。検索エンジンは、求職者が無料で使えるメリットが

ハローワークでの求人情報

事業所登録 シートに 必要事項を記入	→	求人申込書に 欲しい人材を 記載	→	ハローワーク による紹介	→	面接結果を ハローワーク に報告
・事業内容 ・会社の特徴など ※直接ハローワークに 出向かず、PCから 手続き可能		・職種ごとに登録 ・公開する情報を 指定 ・公開期間は最長 で3か月（更新可）		・面接予約の電話 がかかる ・条件に合致する 場合は原則とし て面接に応じな ければならない		・採否にかかわら ず報告しなけれ ばならない

あります。採用（会社）側は、上位表示されるために運営会社に手数料を払うこともあります。

② 転職エージェント

転職エージェントは、企業の要望に合った人材を、エージェントが探し出し、紹介します。企業と求職者の間に入って面接などの調整を行う点や転職サイトなどでは公開されていない求人も扱っているのが特徴です。

■ 採用基準を明確にする

どの求人手段を使うかにかかわらず、求人を行う際には、どういう人を採用するのかを決めておかなければなりません。自社や募集ポジションにあった人材はどのような人なのか、まずは採用基準を定めましょう。採用基準を明確にするための準備としては、次のようなことが挙げられます。

① 企業としての経営理念や行動規範を明確にする

企業の経営理念、行動規範や会社が何を大切にしているかによって、求める人材は変わります。それらを明確にし、それらに共感する人材を採用することで、入社後のミスマッチや早期離職の防止につながります。

店頭掲示・チラシのポスティング

事務所や店舗の近辺に求人募集のポスターを掲示したり、近所に求人チラシをポスティングするという方法である。情報が届く範囲は広くないが、近辺からの応募が多いため、地元を知る従業員を採用することができる。

学校への求人申込み

中学校・高校や専門学校・大学などの教育機関を卒業する予定の学生を対象に、各学校へ求人申込書を提出することができる。特に就職支援を行う学校の場合、教師が学生の相談に乗ったり、指導や校内選考といったことも行っているため、求める人材に向けて効率よく求人情報を届けることができる。

② 企業の将来展望を検討する

常に利益向上をめざす企業としては、3年後、5年後など中長期的な将来展望を見据えて採用を考える必要があります。現時点でのニーズにのみとらわれることのないよう採用を進めましょう。

■ 応募者をひきつける求人とは

大切なことは、会社が採用したいと思うような求職者に、たくさんの求人情報の中から、「この会社はよさそうだ」と思ってもらう求人にすることです。そのためには、給与、勤務時間や年間休日などの労働条件の他、会社の歴史や経営理念、働くメンバーや職場環境、入社後の教育体制などについても記載するとよいでしょう。また、仕事内容を紹介するとき、「経理事務」「営業事務」「工場内勤務」などの記載だけでは、働くイメージを具体的に持ってもらうことは難しいため、実際に同じ職場で働くことになる先輩社員や上司にインタビューを行い、「チームの雰囲気」「仕事をしていて達成感を感じること、つらいとき」といった職場の生の姿を紹介することで、求職者の興味を引くことができます。

このように、単に箇条書きにした情報を羅列するだけでなく、会社の等身大の姿を伝えるための情報を、興味を引くような見やすい形で提供していくことが重要です。なお、求人内容に実態と異なる内容を記載することは、入社後の会社に対する不信感につながり、トラブルを招くおそれがありますので注意が必要です。

■ 自社のホームページで募集する

ハローワークの求人票や求人情報誌といった限られたスペースでの求人広告では、書ける情報は限られています。また、求人サイトや転職エージェントを利用する場合は費用がかかります。そこで活用したいのが、自社ホームページです。

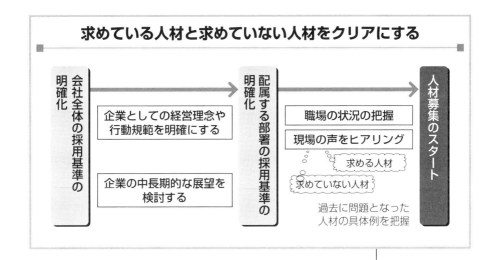

求めている人材と求めていない人材をクリアにする

会社全体の採用基準の明確化 → 企業としての経営理念や行動規範を明確にする／企業の中長期的な展望を検討する → 配属する部署の採用基準の明確化 → 職場の状況の把握／現場の声をヒアリング（求める人材／求めていない人材）／過去に問題となった人材の具体例を把握 → 人材募集のスタート

　自社のホームページであれば、常に最新の情報を、今まさに仕事を探している人に対して提供することができます。また、書くスペースも、書く内容も、作成者側が自由に決めることができ、写真や動画といった方法で、より強くアピールすることができます。

　一つ問題になりそうなのが「費用面」ですが、維持という部分でいうと、それほどかかりません。もし自社にホームページの作成ができる社員がいるのであれば、その人に作成をまかせることもでき、費用を最低限に抑えることができます。ただ、「デザイン性の高い、見ばえの良いものを作りたい」場合は、少々費用がかかっても専門会社に依頼するほうがよいでしょう。

　また、ホームページを見て応募してくれる求職者は、自社に強い関心を持ち、「ぜひ入社したい」という意欲を持って応募してくれる人が多いといえます。最近では、自社ホームページの他にSNSなどを活用し採用活動を行う企業も増えています。単一的な採用手法ではなく、採用市場の動向を注視し、自社にとって効果的な採用手法を見極め、組み合わせることが必要になります。

応募者の視点に立った採用

応募者が知りたいことが何かを考える

**会社が開示して
おくべき情報**

所在地や資本金、従業員数や組織体制などといった基本的な情報を記載するだけでは足りない。会社への応募者が、新しい環境に飛び込む不安を解消し、自分が働く姿をイメージできるような具体的な情報の提供が重要である。

**理想的な会社の
情報提供**

応募者は自分の状況をあてはめられる詳細な情報を求めている。会社のホームページ上では、写真や動画を掲載するなどして、生の会社の姿を目で確認することができるようにしたり、会社見学会や幹部役員への質問会といった機会を設けてみるなど、自社の等身大の姿を伝える工夫が必要である。

■ 応募者が多ければよいわけではない

　採用基準や労働条件が決定し、いよいよ実際に求人情報を出すなどの活動を始めるわけですが、ここで気をつけたいのが、応募者をとにかくたくさん集め、その中から一番よい人を採用するという、「数を撃てば当たる」的な求人活動をしないということです。

　たとえ応募者の数が多くても、誰1人として採用基準をクリアすることができなければ意味がありません。それどころか、採用もしないのに労力や経費ばかりがかかることになります。また、たくさんの応募者を集めておきながら誰も採用しなかったとなると、応募者の心証は非常に悪くなります。会社の採用基準を満たすたった1人の人だけに応募してもらえるような求人情報を出す必要があります。

■「どんな会社なのか」を的確に知ってもらう

　採用したい人に確実に応募してもらうためには、応募者に自分の会社のことを知ってもらうのが一番です。ハローワークの情報や求人情報紙といった場所に記載できる情報は限られていますので、ホームページやパンフレットなどを使ってできるだけ多くの情報を伝えるようにしましょう。

　たとえば採用基準を満たしている人材が、小学生の子どもがいるために、応募を躊躇していたとします。会社にしてみれば、「フレックスタイムや育児休業制度についての情報を提供しているのだから大丈夫だろう」と思うかもしれませんが、応募者

応募者の視点に立つ

不安な気持ち	求める会社像
どんな会社かわからない 労働条件や制度は飾り ではないか？	活気のある会社か？ 職場の人間関係に 問題はないか？

応募者の視点

労働条件	やりたいこと
自分の希望する条件を 満たしているか？	自分が求めている仕事 をやれる環境は整って いるか？

側にしてみれば、「制度はあっても実際に取得しにくい環境なのではないか」という不安を感じると、なかなか応募することができません。そこで、先輩社員が「子どもがいてもフレックスタイムや自宅勤務が可能な体制になっているので安心」といった経験談を語ったり、時間の使い方を図表にして示すわけです。これにより、応募者は自分の状況とあてはめやすくなって、応募を決断することができるのです。

■ 応募者の視点をもつことが大切

応募者の希望に沿えるような条件を提示したいのはやまやまですが、会社側が提示できる給与や勤務時間などの労働条件には限界があります。そのため、よほどのことがない限り、条件面で他社を圧倒することは難しいかもしれません。

しかし、その会社の経営理念に共感を覚え、また尊敬できる社長が社員を引っ張っていること、さらに会社に活気があり将来性が感じられるといったことが伝われば、条件が少々悪くても応募したいと思うことがあるでしょう。あくまでも応募者の視点に立ち、応募者の求める求人情報を出すことが大切です。

応募者は複数の会社の情報に触れていることを意識する

会社が応募者を選考するように、応募者もたくさんの求人を行っている会社の中から1社を選択して応募している。求めている人材に自社を選択してもらうためには、他社に負けない魅力を上手にアピールする必要がある。

国の認定・認証を利用する

厚生労働省や経済産業省では、会社の認証・認定制度を設けている。たとえば、女性が活躍している「えるぼし認定」、育児と仕事の両立を積極的に行う「くるみん認定」、若者の就業を応援する「ユースエール認定」、健康経営を実践している「健康経営優良法人認定」などがある。これらの認定・認証を得ることで客観的な会社評価が高まるため、求職者に対する訴求効果は高い。

会社説明会の開催と採用選考の開始

説明会では的確な情報を伝え、一方通行なものにしない

■ 会社説明会の開き方

会社説明会の内容は、求職者の会社に対するイメージや志望動機に大きく影響を与えます。また、会社の採用活動においても重要なポイントとなるイベントだといえます。人事担当者は入社してほしい人材を明確にし、きちんと採用計画を立てた上で開催するようにすべきでしょう。

会社説明会を開催する際に、まず気をつけなければならないことは、「自社の特徴がきちんと求職者に伝わるようにする」ということです。会社の概要を説明し、会社の経営理念を理解してもらわなければなりません。その上で、実際の仕事の内容について詳しく説明し、会社の求める人物像や労働条件を伝えていくようにします。また、説明会以後の採用選考スケジュールについても知らせておくことを忘れないようにしましょう。

説明会では、質疑応答の時間をとれるようにすることも大事です。会社側からの一方的な説明に終始すると、求職者側が会社に対してどのようなことを求め、疑問に思っているのかがわからないからです。

■ 採用選考時の注意点

採用選考の実施にあたって、企業側が最も気をつけなければならないことは「公正な」採用選考を行うということです。応募書類に性別や思想、家族状況、生活環境といった応募者の適性・能力とは関係ない事柄を記入させて門前払いすることは違法になるため、避けなければなりません。

会社説明会のメリット

会社説明会は、会社が求職者の関心を引いて会社をよく知ってもらうために開く。一番の目的は、応募者を増やすことにある。一方で、応募者にとっても、興味を抱いている会社の実態を自分の目や耳で確認できるという利点がある。会社説明会は、会社と求職者の双方にとってメリットが多い。

合同説明会の利用

会社としての知名度がそれほど高くない場合、個別説明会では集客が難しい場合もある。そこで、中小企業の場合は多数の企業が集まって開催される合同説明会に出展する方法もある。

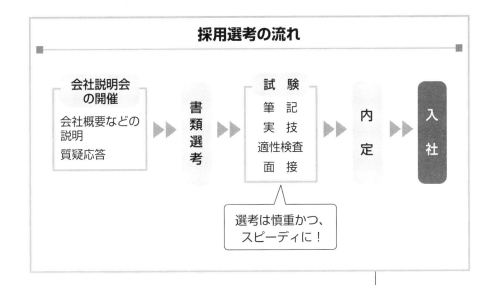

採用選考の流れ

会社説明会の開催
会社概要などの説明
質疑応答

▶▶ 書類選考 ▶▶

試 験
筆 記
実 技
適性検査
面 接

▶▶ 内定 ▶▶ 入社

選考は慎重かつ、スピーディに！

応募者の公平を図り、適性や能力を基準とした書類選考をするためには、決まった期日前に関係書類を提出させたり、選考を行ってはいけません。また、提出書類として戸籍抄本や住民票を求めることはできないので注意してください。

最近では、インターネット上で応募者を登録させる会社も多くなってきていますが、そのエントリーシートの中の項目についても就職差別の項目がないかを注意しなければなりません。就職差別の問題とともに注意しなければならないのが、個人情報保護の問題です。個人情報とは、ある個人について、それが特定の個人であると識別できる情報のことです。個人情報保護法により、個人情報を得る場合は、本人から直接、もしくは本人の同意を得た上で本人以外の者から集めなければならない（この場合は提供元・提供年月日の記録が必要）とされています。

また、採用担当者は、求職者の個人情報について、その業務の目的の達成に必要な範囲内で収集・保管・使用し、また不採用時は写しも含め的確に返却や破棄をしなければならないと定められています。

書類選考で気をつけるべきこと

提出する書類の中に作文を設ける場合、テーマ選びには注意をする必要がある。出生地や家庭環境、住宅状況、支持政党、宗教、思想信条などは就職差別につながるおそれがあるため、課題テーマにすることはできない。

選考方法の決定と書類選考の開始

ムダを省いて適切な人材を確保する

■ 求める人材像を事前にまとめておく

　求める人材を得るためには、ムダを省くためにも、効率的な方法で選考を行う必要があります。

　特に、採用したい人材に求めるスキルや人間性については、事前にまとめておくことが効果的です。まずは、求める人材に必要な経験・知識・スキルを図や表にまとめます。そして、選考者がまとめた内容をもとに、応募者の能力の有無・程度を判断することができる状態で、採用試験を実施します。

■ 書類選考の順序

　書類選考を効果的に行うためには、行う順序が非常に大切です。必ず「面接の前」に行うようにしましょう。面接の前に書類選考のステップを入れておくことは、ムダを省くという意味で非常に効果があります。

　仮に書類選考をせずに全応募者を相手に面接を行った場合、採用担当者の負担はかなり大きなものとなることが容易に想像できるでしょう。いくら求める人材にアピールできる求人方法をとっていたとしても、中には不要な人材も応募してきてしまう場合があります。このような採用方法では、うまくいかない場合がほとんどです。

　書類選考の段階で、自社にあわないと判断した応募者を不合格にすれば、実際に来社してもらう人数を絞り込むことができます。採用担当者は、書類選考でふるいにかけた後の候補者だけに集中することができるというメリットがあります。

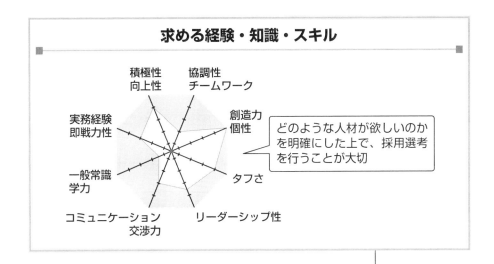

求める経験・知識・スキル

積極性
向上性

協調性
チームワーク

創造力
個性

実務経験
即戦力性

一般常識
学力

コミュニケーション
交渉力

リーダーシップ性

タフさ

> どのような人材が欲しいのか
> を明確にした上で、採用選考
> を行うことが大切

■ 適性試験について

　書類選考と同じく、導入するメリットが多いものに「適性試験」が挙げられます。適性試験を導入した場合、面接や書類選考では判断できない情報を得ることができます。

　具体的には、その候補者の知能指数や教養、言語能力、非言語能力、性格、ストレス耐性などです。このような情報については、本人が提出した書類をもとに判断するのは客観性に欠け、面接官が判断する場合も正確に把握できる可能性は低いことが想像できます。

　その点、適正試験の場合は、候補者が同一の条件で行うものであるため、ある程度の指標とすることができます。

■ 面接だけではわからないこともある

　中には、履歴書と面接だけでは把握しきれない内容もあります。そのため、実際の業務に即した筆記試験や実技試験を実施することも効果的です。また、配属される予定の部署のメンバーと実際に面談をさせ、在職者に対するコミュニケーションの取り方などを見る方法もあります。

適性試験の活用方法

適性試験の結果だけをもとにして採否を決めるべきではない。適性試験の有効な使い方として、書類選考や面接を活用して、採用担当者が最終的な見極めを行う際に候補者の持つ潜在的な能力や性格を加味する方法が挙げられる。これにより、書類選考や面接では判断のつかない事項について、参考資料を入手することができる。

応募書類のチェックポイント

内容以外にも人となりを知る手がかりがある

■ 履歴書から読み取れること

履歴書の内容で特に注目したい項目に、職歴があります。それまでどんな仕事をしてきたかということはもちろん、前職の在職期間や次の就職先に移るまでの期間などに注目しましょう。転職・退職の期間が短い場合や、次の就職までかなり間があいているという場合は要注意です。

なお、市販されている一般的な履歴書には、①作成日、②名前（ふりがな）、③生年月日・年齢、④性別、⑤住所、⑥電話番号、⑦学歴・職歴、⑧免許・資格、⑨志望動機・趣味・特技・アピールポイントなど、⑩本人希望、⑪写真貼付欄などといった項目が用意されています。

■ 内容のどんな点に着眼するか

記載内容を見るときに気をつけなければいけないことは、書かれていることがすべて真実かどうかはわからないということです。表面的な記載内容をうのみにせず、注意深く確認しましょう。具体的には次のような点に着眼してみるとよいでしょう。

・学歴・職歴

学歴・職歴は履歴書の中でも重要な情報のひとつですので、特に慎重に目を通すようにしましょう。中でも入学・卒業・入社・退社などの年と年齢に矛盾がないか、中退・留年・退職などの理由が書かれているか、空白の期間（学校や企業などに所属していない期間）中どんなことをしていたのかについてはチェックしておき、必要に応じて面接の際などに確認すべきでしょう。

履歴書の体裁

履歴書は通常手書きで作成するので、特に文字の書き方や必要事項の記述の仕方、誤字・脱字の有無などによって、丁寧に仕事ができるか、応募に対する熱意や姿勢はどうか、ビジネスマナーを身につけているかなどの点を知ることができる。志望動機欄では、その人独自の言葉を使って書かれているかをチェックする。就職ガイドのお手本をそのまま書き写しただけか否かも確認する必要がある。

履歴書の記載事項で気をつけるべきこと

住所や電話番号については以下の点に留意すべきである。
①住所が正確に記載されているか
②電話番号については、最近は携帯電話の番号のみを記載することも多いが、固定電話を記載していない場合、定住していない、金銭的に不安がある、などの問題を抱えていることもあり得る。

履歴書・職務経歴書を見る時のチェックリスト

形 式 面

■ **手書きの場合**
・パソコンのスキルは？（要確認）
・字が汚くないか？
・読みやすいようにまとまっているか？

■ **パソコンの場合**
・文書作成能力は？

■ **記載事項と書き方**
・必要な内容がピックアップされているか？
・適度な分量にまとまっているか？
・図表やグラフを使っているか？

■ **ビジネスマナーについて**
・送付状や添え状はついているか？
・送付状や添え状の文面が通り一遍のものではないか？
・誤字・脱字がないか？

内 容 面

■ **ありきたりの内容ではないか？**
・簡単にまとめすぎていないか？
・求められたことに答えるだけではないか？
（オリジナリティがない文章となっていないか？）
・自己アピールができているか？
・無難な内容にまとまっていないか？

■ **職歴の関連性はどうなっていえるか？**
・職歴がバラバラではないか？（一貫性）
・職歴の回数と期間に問題はないか
（短期間に何度も転職していないかどうかなど）
・空白期間についての説明がなされているか？

■ **記載内容があいまいではないか？**
・具体的な記述がなされているか？
・募集時に告知した内容をふまえた記述がなされているか？
・以前の会社の退職理由を明確に記載しているか？

履歴書の形式で気をつけるべきこと

履歴書が届いた日と作成日との間が空きすぎているような場合には、他の会社で不採用になったために返送されてきた履歴書を使い回している可能性がある。

履歴書の書き方の常識

履歴書類について、内容ではなく体裁なども見る必要がある。たとえば、修正液の使用跡や汚れなどがないかなどのチェックが有効的である。ビジネスの世界では契約書などの重要書類を作成中に書き損じをした場合、改めて新しいものを書き直すか、二本線を引いて訂正印を押すといった手段を採るため、常識をはかる指標になる。

必要書類は手書きかパソコンか

手書きの場合、文字が丁寧に書かれているか、略字を多用していないかをチェックする。一方、パソコンの場合、その人のパソコンスキルがどの程度かということを知ることができる。

・免許・資格

　どんな免許や資格をいつ取得したかということはもちろんですが、その内容がどんなものかということも確認しておく必要があります。幅広い種類の資格を持っている場合、粘り強く目標に向かって努力できるとみることができる反面、ひとつの仕事に従事する覚悟がなく、すぐに転職してしまう可能性もありますので、注意が必要です。

・本人希望

　仕事時間や業務内容についての希望を書くことはミスマッチを防ぐためにも重要なことですが、まだ仕事を始めていない段階から細かい希望を書いてくる場合、その条件にわずかに反するようなことがあっただけですぐに辞めてしまう可能性がありますので、注意が必要です。

■ 職務経歴書から読み取れること

　職務経歴書は、求職者の職歴をより詳細に記載した書類です。履歴書の職歴欄でも前職の会社名や勤務年数、簡単な仕事内容などがわかりますが、職務経歴書にはどんな部署でどういう仕事を担当したか、どのような役職を担っていたか、部下が何人いたか、仕事においてどんな成果を上げたか、身につけた技術や知識、資格にはどんなものがあるか、といったことが書かれています。これを見る場合も、まずは体裁に注目しましょう。手書きが主の履歴書に対し、職務経歴書はパソコンで作成されていることも多いので、その人のパソコンの習熟度なども見ることができます。

　内容面では、転退職の理由がきちんと書かれているか、その内容に矛盾がないかといったことも重要なチェックポイントです。何度も転退職を繰り返している場合、勤務態度が悪い、不正を働いた、などの問題を抱えていることもありますので注意が必要です。

■ 職務経歴書類の体裁からわかること

　職務経歴書は市販されているわけではありません。同じ形式になっていたほうが内容を見比べやすいので、会社側で形式を作成しておくのもひとつの方法ですが、応募者にまかせて自由に作成してもらう場合、個々の能力や人となりを見ることができます。具体的には次のような点に着眼するとよいでしょう。

・どういう項目がどのような形で書かれているか

　職務経歴書には、希望職種、応募資格、職務経歴、企業名、従事した年数、業務内容、実績、表彰歴などの評価、役職といったことを記載するのが一般的です。

・ビジネスマナーに添っているか

　職務経歴書の提出を求める場合、求人の対象はすでに社会人経験がある人です。そのため、一般的なビジネスマナーを身につけているかどうかが重要なポイントになります。職務経歴書の確認は、以下の点に着眼して行いましょう。

・簡単にまとめすぎていないか

　具体的な実績が記載されていても、あまりに短くまとめられていると、それが誇張やウソかがわからないので、面接で質問を行うなどして実態確認が必要です。

・携わってきた職務の内容の一貫性

　携わってきた職務内容に一貫性がない場合、「飽きっぽい」「ささいなことに不満を感じる」「仕事に真摯に取り組む気がない」などの理由で、仕事が長続きしない可能性があります。

・具体性のない内容になっていないか

　会社側が技術などを習得した即戦力を求めているにもかかわらず、単に熱意だけを伝えてくるだけでは、能力的に問題がある、または会社側が求めていることを知ろうとしていないと判断されても仕方がありません。

　また、退職理由に具体的な内容を記載していない場合、不都合なことを隠そうとしている可能性があります。

危険な応募書類の見分け方

書かれた内容に疑問がある場合は必ず確認をとる

■ 職務経歴についてのポイント

　提出された履歴書や職務経歴書に記載されている職務経歴の内容に問題がある場合は書類選考の段階で除外します。もしくは、面接の際に直接核心を突く質問をするなどして疑問を解消しておくべきでしょう。

■ 退職後にブランクがある場合

　学校を卒業した後や退職した後、数か月にわたってブランク期間がある場合があります。この場合に考えられる理由としては、①短期間、別の企業で働いていた、②資格取得などのための勉強をしていた、③病気やケガなどで療養していた、④失業保険をもらえる間、漫然と生活していた、などが挙げられます。

■ 退職理由からわかること

　退職理由には「一身上の都合」「会社の業績不振による解雇」「倒産」「期間満了」などが記載されているのが一般的ですが、できれば詳しい理由を確認しておくほうが無難です。特に理由がまったく書かれていない、もしくは「一身上の都合」という理由が何回も出てきている場合は、必ず面接などの場で確認を取るようにしましょう。

　「自分の可能性を試したかった」「新しいことに挑戦したかった」といった理由の場合、積極的に仕事に取り組んでくれるという見方もできますが、一方で、理想主義で思いどおりにならないとすぐに退職してしまう可能性もありますので注意が必要

職務経歴に関して確認すべき事項

職務経歴で、学校を卒業した後や会社を退職した後に長期間のブランクがある場合や、退職理由が書かれていない、「一身上の都合」などあいまいなものが多い際には、面接等により確認する必要がある。また、志望理由が書かれていない、「御社の事業内容に関心があったため」など当たりさわりのないことしか書かれていない場合にも、より具体的な内容を確認する必要がある。

履歴書の記載の真実性

全員が履歴書に正直に記載してくれていればよいが、応募者は採用に不利になるようなことはあえて記載せず、隠したまま通そうとすることもあるため、注意が必要である。

危険な応募書類の特徴

退職後に長期間のブランクがある場合

■実は他の会社で働いていた場合 → 現在もアルバイトとして働いているような場合

■資格取得などのための勉強をしていた場合 → 業務に関係のない資格の場合

■病気やケガで療養していた場合 → 現在も治療中の場合

■失業保険の受給中に就職活動をしていなかった場合 → 「前職が激務だったため休養していた」といった事情がない場合

退職理由が書かれていない場合や「一身上の都合」としか書かれていない場合

■実は家庭の事情で退職した場合 → 現在もその事情について解決していない場合

■自分の可能性を試したかった場合や心機一転などが理由の場合 → 何度も退職している場合

志望理由に個性がない場合

■どの会社に出しても通用しそうな理由しか書かれていない場合

です。また、「会社の業績不振による解雇」「倒産」などの理由の場合、それが2件以上続いている場合は本人の能力や協調性といった面に問題がある可能性もあります。

■ 志望理由からわかること

　志望理由は、応募者の会社に対する関心や熱意といったことが伝わる部分です。記述自体は簡潔でも、会社の業務内容や現在必要としている人材を的確に把握し、自分の能力をどのような形で活かすことができるかを冷静に判断して志望している人も中にはいます。注意深く読み取るようにしましょう。

志望理由で気をつけるべきこと

志望理由欄に「これまでの経験を活かせそうだから」「御社の商品やサービス内容に将来性を感じたため」など、抽象的な内容を記載している場合、その会社が第一志望ではない、他の会社で不採用になり続けているといったことが考えられるため、採用を見合わせたほうが無難な場合がある。

面接の実施

面接のノウハウは次回に活かせるようにする

グループ面接

一人ひとり面接していたのでは対応しきれないほどの人数の候補者が面接の段階でも残っていた場合には、グループ面接を行う場合がある。グループ面接を実施する場合には、グループ間で偏りが生じないように、グループごとの合格者数にはこだわらず、同一の基準で選考する必要がある。

■ 面接について

　面接は、すでに実施した書類選考や適性試験を通過した応募者を相手に行うもので、これまでに得た情報を最大限に活用して、採用すべき人材であるかどうかを見極めます。まずは事前情報をもとに応募者に質問をします。回答からさらに質問がある場合には質問を重ね、面接で知っておきたいことを尋ね終えた後、最後に応募者からの質問を受け付けるようにします。

■ 次回の採用に生かす

　会社は原則としてずっと存続するものであり、会社が存続する限り採用活動も繰り返されます。採用活動が一度限りのものではない以上、過去の採用活動を振り返り改善点を見つけ、対策を考えた上で次回の採用活動に活かすことは非常に重要です。採用活動の過程で応募者から得られる情報を常に把握し、次の採用活動につながるように取り組む必要があります。

面接の事前準備

質問事項をまとめた内容を含めた面接進行表を作成して、その表に従って実際に模擬面接を行うことは重要である。面接官は事前に得られた情報をもとに、応募者が求める人材かを判断する。相手の態度や第一印象など、後に選考の段階で必要となる情報を見落としてしまわないように、面接の手順をしっかり確認しておく。

■ 面接官は事前に何を聞くかをまとめておく

　面接は書類選考を経てから行われるのが通常ですが、せっかく書類を入手していても、書類選考でふるいにかけた後、書類を放置したままで面接当日を迎えるようでは、書類選考を導入した意義が半減してしまいます。必ず、書類選考で得た情報を元に、面接で何を質問するのかを事前にまとめておきましょう。

　応募者全員に質問をするのは、客観的に応募者の能力を判断するために、同じ質問をする必要があるからです。全員に行う質

面接官に求められること

面接方法・内容の決定 ← **最終選考**

問題点・反省点のチェックと改善
今回の求人固有のポイントを確認

・採否の決定
・質問事項・段取り等の反省

↓ ↑

面接方法・内容の書類から質問事項をピックアップ **面接の実施**

・前回の求人のフィードバック
・書類選考時に得た情報
　　　　　を参考にする

・会社の顔としてふるまう
・言動に気をつける
・応募者の第一印象・態度を
　メモしておく

↓ ↑

質問事項のリストアップ **問題点のチェックと改善**

・全体への質問事項
・掘り下げた質問事項
・個別の質問事項

・うまくいかなかった点の
　チェックと改善
・「模擬面接の実施・問題点
　の洗い出し・改善」を3回
　くらいはやっておく

↓ ↑

面接進行表の作成 → **模擬面接の実施**

面接時のチェックポイントを
記した面接用のシートも作成
しておく

・段取りを頭に入れる
・問題点がないかを確認する

問の内容は、主に応募者が会社の価値観にあうかどうか、企業理念に共感しているか、行動指針を理解し実行できる見込みがあるか、といった全職種共通で知る必要のある内容のものです。それ以外にも、なぜ自社の業界で働きたいと思ったのか、業界の中でどうして自社を選んだのか、といった応募理由についての質問も、職種に関係なく全応募者に聞いておくべきでしょう。

また、応募者に対して気になる点には、他社での就職活動状況があります。就職活動の現状を聞くこと自体に問題はありませんが、他社での就職活動を制限するような申し出や圧力をかけることは、いわゆる「オワハラ」にあたりますので注意が必

オワハラ

「就活終われハラスメント」の略語。内定もしくは内々定を出した学生に対し、今後の就職活動を控えることや、他社からの内定辞退を促し、圧力をかける行為を指す。他社に優秀な人材が流出することを避けるために多発している。

要です。内定は雇用契約を事前に予約するもので、応募者・会社ともに解約権利を持ちます。他社での就職活動を制限するような申し出や圧力の程度がひどい場合には応募者から訴えられるケースもあります。他者での活動状況については、あくまでも現状調査にとどめておきましょう。

■ 面接官が聞いてはいけないこととは

応募者に聞いてはいけない内容とは、主に応募者自身ではどうすることもできない事柄や、思想の自由を妨げるような内容です。

こうした事項とは別に、一般的にセクシュアルハラスメントにあたるとされている質問事項も差し控えるようにしましょう。どのような言動がセクシュアルハラスメントにあたるのか、という点については、面接担当者自身はまったくその気がなくても応募者側がそのように受け取ればセクシュアルハラスメントにあたる、と判断される可能性もあるので、十分注意してください。

■ 面接時のポイント

面接の準備段階でやっておくべきこととして、模擬面接の実施以外に、面接シートを作成することが挙げられます。面接シートには、前述の質問すべき内容をまとめた事項の他に、面接の段取り、採用基準、面接終了前の確認事項などを盛り込みます。また、応募者の第一印象や態度などについても項目を作っておき、面接時に書き込めるようにしておきます。そして、面接に入った後は、会社を代表する「顔」として、応募者に対して丁寧に、そして失礼のないように接するようにしましょう。

質問を始める際には、いきなり変化球を投げるようなことはせずに、まずはオーソドックスな質問を投げかけて相手の緊張を解いてあげるようにしましょう。そのときの応募者の対応から緊張が解けたと判断した場合は、回答ごとに準備してある質

重要な事項を説明するタイミング

面接の3ステップ

	導入部	面接のコア部分	締めくくり
実行目的 実行内容	応募者を リラックスさせる →	やりとりがスムーズに できるようになったら… 採否の判断につながる 重要事項を質問する →	質疑応答 採否の連絡 について
応募者の 見極め （観察内容）	応募者の第一印象・ 態度・身だしなみ をチェック →	応募者の受け答え・ 態度をチェックする →	最後まで 気を抜かずに 態度・言動など をチェックする

問や個々の応募者用に準備した質問に移行してもよいでしょう。

　時間内に与えられた裁量内で、という限定的な状況下ではありますが、応募者の実際の能力や性格など、採用の判断材料となりそうな情報を面接シートに従いながら引き出すようにすることが大切です。

　なお、この面接シートですが、ファイルやバインダーに挟み込むなどの工夫をして直接応募者の目に触れないように注意しましょう。面接シートにメモをとる際にも、さりげなく行うようにして、応募者の集中力が削がれることのないように注意する必要があります。面接時には面接シートだけでなく応募者が提出した書類にも目を通します。応募者が提出した書類にはメモなどはしないのがマナーです。特に履歴書などは本人に返却する場合もあるため、絶対に記入しないようにしましょう。

　また、転勤や部署の異動の可否を尋ね忘れたまま採用し、転勤を命じたら本人に転勤できない事情があった、というケースもあります。こうした場合もトラブルに発展しやすいので、注意しましょう。

面接時のメモ

面接を行う場合には、応募者の印象や、回答内容に関して、メモをとっておくべき必要がある。書類と異なり、面接はやり直しができないため、気づいたことは何でもメモを取ることが特に重要になる。

採用通知や不採用通知の出し方

・・

採否が確定したらできるだけ早く通知する

■ 選考はだらだら行ってはいけない

採否の決定については、スピーディに行うことが重要です。求職者は他社とかけ持ちで応募していることが多いため、採否の検討をしているうちに応募者が他社に流れていかないよう、本人との連絡を密にしておきましょう。

特に優秀な人材は、どの会社でも獲得したいと考えているため、応募から採用決定までのスケジュールはできる限り短くして、面接の結果も整理しておき、採否の決定がスピーディに行えるようにしなければなりません。

採用を通知する際には、次のような内容を明記します。

・「採用すること」が明確にわかる一文

・勤務地、給与、勤務時間などの労働条件

・入社日および当日の出社場所など

会社が採用を確定したにもかかわらず、後になってこれを辞退する求職者もいます。特に新卒者の場合、同時に何社もの会社の就職試験を受けていることも多く、第一希望の会社の内定が出たら他の会社には就職しない、ということもあります。このようなことになると、また採用活動をやり直すことにもなりかねませんので、採用通知と一緒に入社承諾書などの書類を同封し、期日までに返送されなければ内定通知を取り消すなどの形をとるようにしましょう。

なお、履歴書などの個人情報書類は勝手に廃棄または保管したままの場合、管理上の問題が出てくる可能性がありますので、一緒に返送するほうが無難です。

採否の決定に関する慎重性

採否の決定は、スピードも重要であるが、前提として、応募者にとっても会社側にとっても将来を左右する重要なことなので、慎重に行わなければならない。応募者の適性や能力を評価した結果がきちんと反映されたものであるか、入念に検討する必要がある。

不採用通知

応募者の多い会社などでは、採用者にのみ通知をするというところもあるが、会社の誠意を示すためには、不採用者にも通知をするほうがよい。不採用を通知する際には、「不採用であること」が明確にわかる一文を明記する他、応募に対する感謝や慎重に審査した旨などを丁寧に記載し、求職者の気持ちに配慮するよう心がけなければならない。

採用通知書サンプル

令和○年○月○日

○○○○様

○○物産株式会社
代表取締役　○○○○

採用通知

　拝啓　時下、益々御清栄のこととお慶び申し上げます。

　先日は当社の社員募集にご応募頂きまして、有難うございました。厳正なる選考の結果、貴殿の採用を決定致しました。

つきましては、下記ご留意の上、指定日にご来社下さいますようご通知申し上げます。

敬具

記

1．来社指定日　令和○年○月○日
　　　　　　　　午前9時
2．来社場所　当社総務課
3．持参するもの
　①印鑑
　②年金手帳、雇用保険被保険者証（持っている場合に限る）
　③住民票記載事項証明書

以上

不採用通知書サンプル

令和○年○月○日

○○○○様

○○物産株式会社
代表取締役　○○○○

　拝啓　時下、益々御清栄のこととお慶び申し上げます。

先日は当社の社員募集にご応募頂きまして、有難うございました。厳正なる選考をしました結果、今回は誠に残念ではございますが、貴殿の採用について見送らせて頂くことになりました。

　私どものように少ない人数で事務処理をしている立場から申しますと、やはり実務経験者を優先的に採用せざるを得ません。

　貴殿は、礼儀正しく、また仕事に対する意欲も感じられ大変好感の持てる人物です。必ずや、希望の仕事に就けることと存じます。

貴殿のさらなるご活躍を祈念しております。

敬具

不採用や内定取消をめぐる問題点

内定取消の理由によっては無効となる場合がある

■ 内定とは

企業は、労働契約の申込みを期待して求人募集を行い、労働者は、自分が希望する求人に対して申込みを行います。採用内定通知の発信は、企業による「申込みの承諾」に該当し、これによって労働契約は成立します。しかし、新卒採用における内定通知の相手は学生であり、実際に学校を卒業して労働を開始するまでタイムラグがあります。その特徴をふまえ、卒業予定の学生との間で成立する労働契約には、卒業後に勤務開始となる「始期（翌年4月1日など）」が付いており、かつ卒業できない場合に契約を解除するなどといった「解約権」も付いている労働契約であることから、「始期付解約権留保付労働契約」とされています。

■ 内定取消が無効になる場合

内定者と会社との間には、「始期付解約権留保付労働契約」が成立している以上、解約しない限りは労働契約が存続します。企業側には解約権が付いていますが、無条件で行使できるわけではありません。この解約が有効に認められるのは、企業が「採用内定当時知ることができず、また知ることが期待できないような事実であって、これを理由として採用内定を取り消すことが解約権の趣旨や目的に照らして合理的と認められ、社会通念上相当と認められるものに限られる」とされています。これに該当しない解約（内定取消）は無効とされる可能性があることに注意が必要です。

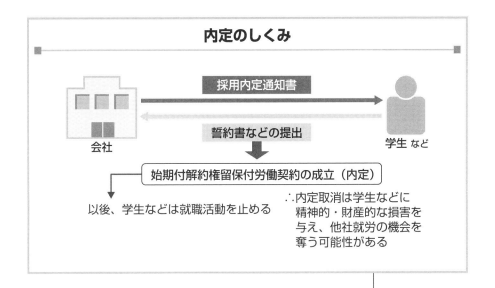

内定のしくみ

採用内定通知書

誓約書などの提出

会社

学生 など

始期付解約権留保付労働契約の成立（内定）

以後、学生などは就職活動を止める

∴内定取消は学生などに精神的・財産的な損害を与え、他社就労の機会を奪う可能性がある

内定の取消は学生の他社就職のチャンスを奪い、財産的損害や精神的苦痛を与えます。内定取消が生じないよう、内定前に慎重な判断が求められることになります。

■ 内定取消ができる場合

　一般的に内定取消事由は、採用内定通知書、入社誓約書または承諾書などの書面上に記載されているため、それに該当するかどうかが最初の判断となります。ただし、取消事由を網羅的に定めておけば内定取消が適法であると認められるかといえば、そうではありません。たとえば、それらの書面上において、「選考に際し提出した書類に虚偽の記載をした場合や、面接において事実と異なる虚偽の発言があった場合」という取消事由があった場合、その虚偽の内容・程度が重大なものであり、従業員としての適格性に欠けることが判明した場合に、内定取消が可能になります。逆に言えば、そうしたものでなければ、虚偽記載等があったとしても内定取消の適法性は否定される可能性が高いといえます。

内定取消しをめぐるトラブル

最高裁判所の判例では、大学生が卒業の直前に内定を取り消された事案について、採用内定によって始期付解約権留保付労働契約が成立したものであって、内定取消事由は内定当時知ることができなかった事実であることを要し、合理的な理由があって、社会通念（社会常識）上相当と認められる場合の他は、内定取消はできないと判断している。
具体的には、予定時期に大学を卒業できなかった場合、内定通知時と比較して健康状態が著しく悪化し労務提供が困難になった場合、有罪判決や起訴猶予処分を受けるなど一定の刑事手続が行われた場合などに、内定取消の合理性・相当性が認められる可能性がある。

**内々定を取り消
された場合は**

判例では、内々定により労働契約は成立せず、内定と内々定は明らかに性質が違うものであるとしている一方、「内々定取消は、労働契約締結過程における信義則に反し、原告（内定者）の期待利益を侵害するものとして不法行為を構成するから、被告（会社）は原告が採用を信頼したために被った損害を賠償すべき責任を負うというべきである」として、内々定の取消について、会社側に責任があるとする判断を行い、労働契約が確実に締結されるだろうと考えた内定者の期待をある程度保護したものもある。

**会社が被った経
済的損害の賠償**

入社日直前に内定者が内定辞退した場合などに、会社が被った経済的損害を、内定辞退者に対して請求できるのかという問題については、内定者が会社との信頼関係を破壊するような方法で内定辞退をしたといえる場合を除き、損害賠償請求が認められる可能性はかなり低いと考えられる。

他に、内定当時より会社の経済事情（景気）が悪くなったことを理由とする内定取消については、経営環境の悪化を予測できなかった責任は基本的に企業側にあるとして、整理解雇（リストラ）に準じた検討を企業側に求めており、適法に解約権の行使が認められるためのハードルは高いといえます。

■ 内定取消と損害賠償

企業の内定取消が違法と判断された場合、労働者からの債務不履行または不法行為に基づく損害賠償請求が認められる可能性があります。内定取消そのものは適法であるとされた場合であっても、内定通知からその取消しまでの過程において、企業側が必要と考えられる説明を労働者に対して行わなかったことを理由に損害賠償責任が課された事例もあります。

労働契約締結後に時間を空けず労働を開始する中途採用と異なり、新卒採用では内定通知から労働開始まで時間が空きますが、その期間も法律上のさまざまな制約を受けますので、各種判断や対応にあたってはそれらに対する十分な理解が求められます。

また、近年は採用内定取消が増加している状況を考慮し、採用内定取消が2年以上連続して行われている、同一年度内で10名以上に対し行われているなど一定の条件に該当する場合、厚生労働大臣が企業名を公表できるとされています。対象となった学生だけでなく、企業イメージにも甚大な影響を及ぼすため、適切な対応を心がけましょう。

■ 入社前研修

内定通知から入社までの期間は、会社側から見ると、入社日（始期）が来れば内定者に対して労務の提供を求める権利は確保しているものの、その権利を行使できる時期には至っていません。この時期に、会社は、内定者に対して研修参加を強制す

内定を通知した学生に記載させる誓約書のサンプル

誓　約　書

△△△△株式会社　代表取締役社長　○○　○○　殿

この度貴社に従業員として入社するにあたり、次の条項を誓約し厳守履行いたします。

1　貴社就業規則および服務に関する諸規定・諸命令を堅く遵守し誠実に勤務すること
2　先に提出した履歴書および入社志願書の記載事項は真実に相違ないこと
3　貴社従業員としての対面を汚すような行為をしないこと
4　故意又は重大な過失、その他不都合な行為によって貴社に損害をおかけしたときはその責任を負うこと

令和　　年　　月　　日

現住所　東京都世田谷区○○町１丁目１番１号
氏　名　○○　○○　㊞
平成○○年○月○日生

ることができるのでしょうか。

　近時の判例によると、内定段階であっても解約権留保付きの労働契約は成立しているが、入社日まではその効力が発生していないため、会社側が入社前研修への参加を強制することはできないとされています。

　したがって、会社が入社前研修を行おうとするとき、その参加の可否は内定者の自由意思にゆだねなければなりません。この自由意思による参加の原則に反し、会社が実質的に参加を強制しているような場合には、内定者に対し研修時間に応じた賃金支払義務が生じます。また、入社前研修に参加しなかった内定者に対し、内定の取消や入社後に不利益な取扱いをすることは許されません。これは入社前研修について賃金を支払った内定者についても同じです。

従業員の採用

健康保険や雇用保険の手続きが必要となる場合に注意

健康診断書

労働安全衛生法では、「社員を採用する場合は、採用時の健康診断を実施しなければならない」と規定している。そこで、会社は、入社まもない時期に健康診断を行うか、入社前3か月以内の健康診断書を提出させるかの措置をとらなければならない。

■ 採用時の提出書類

　入社承諾書が提出され、採用が決定した新入社員に対しては、すぐに入社日や出社時間、出社場所などを通知します。同時に、住民票記載事項証明書や通勤経路図、社員証に貼る写真、給与振込依頼書などを提出してもらいます。住民票記載事項証明書は、住所を記した公的な文書で、本籍の記載がなく個人情報も保護されています。なお、従業員のマイナンバー情報取得のため、個人番号カードや通知カードの提出も求められます。新入社員が転職者の場合は、入社日に年金手帳や雇用保険被保険者証、前の会社の源泉徴収票を持参するようにお願いしておきましょう。

　また、入社時には、会社のルールに則って業務に従事することを約束する「誓約書」と、不正があったときなどには損害賠償などの保証人となることを明記した「身元保証書」、資格を所持している証明となる「資格証明書」などを提出してもらうケースもあります。

■ 誓約書について

　誓約書は、会社の就業規則やその他の規則を守って業務に専念することを約束する文書です。社員に、会社組織の一員として企業目的の遂行のために一生懸命に働くことを誓わせるねらいがあります。誓約書には一般的に、①上司の指示や命令に従うこと、②同僚と協力して職場の秩序を守ること、③配置転換やその他の人事異動に従うこと、④業務上知り得た秘密を漏ら

身元保証書サンプル

身 元 保 証 書

株式会社○○○○
代表取締役　○○○○様

住所　　○○県○○市○○ 1 - 1 - 1
氏名　　○○　○○
生年月日　○年○月○日

　この度、上記の者が貴社の社員として採用されるにあたりまして、私は下記の項目に基づき、貴社に対して身元保証をいたします。

（賠償責任）
第1条　本人が、貴社の就業規則その他の服務規律に違反し、または故意もしくは過失により貴社に対して損害を被らせたときは、直ちに本人と連帯して損害額を賠償いたします。

（存続期間）
第4条　保証期間は，契約成立時から 5 年で終了するものとします。ただし、契約を更新することは妨げないものとします。

令和○年○○月○○日

身元保証人　住所　　○○県○○市○○ 3 - 3 - 3
　　　　　　氏名　　○○　○○
　　　　　　生年月日　○年○月○日
　　　　　　本人との続柄　○○

さないこと、などの内容が盛り込まれています。

　誓約書は、法的な効力はないものの、署名、押印を要求しているので、社員にとっては書くことによって社員としての自覚を促すことにもつながります。

■ 身元保証

　「身元保証書」は、社員の保証人と会社の間で交わされる契約書です。身元保証契約に関しては、「身元保証に関する法律」が制定されています。身元保証書を交わす意義は、もし身元保

身元保証の意義

1つは従業員が会社に損害を与えた場合の損害を補填するという意義、もう1つは当該従業員が精神的・身体的に適格であることを保証する意義もある。特に、近時では精神疾患に関するトラブルが増加傾向にあることから、精神的に適格であることを身元保証によって確認することの重要性は年々高まっている。

身元保証書の更新等

自動更新はできない。労働者本人の仕事や勤務地に変更があった場合、会社側は身元保証人に通知する義務がある。なお、仕事の変更があった場合は、身元保証人は身元保証の契約を解除する権利を持っている。

証をする相手が会社に対して損害を与えた場合、保証人が連帯してその責任を負うということを文書で示すことにあります。つまり、会社に、その相手が社員として適性があると推薦すると同時に、会社に損害を与えた場合には金銭的にも保証していくことを約束することです。もし、その相手の在職中に被害を受けた事実が発生した場合は、その相手が退職した後でも身元保証人は賠償責任を負わなければなりません。

身元保証書には有効期間が設けてあり、更新の手続きを行わないと、以後は無効になります。保証契約期間は、①身元保証をする期間の定めがないときは3年、②期間を定めたときでも5年を超えることはできず、更新についても、更新のときから5年を超えてはならないとされています。

また、令和2年の民法改正により、個人が保証人となる根保証契約について、極度額（連帯して保証する上限額）の定めがなければ契約そのものが無効となります。改正後に新たに締結・更新する場合は、極度額の定めが必要になりますので注意しましょう。

■ 法定三帳簿

会社などの事業所（事業場）は、従業員を雇用する事業所として、法律上、備え付けが義務付けられている書類があります。①出勤簿またはタイムカード、②賃金台帳、③労働者名簿の3つの書類であり、法定三帳簿といいます。法定三帳簿は、雇用保険に関する手続きなどの際に、従業員の就労状況を把握するため、提出が求められるケースがあります。また、従業員を採用した事業所は、法定三帳簿を必ず作成しなければなりません。

整備していない場合は罰則の適用もありますので、正確な記載を行って適切に保管しましょう。

社員を採用した場合の各種届出

事　由	書類名	届出期限	提出先
社員を採用した とき(雇用保険)	雇用保険被保険者 資格取得届	採用した日の 翌月10日まで	所轄公共職業 安定所
社員を採用した とき(社会保険)	健康保険・厚生年金保険 被保険者資格取得届	採用した日から 5日以内	所轄年金事務所
採用した社員に 被扶養者がいる とき(社会保険)	健康保険被扶養者 (異動)届	資格取得届と 同時提出	
労働保険料の 申告(年度更新)	労働保険概算・確定 保険料申告書	毎年6月1日から 7月10日まで	所轄労働基準 監督署

■ 新しく社員を雇ったときの社会保険の手続き

　新しく従業員を雇った時の主な手続きとしては、以下のものがあります。

① 雇用保険の手続き

　雇用保険は、採用した従業員の雇用形態、従業員と会社との間の雇用契約の内容によって、雇用保険に加入できるかどうか（被保険者となるかどうか）を判断します。従業員を採用したときに、所轄公共職業安定所（ハローワーク）に提出する書類は「雇用保険被保険者資格取得届」です。

② 健康保険と厚生年金保険の手続き

　原則として、健康保険と厚生年金保険は同時加入が義務付けられているため、健康保険と厚生年金保険は、その手続きも同時に行われます。

　新しく従業員を採用した場合には、「健康保険・厚生年金保険被保険者資格取得届」を所轄年金事務所に提出します。健康保険組合がある会社については、その健康保険組合にも提出します。「健康保険・厚生年金保険被保険者資格取得届」には、従業員の個人番号を記入します。

従業員の社会保険手続き

採用した従業員に被扶養者がいる場合は、「健康保険被扶養者（異動）届」を提出し、被扶養者分の保険証の交付を受ける必要がある。
なお、70歳〜74歳の従業員は、原則として厚生年金保険には加入せず、健康保険のみの加入である。75歳以上の従業員は、後期高齢者医療制度の被保険者となるため、厚生年金保険にも健康保険にも加入しない。

福利厚生

■ 福利厚生とは

福利厚生とは、賃金とは別に会社が社員やその家族に利益や満足をもたらすために提供する施策のことです。ただし、会社側はそれだけの費用をかけるため、常に費用対効果を考えていかなければ経営に支障をきたしてしまいます。福利厚生は法定福利と法定外福利の2つに大きく分けられます。

法定福利は社会保障に該当し、社会保険と労働保険に分けられます。社会保険には、健康保険や厚生年金保険、介護保険などがあります。健康保険は、被保険者（社員）だけでなく、その家族にも給付が行われます。厚生年金保険は老齢・障害・死亡の時に給付が行われる制度で、保険料の半額を会社が負担します。介護保険は、社員の年齢が40歳以上65歳未満の場合に健康保険料と一緒に徴収されます。

労働保険には、雇用保険、労災保険などがあります。雇用保険は社員が失業・再就職した場合や、育児休業・介護休業を取得した場合などに一定額が給付される制度です。労災保険は、社員が仕事中や通勤途中で災害にあった場合に給付される制度で、保険料の全額を会社が負担します。

一方、法定外福利は会社の規模や労働組合の有無などで内容が大きく異なります。一般的に導入されることが多い制度については図（次ページ）を参照してください。

■ 法定外福利の見直し

法定福利費は、年々増加傾向にあります。理由の一つは、少

福利厚生の目的

福利厚生の目的は、社員がその施策によって会社への帰属意識を高めたり、働く意欲を増幅させたり、職場のコミュニケーションを図ることにある。また、福利厚生の充実は、優秀な人材を採用しやすくなる、社員の自己啓発の援助になるなど、さまざまな効果が期待されている。

法定福利と法定外福利

法定福利とは、法律で義務付けられている施策である。これに対して、法定外福利は会社が独自で設ける任意の施策を指している。

法定外福利の種類

住宅手当	社宅・寮を格安で貸与、賃貸住宅の家賃の一部を補助 賃貸・持ち家にかかわらず一律に手当を支給するなど
財形貯蓄	会社を通して給料や賞与から天引きで積立てる貯蓄 ※会社が払込みを代行する形をとるため、知らないうちに積立ができる ※住宅財形と年金財形は、合わせて元金550万円までの利息が非課税
慶弔見舞金	結婚祝や出産祝、病気・入院見舞、死亡弔慰金を支給
健康・医療	年1回の健康診断や人間ドックなどの費用を援助 医薬品や健康器具などを設置
社員割引	自社製品や関連企業の商品・サービスを割引価格で提供
慰安旅行	会社が社員やその家族との慰安と親睦を図る旅行 費用の全額または一部を会社が負担
食費・制服	社内での弁当負担や残業時の夜食を負担 コーヒー機を設置、作業服や制服などを支給
文化・レジャー	社員のクラブ活動の場所や運営費用を援助 会社費用で運動会・誕生日会・創立記念会・地域社会行事参加など

子高齢化の影響です。雇用継続を望む高齢者が増加したことにより、その高齢者にかかる社会保険や労働保険が増加します。また、育児や介護と両立しながら働く社員も増加傾向にあり「辞めない社員」が増えたことも挙げられます。

　そのため、会社は限られた予算の中で福利厚生費を捻出していかなければなりません。膨らみつつある法定福利費の代わりに、法定外福利を見直すことで効率化を進める必要があります。

**法定外福利厚生
見直しの手順**

最初に現状を把握し費用対効果が得られない施策を洗い出す。特に社員全員が公平に恩恵を受けにくい施策などを見直す必要がある。

試用期間

試用期間後の本採用拒否は解雇にあたる

■ 14日以内なら解雇予告が不要

　従業員を採用した後、入社後の一定の期間を、その従業員の人物や能力を評価して本採用するか否かを判断するための期間とすることがあります。これを試用期間といい、就業規則で定められていることがほとんどですが、試用期間を設けるかどうかは会社の任意です。

　試用期間を設けるにあたって注意しなければならないことは、その従業員は試用期間中でも本採用後でも、業務に従事した対価として賃金を得ているため、労働基準法上の「労働者」に該当し、労働法の適用についての差はないということです。したがって本採用を見送る場合は解雇にあたり、解雇予告（161ページ）など、解雇の手続きに沿った対応が求められます。ただ、労働基準法21条は「試の使用期間」中の者を14日以内に解雇する場合には、通常の解雇の際に必要とされる「30日前の解雇予告」または「解雇予告手当金の支払い」をしなくてもよいと規定しています。

　解雇予告手当の支払いが不要であっても、解雇が認められるかどうかは別問題であることに注意が必要です。

■ 試用期間は原則として延長できない

　試用期間中は解約権が留保されており、労働者の地位が不安定であることから、試用期間の長さは3か月から6か月以内とすることが一般的です。就業規則などで延長の可能性およびその原因となる具体的事由、延長する場合の期間などがあらかじ

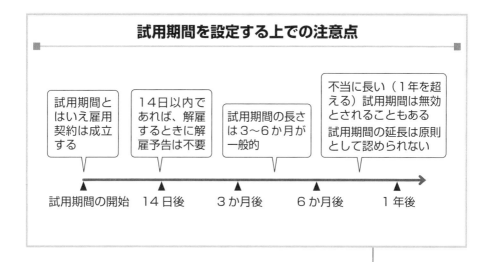

試用期間を設定する上での注意点

- 試用期間とはいえ雇用契約は成立する（試用期間の開始）
- 14日以内であれば、解雇するときに解雇予告は不要（14日後）
- 試用期間の長さは3～6か月が一般的（3か月後／6か月後）
- 不当に長い（1年を超える）試用期間は無効とされることもある／試用期間の延長は原則として認められない（1年後）

試用期間の開始　14日後　3か月後　6か月後　1年後

め明記されていない限り、原則として試用期間の延長は認められません。

　ただ、就業規則などに延長の定めがあり、労働者が試用期間の大半を病欠した場合など、延長する合理的な理由があれば、試用期間が延長されることもあります。その場合でも、当初の試用期間と延長期間を合算して1年を超えない程度が限度と考えられています。

■ 試用期間以外の方法もある

　試用期間の設定以外の方法により「ミスマッチを防ぎたい」という場合に採る手段としては、次の方法が考えられます。

① 有期労働契約

　求職者と会社が短期間の有期労働契約を締結します。その契約期間中に業務能力や適性を見極め、問題なければ期間の定めのない労働契約（無期労働契約）を締結する方法です。ただし、短期間の有期労働契約を繰り返し締結するなど、一定の条件に該当する場合は雇止めが無効と判断される可能性があるため、十分な注意が必要です。

② 紹介予定派遣

　紹介予定派遣とは、派遣期間終了後、派遣労働者が派遣先の会社に雇用されることを予定して実施される労働者派遣です。派遣会社に登録された派遣労働者を６か月以内の一定期間派遣してもらい、派遣期間の終了時に、派遣労働者本人と会社の双方合意の下、雇用契約を締結します。

　この場合、最初は派遣会社と会社の間で労働者派遣契約を締結し、直接雇用の段階になって派遣労働者本人と会社が労働契約を締結することになります。

③ トライアル雇用

　就業経験の少ない人や就労期間にブランクがある人を、ハローワーク・紹介事業者等の紹介により試行雇用（トライアル雇用）して、適性や業務遂行可能性を見極める制度です。試行雇用期間は原則として３か月です。要件を満たすトライアル雇用を実施した事業主に対しては、助成金（トライアル雇用助成金）が支給されます。

④ インターンシップ

　新卒採用前にはよく利用されています。ミスマッチがないようにするために、どのような体験をしてもらうことが有意義なのか、あらかじめ準備・検討しておくことが大切です。

■ 本採用前のインターンシップをめぐる問題

　インターンシップは、学生側から見れば、就業経験を積み、職業意識を高めるための企業内研修となります。一方、企業側のメリットとしては、企業イメージの向上の他にも、新入社員教育への応用、入社後の企業と新入社員（入社する学生）のミスマッチの回避などが挙げられます。

　インターーシップの法的な問題は、インターンシップを行っている学生（インターン生）が、労働基準法上の「労働者」にあたるのかどうかという点にあります。厚生労働省の通達による

インターンシップの種類

① 企業PRタイプ
インターンシップ受入企業として、企業の認知度を高め、企業のイメージアップを図るために行うもの。
② 実務実習タイプ
主に医療・福祉関係の大学において、教育課程の一環として行われるもの。実際の現場での教員免許取得のための実習や、研究・開発の実習などがある。
③ 職場体験タイプ
実際の職場での就業体験を通じて、学生の職業観の確立を支援するもの。
④ 採用活動タイプ
インターンシップ自体が採用活動につながっているもの。

インターンシップ制度

・実務経験を積める
・職業意識を高めることができる
・今後の就職活動や将来の展望の
　参考になる

・企業のイメージアップ
・新入社員教育への応用
・社内の活性化
・就労後の企業と学生のミスマッチの回避

学生

実習・研修

企業

と、その判断基準を次のように示し、その判断は個々の実態に
即して行う必要があるとしています。

・見学や体験的なものであり、業務に係る指揮命令を受けてい
　ないなど、使用者との間に使用従属関係が認められない場合
　は労働者に該当しない。

・直接生産活動に従事するなど、その作業による利益・効果が
　事業場に帰属し、かつ、事業場と学生との間に使用従属関係
　が認められる場合は労働者に該当するものと考えられる。

つまり、通常の労働者と同様に、企業がインターン生に対し
て指揮命令を行っている場合は、使用従属関係が認められ、労
働者に該当する可能性が高いということになります。労働者に
該当するとみなされた場合には、労働基準法・最低賃金法・労
災保険法など労働関係の法律が適用されます。その場合、企業
にはインターン生に対する賃金および割増賃金の支払いが義務
付けられます。また、労働保険料の算定・納付の際には、学生
に支払う賃金も含める必要があります。

もし、インターン生が労働者とみなされる可能性のある研修
を行う場合には、あらかじめ労働契約を取り交わし、労働関係
の法律に基づいて適切に実施する必要があります。

教育研修

企業の業績向上のためには必要なスキルの養成が大切

■ 教育研修について

　教育研修は、企業が従業員に対して行うもので、企業の業績アップのために、従業員のスキルや能力を向上させるための教育が行われます。教育研修の種類には、OJT（On the Job Training）、OFF-JT（Off the Job Training）、自己啓発などがあります。研修の中で、広く一般的に採用されている研修方法はOJTです。その他の2つの研修は、OJTの補助的なものとして行われることが多くなっています。

　OJTは一定の仕事を任せ、上司などからアドバイスを受けながら行う教育体系のことです。ただし、OJT は、OJTを行う現場の従業員に依存してしまうというデメリットがあります。つまり、OJTを行う現場の従業員の教え方が統一されていなかったり、能力が低かったりすると、研修効果が期待できないということに留意しておく必要があります。OJT実施にあたっては、現場担当者の教育から始めるという会社もあります。

　企業の教育研修の内容や方法は、その業態や事業内容によってさまざまですが、共通する目的は人材の教育と育成をはかり、企業の実績に結びつけることです。企業の実績はそこで働く人材の質や能力によって決まります。優秀な人材の確保はさることながら、その人材をいかに教育し、さらに質を高めることができるかは企業が行う教育研修にかかっているともいえます。人事部の仕事のひとつとしての教育研修内容の立案や実施は、企業における重要な役割を担っています。自社の商品やサービス、業界の動向を把握し、その上で自社の社員を教育していく

社員からの研修
レポート等

教育研修の実施においては、社員からの研修に対するレポートの提出を義務付けたり、研修内容を長期的な業務戦略に活かすための展望レポートを提出させたりすることも有効である。教育研修の実施と合わせて、その後の社員に対する評価基準を決定する判断材料になる場合もある。

管理研修

研修というと、対象者は新人のように聞こえがちであるが、一定の能力が形成された後に、管理職研修が用意されている場合もある。

研修の種類と内容

種　類	研修内容
OJT	職場内での研修のこと。業務を通じて部下への直接的な研修が行われ、ビジネスパーソンとして必要なスキルを身につけさせる
OFF－JT	一定期間、職場外で集中的に実施される研修のこと。特定の技能や語学能力を身につけさせるために行われる。社内で研修コースを設けている場合もあれば、社外の第三者機関に委託して行われることもある
自己啓発	上記の教育研修のように直接的な指導、教育が行われるものではなく、社員自らが自発的に行うもの。具体的には、業務に必要な資格の取得や、スキル・知識の向上をはかるための自主勉強などのことである。資格奨励手当の支給や通信教育の紹介を行っている企業も多い

ことが必要です。また、その部門の業績や人的資源の見極め、その人材活用の方法を的確に把握することも求められます。

　教育研修には、OFF-JTなど職場以外の場所での研修もあるので、講師を外部に委託することがあります。そのコーディネイトも人事の大切な仕事です。研修を定期的に実施し、研修内容と実施した研修実績についてはきちんとフィードバックや考察を行い、長期的な人材育成の指針として、企業の業績向上のために役立てていく必要があります。

■ 新人研修の研修テーマ

　採用した新入社員に、1日でも早く会社の一員として活躍してもらうための手段には、新入社員研修が欠かせません。

　新入社員研修は、入社時に数日間を費やして集合教育として行うのが一般的です。研修の行い方は、実務を通じて行うOJT方式と集合教育で行うOFF-JT方式があります。研修のテーマは、その会社独自のものもありますが、たいてい、社会人として必要最低限身につけなければならないことや、自分の会社・配属される部署についての知識などをテーマとすることが多い

教育研修のテーマ

教育研修のテーマには、社会人として身につけておくべきことを定める場合が多い。具体的には、学生と社会人の違い、働くことの目的、社会人としてのルール、などの社会人としての意識を高める具体的テーマが挙げられる。また、服装や身だしなみ、あいさつや敬語の使い方、名刺交換、電話への応対・接遇応対、などがビジネスマナーの具体的テーマとして挙げられることもある。

ようです。また、会社に勤めるビジネスパーソンになる者として、就業規則、人事制度、福利厚生などの会社生活の基本となる事柄や、自社の経営理念、自社商品の概要、各部門の業務と役割など、自社についての基本知識を伝えることが具体的テーマとして挙げられます。

■ 中堅社員や管理職に対する研修テーマ

　中堅社員の定義は会社によってさまざまですが、主に勤務3年以上の社員を指すことが多いようです。課長などの役職についていない場合も多く、新入社員の教育担当という側面を持っていることもあります。また、各部署の仕事内容に精通しており、仕事の課題を最も認識しているのが中堅社員だといえます。そのため、課題解決の方法を探り、職場で実践していける能力開発が必要になります。中堅社員の研修には、後輩の手本となるリーダーシップや上司をサポートするフォロワーシップ、課題解決力に関する内容が多くなります。

　管理職は、主に課長や部長などの役職者を指します。個人の達成目標よりも部署の達成目標がより重視されます。そのため、部下の仕事をマネジメントする能力やそれを可能にするコミュニケーション能力、部下の育成などが求められます。管理職の研修には、マネジメント研修が多く行われていますが、内容は多岐にわたります。

■ 研修の内容をどのように決めていくのか

　研修を企画していくことも人事の仕事です。一般的に研修をアウトソーシングすることはよくあることですが、研修の最終的な目的は、人材の教育と育成によって企業の実績に結びつけることです。アウトソーシングでは、ありきたりな研修内容になってしまい、毎年、代わり映えしない研修となってしまうこともあります。

組織学習
個人が学習した知識やスキルにより個人の行動が変わったことで成果が生まれると、それらが部署などに共有され、部署（会社）などの行動も変化し、部署（会社）に新しい成果が生み出されること。社内講師を活用することで学習サイクルが生まれやすい。

人事部が関わる研修の流れ

ニーズの把握	→	課題の抽出	→	研修内容の決定	→

- ●経営者のニーズ・現場のニーズを聞く
- ●ニーズを分析する
- ●研修内容が課題解決に寄与するか留意する

研修日時、講師の決定	→	研修の実施	→	振り返り	→

- ●社内講師も検討する
- ●研修後、アンケート等を実施する
- ●惰性の研修を辞める

　まず、研修を企画する上で現状のニーズを把握することは最も重要です。できれば、経営者のニーズ、現場のニーズの両方を探り社内の課題を抽出します。また、業界内の環境変化を知る上では社外との情報交換も大切です。

　社内の課題を抽出できれば、それをどのように解決できるのかを検討する必要があります。場合によっては、研修という手段を使わなくても解決できる課題もあるかもしれません。たとえば、営業において商談や取引を成立させるクロージングが課題として挙げられたとすると、クロージングのシミュレーション研修を企画することができます。一方で、クロージングに優れた社員を採用することで課題を解決することも可能です。

　研修の内容が決まったら、いつ実施するか、対象者を誰にするか、場所をどうするかを検討するのも人事の仕事です。講師を外部から探す場合もありますし、社内で研修内容に長けた社員を講師とすることもできます。

　研修後には、課題が解決できそうかどうかの振り返りも必要です。研修の内容を毎年変更しない会社も多いようですが、当初の課題が解決できているようであれば、惰性の研修は辞めるという決断をすることも必要です。

人事考課

客観的・具体的事実に基づいて行うことが重要

昇給と社会保険料
社会保険料の額は、通常は年に一度の見直しにより改定される。しかし、昇給が行われ、給与が著しく増加した場合は、随時改定として社会保険料の変更対象になる場合がある。

■ 評価・教育制度と人事考課

　人事考課は、たとえば社員の昇進や配転のような、人事上の決定をする上で必要な情報を把握するために行われる評定のことです。人事上の決定事項の具体的な内容としては、以下のものが挙げられます。

① 昇進・昇格

　どちらも社内の序列システムです。実際には、昇格が先行し、その資格を前提に役職を昇進させることが多いようです。

② 配置転換

　人事考課で得られた社員の能力や状況など総合的な情報を活用し、適正な人材の配置を行うことです。

③ 昇給・賞与

　職能資格制度では、資格等級に職能給の賃金表がリンクしています。昇格すれば自動的に昇給することになります。

④ 教育訓練

　社員に効果的な教育を行うために、教育訓練のニーズを把握します。

■ 考課項目の具体的な内容と評価の仕方

　人事考課は、能力考課、業績考課、態度意欲考課の3つの内容に照らし合わせながら客観的に行うようにします。

① 能力考課

　知識・技能、判断力、企画力、行動力、折衝力、指導力などを評価するもの

よい考課と悪い考課

よい考課

常に客観的な基準に照らして考課する

事実に基づいて考課する

部下同士を比較するのではなく絶対考課で行う

職務上の行動に対して考課する

結果のフィードバック時に具体的事例を挙げて説明する

悪い考課

自分の部下の評価を甘くする

自分の部下の評価を全体的に厳しくする

ある特定の現象に幻惑されて周辺の状況を見誤る

被考課者が優れている項目と関連した項目に対しても優れていると評価する

考課者が自分自身を基準として評価する（自分と異なるタイプの者に対して過大評価や過小評価をする）

考課対象のすべての期間を平等に評価せず、直近の考課対象期間を過剰に評価する

あらかじめ被考課者の最終的な総合評価を想定して評価する

② 業績考課

仕事の量・質・成果・難易度、達成度、人材育成といった内容を評価するもの

③ 態度意欲考課

責任性、協調性、積極性、規律性など、仕事に取り組む姿勢や意欲などを評価するもの

なお、考課項目は社員の階層や目的によって置かれるウエイトが異なります。人事考課は、通常では一次考課から始まり、数段階にわたり行われます。一次考課では、直属の上司が絶対評価で査定します。その次の二次考課では、部門長がそれを相対評価の観点から調整します。その後、人事部あるいは役員を含めた委員会などが評価結果を検証し、全労働者の処遇について、適切な配分がなされます。また、人事考課の結果は本人にきちんとフィードバックすることが重要です。

一次評価を絶対評価にする理由は、フィードバックのしやす

絶対評価と相対評価

あらかじめ定めた評価基準をもとに評価を行う方法を「絶対評価」、社員の査定順位をもとに評価を行う方法を「相対評価」という。

さを重視するからです。たとえば、Bさんのフィードバックで、「Aさんより評価が良かった」と相対評価で伝えてしまうと、Bさんの納得感も得られにくいでしょう。人事評価は、現状の能力を向上させる絶好の機会として捉え、フィードバックでは絶対評価を用いるとよいでしょう。一方、二次考課では、人件費に予算上限がある都合上、相対的な評価をするようにします。

■ 等級制度とは

　等級制度は、「職能等級」「職務等級」「役割等級」の3種類があります。職能等級は、「人」単位で等級が決められている制度です。職種にかかわらず、その人の能力や成果によって等級やそれに応じた給与が決まります。職務等級は、「仕事」単位で等級が決められている制度です。年齢や能力にかかわらず、その仕事によって等級やそれに応じた給与が決まります。

　職能等級は、年功序列型賃金になりやすく、特に若い人材のモチベーションが上がりにくいというデメリットがあります。

　一方、職務等級は、長期的な人材育成が困難になるというデメリットがあります。そのため、両者の中間的な役割等級が生まれました。役割等級は、「役割」単位で等級が決められる制度です。職種の中に、階層（役割）を設け、それに応じて給与が決まるシステムです。

　一般的には、等級ごと、あるいは等級のまとまりごとに定義を決めます。たとえば、等級の1～3級は管理職層、4～6級は中間層、7～9級は一般層などです。さらに、管理職層は、「会社全体の業績貢献が求められる。全社横断的な経営戦略や計画への参画が求められる。○○を実現するマネジメント能力が必要とされる」など、役割や能力の定義を決定しておきます。

■ 人事制度

　人事制度は、「等級制度」「賃金制度」「評価制度」で構成さ

人事制度（等級制度、賃金制度、評価制度の関係）

①等級制度　　＜役割等級の例＞

		営業	製造	事務
管理職層		K1	K1	K1
		K2	K2	K2
		K3	K3	K3
中間層		C1	C1	C1
		C2	C2	C2
		C3	C3	C3
一般層		I1	I1	I1
		I2	I2	I2
		I3	I3	I3

必要な役割・能力は？

②賃金制度
各等級の基本給を決定する。

③評価制度
人事考課によって昇格させるかどうか判断する。

れています。人事制度は、成果を上げた人がきちんと評価されるしくみづくりや、成果を還元するための賃金制度の設計など、モチベーションを高く働き続けるための制度づくりといえます。

　等級制度は、職能等級、職務等級、役割等級に分けられます。賃金制度は、等級制度を基に細分化された等級ごとに基本給を設定します。等級ごとに基本給のレンジ（幅）が決まっている会社もありますし、号俸号給で基本給が決まっている会社もあります。評価制度は、人事考課のことです。人事考課によって、被評価者がその等級にふさわしいか、そして昇格するかどうかを決定していくことになります。その際に基準になるのが、等級ごとの役割です。役割や能力の定義に合致するかどうかを人事考課で判定するということを行います。さらには、どの部分が役割や能力の定義に達していないのかを客観的にフィードバックすることで、被評価者の育成をする側面もあります。

人事異動

社内異動と社外異動がある

■ 人事異動のメリットとは

　社員の昇進や配転といった人事上の決定をする上で必要な情報を把握するために行われる評定のことを人事考課といいます。会社は、人事考課で得られた社員の能力や状況など総合的な情報を活用し、適正な人材の配置を行わなければなりません。

　たとえば、ある部署の社員の能力が不足していて、教育訓練を実施しても結果が芳しくなかった場合に、その社員の能力に見合った部署に異動させることは人材を適材適所に配置するという意味でも非常に有効です。また、社会の状況が変化した結果、社内のある部署では余剰人員が出ており、また別の部署では人手不足となった場合に、余剰人員のいる部署から人手不足の部署に社員を異動させることも有効です。

　このように、人事異動には、人件費のムダを省き、むやみに社員を解雇せずにすむ、というメリットがあります。社員にとっても、解雇されることなく別の部署で働き続けることができるという点で、大きなメリットになります。

■ 人事異動の種類は４つある

　社員の職種や勤務地を変える人事異動は、効率的な人員配置をするために行われます。人事異動には大きく分けると、社内異動と労務の提供先が変わる社外異動があります。

　社内異動には、配置転換や転勤があります。配置転換とは、同じ使用者の下で、職種や職務内容が変更される人事異動のことです。使用者が同じで勤務地が変わる転勤も配置転換のひと

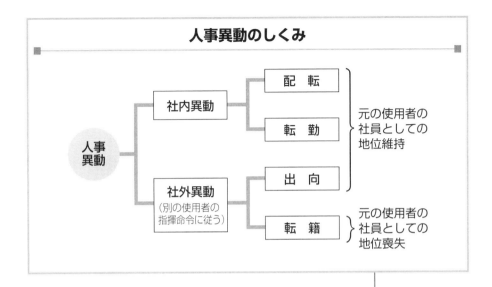

人事異動のしくみ

```
                            ┌─ 配 転 ─┐
            ┌─ 社内異動 ─────┤         ├─ 元の使用者の
            │               └─ 転 勤 ─┘   社員としての
人事 ───────┤                              地位維持
異動        │               ┌─ 出 向 ─┘
            └─ 社外異動 ─────┤
              （別の使用者の  └─ 転 籍 ─┐  元の使用者の
                指揮命令に従う）          ├─ 社員としての
                                         地位喪失
```

つです。なお、転勤命令が権利の濫用にあたる場合には社員は
転勤を拒否することもできます。

　これに対して、社外異動には在籍出向や転籍があります。在
籍出向とは、元の使用者の社員としての地位を維持したままで、
異なる使用者の指揮命令に従うことになる人事異動のことで、
単に出向と呼ぶこともあります。一方転籍とは、元の会社の社
員としての契約が終了する人事異動のことです。この他、応援
（所属事業場に在籍のまま、通常勤務する以外の事業場の業務
を応援するために勤務すること）や派遣も広い意味でとらえる
と、人事異動だといえるでしょう。

　なお、人事異動をきっかけに昇進・昇格が行われることもあ
ります。昇進・昇格はどちらも社内の序列システムで、重要な
ポストを条件に「栄転」として人事異動が行われる場合があり
ます。昇進・昇格を伴う人事異動は、給料と通勤手当の両方に
変更が生じる可能性があるため、注意が必要です。

**役職制度と
職能制度**

日本企業では、役職制
度と職能制度という、
社内のランキングシス
テムが二本立てになっ
ている。両者は、ある
程度の対応関係がある
のが一般的である。

PART1

26 昇進・昇格

人事の仕事の基本

指揮命令の序列と職務遂行能力の序列

■ 昇進と昇格の違い

　昇進とは、役職制度において、部長、課長、係長など、組織上の上位の役職に進むことです。つまり、社会での自分のポジションが上がることを意味します。

　一方、昇格とは、職能資格制度において、資格等級が上昇することです。つまり、社内での能力等級が上がることを意味します。なお、職能資格制度とは、全労働者を対象とした職務遂行能力の発揮度や伸長度に応じて格差を設けた賃金の序列のことです。

■ 人事権の行使としての昇進

　昇進は、組織の指揮命令の序列を決めるものであり、企業経営を大きく左右します。また、与えられる供給ポストの数にも限りがあります。つまり、昇進決定は人事権の行使であり、使用者の一方的決定や裁量にゆだねられています。

　ただし、無制限に一方的な行使が許されるわけではなく、労働基準法、男女雇用機会均等法、労働組合法による一定の制約があります。たとえば、国籍・社会的身分・信条・性別による差別的取扱いにより、昇進に格差をつけることは許されていませんし、労働組合の正当な活動を不当に侵害するために昇進で差別するなどの行為は禁止されています。

　ただし、昇進はあくまでも企業の人事権です。そのため、裁判で昇進をめぐる争いが生じた場合は、企業の判断が優先して尊重される場合が多いようです。

職能資格制度

従業員の職務遂行能力（職能）に応じて社内独自の格付け（職能資格等級という「資格」付け）を行い、その格付けを基準にして賃金などの基本的な人事処遇を決定するしくみのこと。ここでの資格という意味は、あくまでも企業独自の定義で決められた資格等級である。

男女雇用機会均等法

職場における採用・配置・昇進などの人事上、男女の差別を行うことを禁止する法律。正式名称は「雇用の分野における男女の均等な機会及び待遇の確保等に関する法律」という。

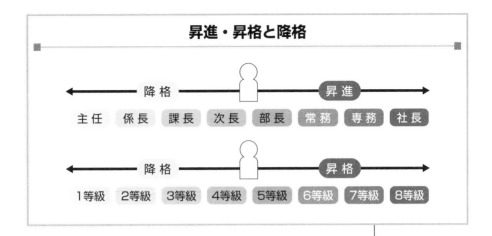

昇進・昇格と降格

降格 ← → 昇進

主任　係長　課長　次長　部長　常務　専務　社長

降格 ← → 昇格

1等級　2等級　3等級　4等級　5等級　6等級　7等級　8等級

■ 降格について

　降格には、「職制上の降格」と「職能資格制度上の降格」があります。

　「職制上」とは、いわゆる役職です。役職の変動、つまり課長や部長になるといった、上位職に向かって変動するものを昇進というのに対し、下位職に向かう場合が「職制上の降格」となります。役職は、社員の能力、経験、実績、勤務態度、指導統制力、業務上の必要性などを考慮して役職が決定されます。したがって一度上位職に就いたとしても、その役職に見合う職務ができなければ、役職を失ったり下位職に降格させられる場合があります。これについては、人事考課の裁量権の範疇になりますので、濫用とされるような恣意的なものがなければ問題はありません。

　職能資格の降格については、すでに認定した職務遂行能力を引き下げる結果になり、本来は想定されていません。したがって、職務内容が従来のままで降格することは、単に賃金を下げることに他ならないため、労働者との合意によって行う以外は、就業規則などにおける明確な根拠と相当な理由が必要であるとされています。

配置転換と転勤

労働者やその家族の生活に重大な影響を与える

■ 配転命令権の行使と限界

　配置転換とは、使用者が労働者の職場を移したり、職務を変更することです。一般的には「配転」と略称されます。配転のうち、勤務地の変更を伴うものを特に「転勤」といいます。転勤は、生活の場の変更を余儀なくされるため、労働者やその家族にとって影響は少なくありません。

　なお、労働基準法による国籍・社会的身分・信条による差別、男女雇用機会均等法の性別による差別、労働組合法の不当労働行為などに違反する配転命令は認められません。つまり、使用者が労働者を差別的に取り扱ったり、労働組合の正当な活動を不当に侵害したりするために配転命令権を行使することは許されないということです。

　従来、配転命令権は、使用者の労務管理上の人事権の行使として、一方的決定や裁量にゆだねられていると解釈されていました。たとえば、「会社は、業務上必要がある場合は、労働者の就業する場所または従事する業務の変更を命ずることがある」と就業規則に一般条項を定めている場合、使用者は一方的に配転命令権を行使できました。

　ただ、最近は配転命令権の行使が労働契約の範囲を超える場合があります。配転命令権を使用者側から労働契約の内容を変更する申し出をしたものととらえ、労働者の同意がない場合、配転は成立しないと考える立場が有力です。労働契約の内容の変更に該当するかどうかは、配転によって勤務地あるいは職種が変わったかで判断されます。

不当労働行為

団結権、団体交渉権、団体行動権を使用者が侵害する行為を「不当労働行為」という（労働組合法７条）。使用者が労働組合の団結権を侵害する行為であり、労働組合の正当な活動を不当に侵害する行為のこと。

一般条項

たいていの契約書や就業規則などに記載される条項のこと。

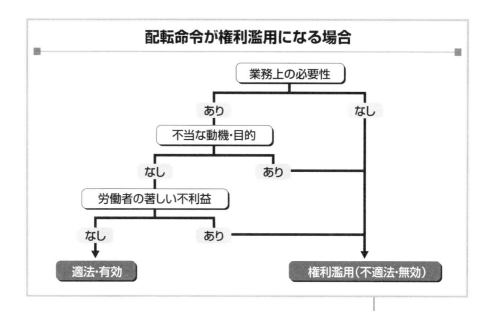

配転命令が権利濫用になる場合

業務上の必要性

あり　なし

不当な動機・目的

なし　あり

労働者の著しい不利益

なし　あり

適法・有効　権利濫用（不適法・無効）

■ 勤務場所の限定

　社員と会社の間で勤務地を限定する旨の合意がある場合は別として、普通の学卒者であれば、全国的な転勤を予定して採用するのが一般的です。このような場合は、住居の変更を伴う配転命令であっても使用者は業務上必要な人事権として行使することができます。

　これに対して、現地採用者やパート社員などのように採用時に勤務地が限定されている場合は、本人の同意なしに一方的に出された配転命令は無効とされます。また、勤務地が労働契約で定まっていない場合の配転命令は、業務上の必要性や労働者の不利益を考慮した上で有効性が判断されます。

■ 職種の限定

　また、採用時の労働契約・労働協約および就業規則、または労働契約締結の過程で、「配転を行う際には同意が必要となる」というように「職種を限定」した場合は、原則として他の職種

への配転時には労働者の承諾が必要になります。

　たとえば、医師、弁護士、公認会計士、看護師、ボイラー技師などの特殊な技術・技能・資格をもつ者の場合は、採用時の労働契約で職種の限定を行うケースが多いようです。職種の限定を行った場合、労働者の合意を得ずに行う、一般事務などの他の職種への配転命令は無効です。

　厳密な職種の概念の定義がない職場でも、職種の範囲を事務職系の範囲内に限定して採用した場合は、職種のまったく異なる現場や営業職への配転は「労働者の同意が必要」と解釈することができます。実際の裁判例では、語学能力を要する社長秘書業務から警備業務への配転命令を無効としたケースがあります。

　その一方で、不況時に整理解雇を防ぐ目的で新規事業を設立し、配転させる場合もあります。

　また、単に同一職種に長年の間従事しただけでは、職種限定の合意があったとは認められにくいといえます。

整理解雇

経営不振による合理化など経営上の理由に伴う人員整理のことで、リストラともいう。

■ 配転命令を拒否した場合

　使用者が配転命令を出す場合、労働契約の中で労働者が配転命令を受け入れることに合意していることが前提です。そのため、合意がなければ配転命令は無効です。就業規則の中で「労働者は配転命令に応じなければならない」と規定されていれば、配転命令に応じる内容の労働契約が存在すると一般に考えられています。

　ただ、配転は労働者の生活に重大な影響を与えることがあるため、配転命令の受入れについて合意していても正当な理由があれば配転命令を拒否できるケースがあります。たとえば、老いた両親の介護を自分がしなければならないといった場合です。

　労働者が配転や出向の命令に納得しない場合、最終的には裁判で争うということになります。その場合、判決が出るまでには通常長い期間がかかるため、比較的早く結論が出る仮処分判決が確定するまでの間、仮の地位や状態を定める旨の申立てが

仮処分

将来の強制執行に備えるために金銭債権以外の債権を保全する民事保全の一種。
仮処分の一内容として、不当に解雇された従業員が、裁判の判決がでるまでの間は雇用されているものと扱われることにする「仮の地位を定める仮処分」がある。

転勤についての判例

転勤に伴う家庭生活上の不利益は原則として甘受すべき

●全国に支店や支社、工場などがあり、毎年定期的に社員を転勤させるような会社の社員	転勤を拒否する事は難しい
●共稼ぎのため、転勤すると単身赴任をしなければならない	権利の濫用がない限り社員は転勤を拒否できない
●新婚間もない夫婦が月平均2回ぐらいしか会えない	会社側の事情を考慮しても転勤命令は無効となり得る
●老父母や病人など介護が必要な家族を抱えているケース	一緒に転居する事が困難な家庭で他に介護など面倒をみる人がいないような事情があれば社員は転勤命令を拒否できる

同時に行われるのが普通です。

　なお、労働者は、業務命令に違反したという理由で懲戒解雇されることを防ぐため、仮処分が認められるまでとりあえず命じられた業務につくという方法をとることができます。

■ 労働者とトラブルが生じた場合

　必要な時、必要な部署に、自由に労働者を配転できるのが経営合理化のために望ましいといえます。ただ、当初の労働契約で労働者の勤務場所や職種を限定しているにもかかわらず、使用者が一方的に配転命令を下すことはできません。

　配転命令をめぐり、労働者とトラブルが生じた場合には、各都道府県にある労働委員会や労働基準監督署などに相談するのがよいでしょう。労働者の場合には労働組合に相談するのも一つの方法です。嫌がらせがあった場合には不当労働行為になるため、労働者は都道府県の労働委員会や中央労働委員会に対して、救済を申し立てることもできます。

懲戒解雇

就業規則上の懲戒処分として行われる解雇のこと。通常、解雇予告手当は支給されない（労働基準法20条1項但書）。他の解雇と比べて、本人に大きな不利益を与える処分である。そのため、判例は、懲戒解雇をすることは簡単には認められないとしている。

出向

在籍出向と転籍がある

■ 在籍出向と転籍がある

　出向には「在籍出向」と「転籍」という、2種類のタイプがあります。在籍出向とは、労働者が雇用先企業に身分（籍）を残したまま、一定期間を他の企業で勤務する形態をいいます。一般的によく見られる形態で、単に「出向」といった場合は、在籍出向を指すことが多いようです。出向期間が終了した後は、出向者は出向元へ戻ることになります。一方、転籍とは、雇用先企業から他の企業に完全に籍を移して勤務する形態をいい、移籍出向とも呼ばれます。転籍の場合は対象労働者の同意が必要で、同意が得られた場合のみ、対象労働者と雇用先企業との労働契約は解除され、転籍先の企業と新たに契約を交わします。

■ 在籍出向命令の有効性

　労働者にとっては、労働契約を締結しているのは雇用元、つまり出向元の企業ですので、労働契約の相手方ではない別の企業の指揮命令下で労働することは、労働契約の重要な要素の変更ということになります。そのため、本来は出向命令を下すためには労働者の同意が必要とされています。

　ただ、就業規則、労働協約に在籍出向についての具体的な規定（出向義務、出向先の範囲、出向中の労働条件、出向期間など）があり、それが労働者にあらかじめ周知されている場合は、包括的な同意があったものとされます。

　たとえば、就業規則に「労働者は、正当な理由なしに転勤、出向または職場の変更を拒んではならない」などの条項がある

新日本製鐵事件
最高裁平成15年4月18日。就業規則と労働協約に在籍出向についての定めがある場合は、個別的な同意のない出向命令でも有効であるとした例。

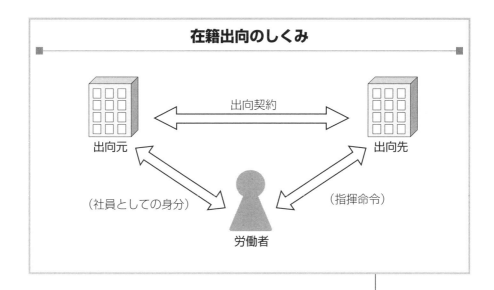

在籍出向のしくみ

出向契約

出向元 ←→ 出向先

（社員としての身分）　　（指揮命令）

労働者

場合、これが出向命令の根拠規定となり、労働者に周知されていれば包括的な同意があったことになります。そのため、企業は出向について、労働者の個々の同意を得ることは必要ありません。ただし、実際の判例は、出向規程の整備、出向の必要性、労働条件の比較、職場慣行などを総合的に考慮して包括的な同意があったかどうかについて判断しています。

■ 人事権の濫用に該当しないか

　在籍出向について、労働者の包括的な同意があったとしても、無制限に出向命令が有効となるわけではありません。出向の命令が、その必要性や対象労働者の選定についての事情から判断して、権利を濫用したものと認められる場合には、その出向命令は無効となります（労働契約法14条）。結局、有効な出向命令として認められるためには、労働者の同意の存在と具体的出向命令が人事権の濫用にあたるような不当なものではないことが必要だといえます。

権利の濫用

形式的に見ればその権利を行使することができても、本来その権利を行使すべき目的から外れている場合などを意味している。

ＪＲ東海出向事件

大阪地裁昭和62年11月30日。職種・勤務形態の変更を伴う出向命令が、人選手続きの妥当性を欠くために人事権の濫用とされた例。

転籍

雇用先企業から他の企業に籍を移して勤務するもの

■ 転籍とはどのようなものか

　転籍は、雇用先企業から他の企業に身分（籍）を移して勤務するもので移籍出向ともいわれます。

　タイプとしては、現在の労働契約を解約して新たな労働契約を締結するものと、労働契約上の使用者の地位を第三者に譲渡するもの（債権債務の包括的譲渡）があります。最近では、企業組織再編が頻繁に行われているため、地位の譲渡による転籍も少なくありません。

　長期出張、社外勤務、移籍、応援派遣、休職派遣、など、社内的には固有の名称を使用している場合も、転籍とは、従来の雇用先企業との労働関係を終了させるものであり、この点が在籍出向と大きく異なります。

　転籍では、労働契約の当事者は労働者本人と転籍先企業になります。したがって、労働時間・休日・休暇・賃金などの労働条件は転籍先で新たに決定されることになります。

■ 転籍条項の有効性

　こうしたことから、転籍を行う際には労働者の個別的な同意が必要と考えられています。就業規則や労働協約の転籍条項を根拠に包括的な同意があるとすることは認められていません。そのため、労働者が転籍命令を拒否した場合でも懲戒処分を行うことはできません。

　ただし、転籍条項について、①労働者が具体的に熟知していること、②転籍によって労働条件が不利益にならないこと、③

会社分割

株式会社または合同会社の事業に関して有する権利義務の全部または一部を、新たに設立する会社または既存の会社に承継させること。企業の組織を再編成する手段のひとつ。

出向と転籍の違い

	出向(在籍出向)	転籍(移籍出向)
労働者の身分	雇用先企業に残る(雇用先との雇用契約が継続する)	他の企業に移る(新たに他の企業と雇用契約を結ぶ)
期間経過後の労働者の復帰	通常は出向元に戻る	出向元に戻ることは保障されていない
労働者の同意	必要	必要
同意の程度	緩やか(個別的な同意は不要)	厳格(個別的な同意が必要)

転籍の法律関係

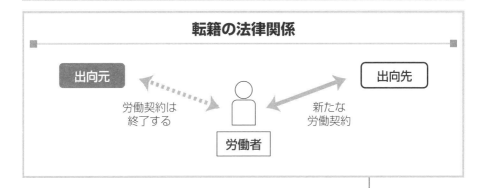

出向元　　　　　　　　　　　　　　　出向先

労働契約は
終了する

新たな
労働契約

労働者

実質的には企業の他部門への配転と同様の事情があること、のすべての要件を満たせば、個別的同意がなくても転籍命令を有効とする判例も見られますが、これは極めて異例です。

なお、会社分割が行われて事業が別の会社に承継された場合、労働契約承継法により、原則としてその事業に従事していた労働者は事業を承継した会社で引き続き雇用されることになります。しかし、その事業に従事していなかった労働者は、会社分割を理由として事業を承継した会社への配置転換(転籍など)を命じられたとしても、会社に対して申し出れば、元の会社に残ることができます。

労働契約承継法
「会社分割に伴う労働契約の承継等に関する法律」の略称。会社分割がなされる際には、新会社に労働契約が引き継がれることなどが定められている。会社分割に伴い労働者が解雇されないように、労働者の保護の観点から労働契約承継法が制定された。

障害者の雇用管理

・・・・・・・・・・・・・・・・・・・・・・・・・・・・・・・・・・

職業訓練や助成金など、公的支援を利用する

■ 社員数の2.2％以上の障害者を雇用する

　健常者と障害を持つ人とが同じように自立して生活できる社会を作ることは、現代社会において大きな課題です。障害のある人が適性を活かせる職業につき力を発揮することは、社会の発展のために必要なことだといえます。

　そのため、民間企業には、常用労働者数に応じ一定の比率（法定雇用率）で障害者を雇用することが義務付けられています。現在は2.2％以上の障害者雇用が義務付けられており、常用労働者が45.5人以上の会社では、必ず1人以上の障害者を雇い入れなければなりません。

　常用労働者が101人以上の会社で法定雇用率を達成していない場合は、不足している障害者1人につき月額5万円の「障害者雇用納付金」を納めなければなりません。なお、1週間に20時間以上30時間未満で働く短時間労働者も常用労働者に含まれますが、この短時間労働者については、1人あたり0.5人としてカウントします。

　一方、常用労働者が101人以上の会社で法定雇用率を超えて障害者を雇用している場合は、雇用率を超えた障害者数に応じて、1人あたり月額2万7000円の「障害者雇用調整金」が支給されます。

　また、常用労働者が100人以下の会社において、各々の月で雇用された障害者数の年間合計が一定の数字を超えている場合は、超えた人数に応じて月額2万1000円の「報奨金」が支給されます。

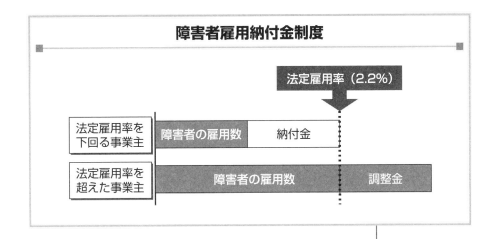

障害者雇用納付金制度

法定雇用率（2.2%）

| 法定雇用率を下回る事業主 | 障害者の雇用数 | 納付金 |
| 法定雇用率を超えた事業主 | 障害者の雇用数 | 調整金 |

■ 障害の状況に合った配慮が必要

　障害者を1人でも雇用しなければならない会社は、毎年、障害者の雇用状況をハローワークに報告する義務があります。また、障害者を解雇する場合も、ハローワークに届出を出す必要があります。

　障害者を雇用する上で事業主が特に意識すべきなのは災害時（火事や地震など）の対策です。障害のある社員が逃げ遅れることのないように誘導措置を行うことが必要です。日頃から緊急時の対応について社内規程を整備し、緊急時のマニュアルを社内に周知させておくとよいでしょう。

　一方、事業主としては、障害者の雇用に対しさまざまな不安や懸念を持つこともあります。そこで、ハローワーク等では障害者雇用促進対策として、障害者トライアル雇用、職場適応援助者（ジョブコーチ）による支援、職場適応訓練といったさまざまな支援が行われています。また、金銭的な負担軽減のための各種助成金も支給されます。障害者雇用を検討している事業主は、ハローワーク等で用意されている制度を事前に調べておくことが大切です。

障害者雇入における各種助成制度

障害者を雇い入れた場合の助成金制度には、特定求職者雇用開発助成金、トライアル雇用助成金、障害者雇用安定助成金、障害者作業施設設置等助成金および障害者介助等助成金、などがある。

Column

アウトソーシングと活用業務

　ある企業で行っている業務の一部を、専門性の高い別の企業に担ってもらうことをアウトソーシングといいます。たとえば、福利厚生や研修講師をアウトソーシングすることで、自社にない専門性を活かした内容にすることができます。

　アウトソーシングを導入する狙いは、主に①人材や設備の不足分を補う、②繁閑の差が激しい業務について、忙しい時に増員をかけるなどの方法で調整し、経費を削減する、という2つの狙いに大別することができます。

　ただ、業務をどのような方法で外部の業者に行ってもらうかによって、契約の形態はそれぞれ異なります。自社の業務を他の業者に行ってもらう場合、①業務を行う派遣社員や出向社員を受け入れる方法、②業務そのものについて、請負契約または何らかの法律行為を行うことを約する準委任契約を締結し、外部に出す方法、の2通りが考えられます。

　一般的に「アウトソーシング」という言葉から連想されるのは、②の方法です。この場合、仕事の完成を目的として締結する業務を遂行することになります。

　アウトソーシングのメリットとしては、①人件費など費用削減の効果が得られること、②その業務内容を専門に行う業者に委託することによって効率的に業務を行うことができること、③社員が本来行うべき基幹業務に専念できること、などが挙げられます。一方で、①社内情報が漏えいする危険が高くなる、②その業務に精通する社員が減少する、③アウトソーサーを管理する者が新たに必要になる、などのデメリットもあることに注意が必要です。

PART 2

働き方改革に対応した
労務管理の法律知識

労務管理

ヒトの要素を担当する最も重要な経営活動である

■ 労務管理の重要性

社会保険労務士

社会保険労務士法に基
づいて業務を行う国家
資格者。いわゆるカ
ネ・モノ・ヒトの「人
材（ヒト）」を扱い、
労務管理や人事管理を
行うエキスパート。労
務管理にまつわる法改
正など、最新の法改正
情報も熟知している。

　企業は、経営資源を合理的に組み合わせて利益を追求してい
く必要があります。経営資源とは、「資金（カネ）」「設備・情
報（モノ）」「人材（ヒト）」です。経営活動の優劣は、これら
の経営資源を確保した上で組織化し、効果的・継続的に活用で
きるかどうかで決まります。つまり、利益を上げるためには、
効率よく活動する優秀な社員を集めたり、労働環境を維持管理
する必要があります。こうしたことを行う労務管理は、事業活
動と並んで企業の根幹になるといえるでしょう。

　労務管理は、組織全体としてどのように社員を管理運用する
かという点を重視します。一方、労務管理と似たものに人事管
理があります。人事管理は社員一人ひとりについての人材の配
置や処遇を管理することです。ただ、実際には労務管理と人事
管理は重なり合う部分が多くあります。労務管理は、社員の管
理と運用を組織全体で行うものですが、実際に運用する際には、
法改正などの時代の変化にも十分対応する必要があります。

　労務管理に関連している法律は数多くあります。労務管理を
行う場合には、労働基準法をはじめとする法律を熟知し、適切
に運用する必要があります。

■ 労務管理の具体的な仕事内容

　実際に労務担当者が行う業務は、主に①社会保険関連の業務、
②安全衛生・福利厚生に関する業務、③雇用・退職に関する業
務、④社内規程に関する業務、⑤給与計算に関する業務の５つ

労務管理の役割

労務管理の担い手

企業の経営担当者 (法人の代表者・取締役など)

取締役会 (資本家から意思決定を委託された機関)

↓ 委託

企業の経営担当者としての権限と責任

人事・労務スタッフ (労務管理の専門スタッフ)

企業の経営担当者

↓ 委託

労務管理に関する業務

ラインの中間管理者 (ラインの部長・課長など)

企業の経営担当者

↓ 手足として経営活動に 直接関わる

部下の労務管理

労務管理の対象

全社員 トップマネジメント

↓

一般従業員

トップマネジメントに対する 労務管理

取締役会

↓ 選任・報酬決定

トップマネジメント

実質的な労務管理の対象

ラインの中間管理職

↓

一般従業員

の分野に分けて考えることができます。

①の具体例としては、社会保険の加入手続きや健康保険・労災保険の給付手続きなどがあります。②は職場環境の維持改善や安全対策、福利厚生の充実など、③は入退社の管理、④は就業規則、賃金規定などの管理、⑤は、勤怠管理や給与計算の業務が挙げられます。

なお、③の業務の一種である採用事務は人事部門が行うことが多く、大きい会社になると、新卒採用と中途採用で人事担当者を分けている場合もあります。また、②の福利厚生や⑤の給与計算に関しては総務部門が行うことも多いようです。

このように、労務管理の業務は、人事・総務部門で重なりあうことも多いのが実情で、会社によって担当する部署は若干異なっています。

トップマネジメント

その企業における組織を指揮や指導、管理を行う最高クラスの個人・グループ。具体的には、代表取締役や常務取締役などの幹部を指す。

働き方改革法

長時間労働の是正や多様な雇用形態を実現するための改正

■ 働き方改革法とは

　平成30年6月に、「働き方改革を推進するための関係法律の整備に関する法律」（働き方改革法）が成立し、平成31年4月以降、順次施行されています。働き方改革法には、①働き方改革の総合的で継続的な推進、②長時間労働の是正と多様で柔軟な働き方の実現、③すべての雇用形態で労働者の公正な待遇を確保するという3つの主な目的があります。

　特に、会社側は、以下で取り上げる②長時間労働の是正と多様な働き方の実現や、③労働者の公正な待遇の確保に向けた労働環境の整備に取り組む責務を負います。

　②の長時間労働の是正と多様な働き方の実現については、具体的に、労働基準法の改正をはじめとする労働時間に関する制度の見直し、労働時間等設定改善法における勤務間インターバル制度の普及促進、労働安全衛生法における産業医などの機能の強化を中心とした改正が行われました。

　このうち、労働時間に関する制度の見直しについては、法定労働時間を超える時間外労働について、原則として1か月45時間、1年360時間という上限が明記されました。そして、働き方改革の目玉のひとつとして、「特定高度専門業務・成果型労働制（高度プロフェッショナル制度）」が新設されました。これは、高度で専門的な業務を担う高年収（年収1075万円以上）の労働者について、所定の要件を満たす場合に、労働時間や休日、深夜労働の割増賃金に関する規定を適用せず、職種の特性に適した多様な働き方を認める制度です。

**総合的で
継続的な推進**

働き方改革法では、異なる事情を抱えた労働者の個々の事情に応じた雇用の安定や職業生活の充実を確保し、その結果として労働生産性を向上させるとともに、労働者の能力が十分に発揮できるように、国の講じるべき措置や会社側の責務などが明らかにされた。
具体的に、国は、労働時間の短縮をはじめとする労働条件の改善や、異なる雇用形態をとる労働者間の不均衡の改善、多様な雇用形態の実現を通じて、労働者の生活と仕事の両立を支える義務を負う。

公正な待遇の確保

短時間労働者、有期雇用労働者、派遣社員について、他の正社員など（正規雇用労働者）と異なる雇用条件にて雇用する場合に、使用者側は労働者側に、異なる労働条件を採用する理由を説明する義務が明記された。

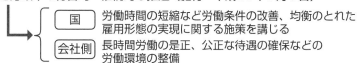

働き方改革の全体像と主な内容

働き方改革の主な内容

① 働き方改革の総合的・継続的な推進（施行：平成30年7月6日）

| 国 | 労働時間の短縮など労働条件の改善、均衡のとれた雇用形態の実現に関する施策を講じる |
| 会社側 | 長時間労働の是正、公正な待遇の確保などの労働環境の整備 |

② 長時間労働の是正・多様な働き方の実現（施行：原則平成31年4月1日）

労働時間の見直し

・時間外労働の上限規制を明文化⇒原則、月45時間・年360時間
・特定高度専門業務・成果型労働制（高度プロフェッショナル制度）の新設
　⇒一定の年収（1075万円以上）の専門的な知識が必要な業務に就く労働者について、労働時間、休日、深夜労働に対する割増賃金などの規定を適用しない

勤務間インターバル制度の促進

　⇒事業主が勤務間インターバルの確保に努める義務を負う

産業医などの機能の強化

　⇒事業者は、産業医に関する報告義務や、産業医に対する情報提供義務などを負う

③雇用形態に関わらない労働者の公正な待遇の確保（施行：原則令和2年4月1日）
　⇒あらゆる雇用形態における、不合理な待遇を禁止する
・パートタイム労働者と有期雇用労働者が一体的に保護されることになった

　また、前述した③雇用形態にかかわらず労働者の公正な待遇を確保することについては、パートタイム・有期雇用労働法、労働契約法、労働者派遣法など、あらゆる雇用形態において、不合理な待遇を禁止する規定が整備されました。これらの改正は、原則として2020年4月1日から施行されています。

　特にパートタイム労働法の改正で、短時間労働者と有期雇用労働者の雇用管理が一体化された点が重要です。正規雇用労働者との間の不合理な待遇差の禁止や、個々の待遇を決定する際に、職務内容の性質・内容を考慮することが明確化されました。

就業規則の作成・変更

常時10人以上の事業場では就業規則を作成しなければならない

■ 労働者10人以上の会社では就業規則の作成が義務

常時10人以上の労働者を使用する使用者は、就業規則を作成し、行政官庁（労働基準監督署）に届け出なければなりません。就業規則は、共通の事項を定めて個々の労働契約の内容を補充するものですが、就業規則の基準に達しない労働者に不利な内容の労働契約は、その部分について無効になります。就業規則に記載される事項には、以下の3種類があります。

① 絶対的必要記載事項

必ず記載しなければならず、そのうちの1つでも記載がないと労働基準法違反となります。始業・終業の時刻、休憩時間、休日、休暇、賃金の締切り・支払時期に関する事項などをいいます。

② 相対的必要記載事項

規定することが義務付けられてはいないものの、何らかの定めをする場合は、必ず記載しなければならない事項です。退職手当や安全衛生の事項などをいいます。

③ 任意的記載事項

記載することが任意とされている事項です。たとえば、就業規則制定の目的や趣旨、用語の定義、従業員の心得、職種や職階などがこれに該当します。

■ 就業規則の変更により労働条件を不利益に変更する場合

就業規則を変更した場合は、作成する時と同様、労働基準監督署に届出をする義務があります。変更する際には、労働者代

作成義務違反

就業規則の作成義務に違反すると、30万円以下の罰金が科せられる。

10人未満の場合

就業規則の作成義務はないが、法律上の義務のあるなしに関係なく、効率的な労務管理のために就業規則を作成しておくことは重要だといえる。

労働者代表

その事業場に労働者の過半数で組織する労働組合があるときはその労働組合のこと。ただし、その事業場に労働者の過半数で組織する労働組合がないときは、労働者の過半数を代表する者が労働者代表となる。

就業規則の作成・変更にあたっての注意事項

作成義務	常時10人以上の労働者を使用している事業場では、就業規則の作成義務がある
意見聴取義務	作成・変更に際しては、労働者代表(過半数組合または過半数代表者)の意見を聞かなければならない(同意を得る必要はない)
周知義務	労働者に周知させなければならない
規範的効力	就業規則で定める基準に達しない労働契約の部分は無効となり、無効になった部分は就業規則で定めた基準による

表の意見を聴いた上で「意見書」を添付する必要があります。

しかし、就業規則の変更が労働者に不利益になる場合は、労働者代表の意見を聴くだけでは足りず、労働契約法の原則に従った「合意」を得られなければ、原則として変更することはできません。

■ 労働者の合意を得ずに不利益変更ができるケース

一定の要件を満たした場合には、労働者との合意を得ないまま、就業規則を変更し、労働条件を不利益に変更することが可能です。

ただし、この場合は、変更後の就業規則の内容を労働者に周知させる(広く知らせる)ことが必要です。さらに、就業規則の変更内容が、①労働者の受ける不利益の程度、②労働条件の変更の必要性、③変更後の就業規則の内容の相当性、④労働組合等との交渉の状況、などの事情を考慮した上でのものであり、合理的であると認められなければいけません。

このような要件を満たす変更であれば、労働者を不当に不利にする就業規則の変更とはみなされず、労働者との合意を得ずに変更することも可能です。

労働者代表の同意は不要

就業規則の内容にもっとも影響されるのは、その事業場で働く労働者であるため、労働者側の意見を聴くのは当然なことだといえる。しかし、労働基準法で義務付けているのは、労働者代表への意見聴取と意見書の提出だけである。

ただし、従業員のやる気をそぎ、円滑な事業活動に支障をきたすことになる可能性があるため、ある程度の意見調整は必要である。

社員の勤怠管理

勤怠管理のルールづくりが不可欠

タイムカードは通常、労働者が自分で打刻することとされている場合が多く、打刻のタイミングについては、特に経営者側で管理せず、すべて労働者に任せているという企業も少なくない。そのため本来、タイムカードは労働者の労働時間の記録であるにもかかわらず、就業時間終了後、退勤時に打刻するまで特に理由もなく時間差があると、終業時間から退勤時間までの間に、残業代が発生することにもなりかねない。そこで、タイムカードの打刻が単なる出退勤状況の把握程度の機能しか果たしていないという問題が指摘されている。始業・終業の時間に打刻するよう、管理することが必要である。

■ 社員の勤怠を管理・記録する

会社には、社員の労働時間を適正に管理する必要があります。また、厚生労働省でも「労働時間の適正な把握のために使用者が講ずべき措置に関する基準」を策定しており、「使用者が、自ら現認することにより確認し、記録する」「タイムカード、ICカードなどの客観的な記録を基礎として確認し、記録する」などの原則を定めています。その他、自己申告による始業・終業時刻の確認および記録についてもいくつかの措置を講じるとされています。

勤怠管理により社員の勤務状況を把握することで賃金へと反映され、勤怠を管理することで、勤務の見直しや効率化を図ることもできます。また、個々の社員の実態を知り、勤務指導をすることもできます。そのためにまずは勤怠管理のルールづくりが重要です。

出勤した時間、帰宅した時間がそのまま始業・終業時刻となることはまずありえません。仕事もないのに早くから出社しても、実際に就業したことにはならないため、こうしたことも初めにルールとして定めておき、周知徹底する必要があります。

■ 出勤簿について

社員の勤怠管理の仕方については労働基準法では特に定められていません。労働時間が把握できるようであれば、出勤簿はタイムカード、勤務報告書など、様式は問われません。一般的には、タイムカードを導入している会社が多くなっています。

労働時間の把握方法

始業・終業時刻の確認・記録	● 労働日ごとに始業時刻や終業時刻を使用者（管理者や上司など）が確認し、これを記録する必要がある
確認・記録方法	● 使用者自らが確認・記録する方法（管理方式） ● タイムカード、ICカード、残業命令書、報告書などの客観的な記録で確認・記録する方法（タイムカード方式） ● 労働者自身に申告・申請させ、確認・記録する方法（自己申告制）
自己申告制の場合の措置	● 使用者は、自己申告制の具体的内容を説明し、労働時間の把握について実態調査をしなければならず、申告・申請を阻害するような措置をしてはならない
書類などの保存	● 使用者は、労働時間の記録に関する書類について、3年間保存しなければならない

それに加えて、個々の会社によるルールの下でデータによる勤怠管理が行われる場合があります。社員を多く抱える会社では何らかのシステムを導入して、効率的な管理を行っているところもあります。小規模の会社でも最近はパソコンを利用しての勤怠管理を行うようになっているようです。

また、通常勤務の他に労働者が残業や休日出勤を行った場合には、割増賃金を支払わなければなりません。通常の時間外労働については25％増で算定することになりますが、月の法定時間外労働が60時間を超える場合、その超えた労働時間についてはさらに25％増（つまり50％増）の支払いが必要になるため、タイムカードや出勤簿などで労働時間数の状況を管理する必要があります。同様に、深夜労働に該当する時間数や休日出勤の場合もそれぞれ割増賃金率が異なるため、状況を正確に把握しなければなりません。

勤怠管理と残業の管理

タイムカードやICカード等により、社員の労働時間を記録するだけでなく、残業時間が多い労働者を把握し、長時間にわたる残業が発生しないように予防することが可能になる。労働時間を管理することで、会社側が本当に必要な残業であるのか否かを判断し、残業が多い社員の仕事量が他の社員よりも多いと判断されるような場合には、他の労働者と分担するなど、会社側も効率的な仕事量の配分等に努力する必要がある。

労働時間のルールと管理

週40時間、1日8時間の労働時間が大原則である

■ 週40時間・1日8時間の法定労働時間

　使用者は法定労働時間を守らなければならないのが原則ですが、災害をはじめ臨時の必要性があり許可を得ている場合や、三六協定の締結・届出がある場合には、例外的に法定労働時間（週40時間、1日8時間）を超えて労働者を業務に従事させることができます。なお、法定労働時間に関する労働基準法の規定には例外があり、変形労働時間制（102ページ）とフレックスタイム制（104ページ）が代表的なものです。

■ 法定内残業と時間外労働

　法定労働時間を超える労働を時間外労働といい、時間外労働に対しては割増賃金を支払わなければなりません。もっとも、就業規則で定められた終業時刻後の労働すべてに割増賃金の支払が必要であるわけではありません。

　たとえば、会社の就業規則で9時始業、17時終業で、昼休み1時間と決められている場合、労働時間は7時間ですから、18時まで「残業」しても8時間の枠は超えておらず、時間外労働にはなりません。この場合の残業を法定内残業といいます。法定内残業は時間外労働ではないため、使用者は割増賃金ではなく、通常の賃金を支払えばよいわけですが、法定内残業について使用者が割増賃金を支払うことも可能です。

　さらに、働き方改革法に伴う労働基準法改正により、原則として月45時間、年360時間という時間外労働の上限が労働基準法の規定で明示されました。

三六協定を締結せずに、法定労働時間を超過した場合

三六協定を締結しているなどの例外的事由がないのに、使用者が法定労働時間を超えて労働者を働かせることは、刑事罰（6か月以下の懲役または30万円以下の罰金）の対象となる。

時間外労働に関する許可

本文記載のように、時間外労働について、災害などが生じた場合に、あらかじめ許可を得る時間的余裕がない場合には、後に届け出る必要がある。

休日労働を含む場合

本文記載のうち③および④の時間外労働の上限規制は、時間外労働に加えて「休日労働」を含む。たとえば、③の規制は、時間外労働と休日労働の時間を合わせて月100時間未満に抑えなければならない。

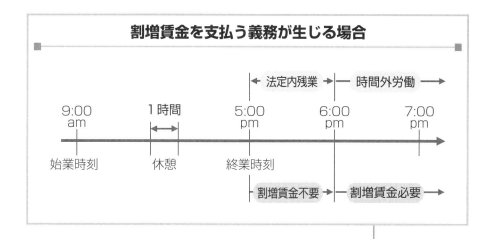

割増賃金を支払う義務が生じる場合

9:00 am 始業時刻　1時間　休憩　5:00 pm 終業時刻　←法定内残業→ 6:00 pm ←時間外労働→ 7:00 pm

←割増賃金不要→ ←割増賃金必要→

　ただし、特別条項付き協定により、これらより長い時間外労働の上限を定めることも認められます。その場合であっても、①年720時間を超えてはならない、②月45時間を超える月数は1年に6か月以内に抑えなければならない、③1か月100時間未満に抑えなければならない、④複数月の平均を月80時間以内に抑えなければならない、という規制に従わなければなりません（132ページ）。また、上記①〜④の長時間労働の上限規制に従わないと、罰則の対象になることも明示されました。

■ 固定給与と変動的給与がある

　会社が労働者に給与を支給するときは、一定のルールに従って支給額を計算することになります。

　給与は固定的給与と変動的給与に分かれます。固定的給与とは、原則として毎月決まって同じ額が支給される給与のことです。基本給・役職手当・住宅手当・家族手当・通勤手当などがこれにあたります。これに対して、変動的給与とは、支給されるごとに支給額が異なる給与のことです。時間外手当・休日労働手当・深夜労働手当などの残業手当や、精皆勤手当などがこれにあたります。

変動的給与計算のための時間管理

変動的給与は、毎日の出退勤状況や残業時間に応じて、給与を支給するたびに金額が異なるため、支給額を計算する必要がある。そこで、変動的給与を計算するために、それぞれの労働者について、日々の出勤・欠勤の状況、労働時間・残業時間などのデータが必要になる。

変形労働時間制

一定の期間内で週平均40時間を超えなければ、原則の労働時間（1日8時間、1週40時間）を超えることができる

■ 変形労働時間制とは何か

変形労働時間制とは、一定の期間を通じて、平均して「1週40時間」（法定労働時間）の範囲内であれば、特定の日や特定の週に「1日8時間、1週40時間」を超えて労働させてもよいとする制度です。なお、1か月単位の変形労働時間制を導入する事業場は、特例措置対象事業場に該当すれば、平均して「1週44時間」の範囲内とすることができます。

たとえば、変形労働時間制を採用する単位を4週間（1か月）と定めた場合に、月末に繁忙期を迎える工場（特例措置対象事業場ではない）について、月末の1週間の所定労働時間が48時間であったとします。このとき、第1週が40時間、第2週が40時間、第3週が32時間の労働時間であれば、4週間の総労働時間は160時間であり、平均すると1週の法定労働時間を超えません（週40時間×4週間＝160時間に等しいため）。

このように、あらかじめ設定した一定の期間（ここでは4週間）を平均して「1週40時間」を超えないことが、変形労働時間制の要件のひとつとなります。

■ 変形労働時間制には3類型ある

労働基準法が認めている変形労働時間制には、次の3類型があります。

① 1か月単位の変形労働時間制

② 1年単位の変形労働時間制

③ 1週間単位の非定型的変形労働時間制

特例措置対象事業場

従業員数が常時10人未満の商業、制作事業を除く映画・演劇業、保健衛生事業、接客・娯楽業の事業場で、法定労働時間が1週44時間となる。

変形労働時間制のメリット

会社の業種の中には、「土日だけ忙しい」「月末だけ忙しい」「夏だけ忙しい」などのように、時期や季節によって繁閑の差が激しい業種がある。このような業種の場合、変形労働時間制を採用して、忙しいときは労働時間を長くして、逆に暇なときは労働時間を短くしたり、休日にするほうが合理的だといえる。

変形労働時間制と時間外労働

【原 則】法定労働時間 ⇒ 1 日 8 時間・1 週 40 時間

∴ 4 週間（1 か月）では … 40 時間 × 4 週間 ＝ 160 時間

【変形労働時間制】

(例)単位を 4 週間（1 か月）として月末に忙しい商店の場合

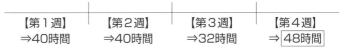

【第 1 週】	【第 2 週】	【第 3 週】	【第 4 週】
⇒40 時間	⇒40 時間	⇒32 時間	⇒48 時間

4 週間（1 か月）を通じて
〈 40 時間＋40 時間＋32 時間＋48 時間＝160 時間 〉

∴ 時間外労働にあたる労働時間は発生しないと扱われる！

ただし、変形労働時間制を採用している企業であっても、妊娠中の女性や出産後 1 年を経過していない女性が請求した場合には、法定労働時間を超過して働かせることはできません。

その他、労働者が育児や介護を担当する者である場合や、職業訓練・教育を受ける場合などには、変形労働時間制を採用する際に、それぞれの事情に応じた時間の確保について配慮する必要があります。

変形労働時間制のメリットは、前述のように、業種に合わせた合理的な労働時間を設定できることが挙げられます。労働時間が法定労働時間に収まる範囲が広がるので、企業側が残業代を削減できるのも大きなメリットだといえます。

一方、変形労働時間制のデメリットとしては、個別の労働者ごとに労働時間が異なるため、会社としての一体性を保つことが困難になり、社員のモチベーションや、規律を正すことが困難になる場合があります。また、企業の担当者は、複雑な労働時間の管理等の手続を行わなければなりません。

【年少者への適用】

年少者（満18歳未満の者）を変形労働時間制によって労働させることはできないのが原則である。ただし、1 週48時間、1 日 8 時間の範囲内（深夜業は禁止）における 1 か月単位・1 年単位の変形労働時間制など、例外的に変形労働時間制によって労働させることができる場合もある。

フレックスタイム制度

始業と終業時刻を労働者側で決めることができる

■ 始業と終業の時刻を選択できる

労働者が自分で出退勤の時刻を決めることが適しているような事業について有効な制度がフレックスタイム制です。フレックスタイム制は、3か月以内の一定の期間（清算期間）内の総労働時間を定めておいて、労働者がその範囲内で各日の始業と終業の時刻を選択することができる制度です。

労働者自身で始業・終業時刻を決めることができるため、共働きで子育てする夫婦の保育園送迎が可能となったり、資格取得のため、講習の曜日だけ早めに仕事を切り上げることが可能になるなど、労働者にとって、より柔軟な勤務体系を可能にする制度になることが期待されています。

■ コアタイムを設定する場合

フレックスタイム制を導入する場合、事業場の労働者全員が必ず労働すべき時間帯を設けるのが一般的です。この時間帯をコアタイムといいます。

また、コアタイムの前後の一定の範囲で、労働者が自由に始業時刻と終業時刻を選択できる時間帯をフレキシブルタイムといいます。フレキシブルタイムの中では、労働者は自由に始業・終業の時刻を決定できますが、労働者の健康面からも深夜に労働に従事させることは好ましくないため、終業時刻を22時程度に設定している企業が多いのが実情です。

フレックスタイム制度の例

フレキシブルタイム	コアタイム	休憩	コアタイム	フレキシブルタイム
いつ出勤しても よい時間帯	必ず労働しなければ ならない時間帯			いつ退社しても よい時間帯

7:00　9:00 10:00　12:00 13:00　16:00 17:00　19:00

労働時間帯
標準労働時間帯

■ 割増賃金の支払義務が生じる場合

　フレックスタイム制を採用した場合、割増賃金の支払義務が生じるかどうかは、清算期間が1か月以内であるか、それとも1か月超であるかで取扱いが異なります。

① 清算期間が1か月以内の場合

　清算期間を平均して1週間あたりの労働時間が週40時間（特例措置対象事業場は週44時間）の法定労働時間（次ページ欄外参照）の枠を超えなければ、1週間または1日の法定労働時間を超えて労働させても割増賃金を支払う必要はありません。

② 清算期間が1か月超の場合

　次の2つの要件を満たす範囲内であれば、1週間または1日の法定労働時間を超えて労働させても割増賃金を支払う必要はありません。

ⓐ　清算期間を平均して1週間あたりの労働時間が法定労働時間の枠を超えないこと。

ⓑ　清算期間を1か月ごとに区分した各期間（最後に1か月に満たない期間が生じた場合はその期間）を平均して1週間当たりの労働時間が50時間以下であること。

　特定の期間に労働時間が偏ることのないように、清算期間が1か月を超えるときは、ⓑの枠を追加して設けているといえます。

■ 総労働時間と賃金支払いの関係

フレックスタイム制を採用するときは、清算期間における「総労働時間」（労使協定で定めた総枠）を定めます。

そして、清算期間における実際の労働時間が総労働時間を上回っていた場合、過剰した部分の賃金は、その期間の賃金支払日に支払わなければなりません。

逆に、清算期間における実際の労働時間が総労働時間を下回っていた場合、その期間の賃金を支払った上で、不足している労働時間を次の期間に繰り越す（不足分を加えた翌月の総労働時間が法定労働時間の枠の範囲内であることが必要）こともできますし、その期間内で不足している労働時間分に相当する賃金をカットして支払うこともできます。

■ 導入する場合の注意点

フレックスタイム制を導入する場合には、事業場の過半数組合（ない場合は過半数代表者）との間の労使協定で、①フレックスタイム制が適用される労働者の範囲、②清算期間（3か月以内）、③清算期間内の総労働時間、④標準となる1日の労働時間、⑤コアタイムを定める場合はその時間帯、⑥フレキシブルタイムを定める場合はその時間帯、について定めておくことが必要です。③の総労働時間は1か月単位の変形労働時間制と同じ計算方法によって求めます。

また、締結された労使協定の届出については、清算期間が1か月以内の場合は不要です。しかし、平成30年の労働基準法改正で導入された清算期間が1か月超の場合は、労働基準監督署への届出が必要です。

■ メリット・デメリットなど

フレックスタイム制により、労働者は自分の都合で働くことができます。しかし、業務の繁閑にあわせて働いてくれるとは

清算期間における実際の労働時間が総労働時間を上回っていた場合

過剰した部分の賃金は、その期間の賃金支払日に支払わなければならない。支払いを翌月に繰り越すことは賃金の全額払いの原則に反する違法行為になるおそれがある。

清算期間内の総労働時間の計算方法

1週間の法定労働時間（40時間）×清算期間の暦日数÷7日で算出する。たとえば、31日の月は177.1時間、30日の月は171.4時間となる。この計算方法は、1か月単位の変形労働時間制の1か月の総労働時間の計算方法と同じである。

総労働時間と賃金との関係

【フレックスタイム制】
⇒ 労使協定により清算期間内の　総労働時間の枠組み　の設定が必要

労働者

実労働時間

総労働時間を超えていた場合
⇒使用者は割増賃金を支払わなければならない
※超過部分の賃金は翌月に繰り越すことはできない

総労働時間に満たなかった場合
⇒翌月に清算することや、不足分の賃金カットが可能

限らず、コアタイム以外は在席を指示できないなど、会社側の
デメリットが多くあるため、導入しても廃止する会社もあります。

　フレックスタイム制では、コアタイム以外は従業員のすべて
が集合する機会が少なくなりますが、日常の業務が従業員の協
同体制によって成り立つ業種では、従業員が連携することで業
務を遂行することが前提になるため、そもそもフレックスタイ
ム制を導入することは困難です。会社側としても、フレックス
タイム制を活用するインセンティブは生まれにくいといえます。

　さらに、編集や設計などが典型的ですが、業務量が一定でな
く、まとまって入る業務の量が膨大になる場合には、フレック
スタイム制を採用していると、業務の遂行が難しくなりかねま
せん。時期における業務の増減について見通しが立たない場合
も多いため、コアタイムなども、事前に明確に定めておくこと
ができません。

　ある程度自由に労働時間を決定できるというのは、時間に
ルーズが許されるとの誤解が生じるおそれがあるため、導入が
敬遠される傾向にあります。

事業場外みなし労働時間制

労働時間の算定が難しい場合に活用できる

■ 事業場外みなし労働時間制とは

労働基準法は、労働時間の算定が困難な労働者について、事業場外みなし労働時間制を採用することを認めています。

一般にタイムカードの打刻によって、労働時間が管理できる労働者とは異なり、事業場外での勤務を主に行い、労働時間の具体的な管理が難しい労働者について、労働基準法は、「事業場外（事業場施設の外）で業務に従事した場合において、労働時間を算定しがたいときは、所定労働時間労働したものとみなす」（38条の2第1項本文）と定め、容易な労働時間の算定方法を提示しています。

ただし、労働基準法は、「当該業務を遂行するためには通常所定労働時間を超えて労働することが必要となる場合には、当該業務の遂行に通常必要とされる時間労働したものとみなす」（38条の2第1項但書）とも規定しています。これは、所定労働時間内（始業時刻から終業時刻まで）に終了できない仕事である場合は、所定労働時間労働したとはみなさず、その仕事をするのに通常必要な時間労働したとみなすことを意味します。

■ 事業場外みなし労働時間制を採用するための要件

事業場外みなし労働時間制を採用するためには、就業規則に定めることが必要です（労働者が常時10人以上の事業場では、労働基準監督署への就業規則の届出も必要です）。

また、事業場外で勤務する労働者の労働時間については、前述のように「所定労働時間」であるか、または所定労働時間を

午後から外回りに出た場合の労働時間の算定

所定労働時間が8時間であれば全体で
8時間労働したとみなされる場合がある

社内での
労働時間3時間

外回りの
事業場外労働時間

9:00　　　　　　12:00 13:00　　　　　　帰宅

超える業務を遂行する場合は「当該業務の遂行に通常必要とされる時間」（通常必要時間）であるとみなされます。

たとえば、ある営業職の従業員の所定労働時間を「6時間」と規定している企業があったとしましょう。この場合、この従業員が実際に働いた時間が5時間であっても、反対に、実際に働いた時間が7時間であっても、この従業員が働いた時間（労働時間）は、原則として「6時間」であるとみなされます。

■ 労使協定の締結・届出について

事業場外で勤務する労働者の労働時間について、所定労働時間を超える業務を遂行する場合の「当該業務の遂行に通常必要とされる時間」は、使用者が一方的に決定してしまうと、恣意的な時間（不当に短い時間）になるおそれが否定できません。

そこで、事業場の過半数組合（ない場合は過半数代表者）との間で労使協定（事業場外労働のみなし労働時間を定める労使協定）を締結して、あらかじめ、対象業務、有効期間、「当該業務の遂行に通常必要とされる時間」を取り決めておき、それに基づき就業規則などに規定しておくという運用が可能です。

■ 適用されないケースもある

事業場外みなし労働時間制は、使用者や労働者が主観的に労

必要な労働時間が所定労働時間を超えた場合

所定労働時間を「6時間」と規定していても、特定の営業行為については、その遂行に通常必要な時間が「8時間」である場合は、所定労働時間を超えて「当該業務の遂行に通常必要とされる時間」となるため、この営業行為にあたった従業員は「8時間」労働したとみなされる。

法定労働時間を超過した「通常必要とされる時間」の設定

本文記載の、「当該業務の遂行に通常必要とされる時間」について、「10時間」のように、法定労働時間を超過した時間の設定が必要になる場合もある。この場合に、事業場外労働のみなし労働時間を定める労使協定を締結したときは、その労使協定を労働基準監督署へ届け出なければならない。

働者の労働時間の管理が困難と感じる程度では適用が認められません。あくまでも客観的に見て、労働時間の算定が困難な業務内容であると認められることが必要です。

判例においては、旅行添乗員の業務内容について、客観的に労働時間の管理が困難とは認められず、事業場外みなし労働時間制の適用が認められなかったケースがあります。

■ 事業場外みなし労働時間制の適用範囲は狭くなっている

現在は通信技術が大幅に進化しており、とりわけGPS機能が搭載された携帯電話やスマートフォンが広く普及しています。そのため、これまで事業場外みなし労働時間制が適用されると考えられていた業務についても、労働者の労働時間を「管理・把握することが困難である」と言い難いケースが増えています。

もっとも、在宅勤務制度（192ページ）とも関連しますが、在宅で行うテレワークについては、その業務が私生活を営む自宅で行われること、使用者により業務の遂行に対する具体的な指示や、情報通信機器により常に使用者と通信可能な状態ではない場合は、事業場外みなし労働時間制の適用の余地があります。

■ 事業場外労働と残業代の支給の有無

昭和63年の行政通達では、業務を遂行するのに、所定労働時間を超えない場合は「所定労働時間」を労働時間とみなし、所定労働時間を超える場合は「通常必要時間」（労使協定で通常必要時間を定めていればその時間）を労働時間とみなすとしています。

これによって、時間外手当の計算が簡単になりますが、時間外手当を支払わなくてもよいわけではありません。たとえば、労使協定で定めた通常必要時間が1日10時間であれば8時間超となるため、1日2時間の残業代を支給することが必要です。

通常必要時間と残業代の支払い
労使協定で定めていなくても、通常必要時間が8時間を超えていれば、残業代の支払いが必要になる。

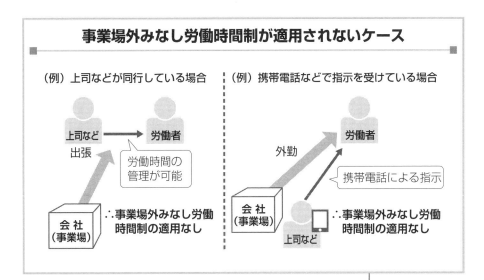

事業場外みなし労働時間制が適用されないケース

（例）上司などが同行している場合

上司など → 労働者
出張
労働時間の管理が可能
会社（事業場）
∴事業場外みなし労働時間制の適用なし

（例）携帯電話などで指示を受けている場合

労働者
外勤
携帯電話による指示
会社（事業場）
上司など
∴事業場外みなし労働時間制の適用なし

■ 事業場外みなし労働時間制を採用する上での注意点

　事業場外みなし労働時間制を採用するためには、労使協定でみなし労働時間を定めた場合、それが8時間以内であれば、労使協定の締結だけでかまいません。8時間を超えるみなし労働時間を定めた場合は、締結した労使協定を届け出ることが必要になることに注意しなければなりません。

　また、営業担当者の事業場外での労働時間は管理できないとして「営業手当」を支給し、残業代を営業手当に含めている会社もあります。しかし、通常必要時間が8時間を超える場合は、月にどの程度事業場外での労働があるかを把握し、「営業手当は〇時間分の残業代を含む」（固定残業代）という形で就業規則などで明記しておかなければ、別途残業代の支払いが必要です。

　なお、事業場外みなし労働時間制は、労働時間について「日ごと」に判断する制度であることを認識する必要があります。特に、事業場外での勤務と、事業場内での勤務が混在する場合は、労働時間の算定に注意が必要です。

事業場外みなし労働時間制を採用できない場合

外で働く場合でも、労働時間を算定できるケースでは、会社が「労働時間を算定しがたい」とはいえないため、事業場外みなし労働時間制を採用することはできない。

たとえば、労働時間を管理する立場にある上司と同行して外出する場合は、その上司が始業時刻や終業時刻を把握・記録ができるため、事業場外みなし労働時間制を採用できない（上図）。また、出先の事業場などにおいて、具体的に何時から業務に従事し、それが何時に終了するのかが明確なケースでも、事業場外みなし労働時間制を採用することは困難だといえる。

裁量労働制

■ 裁量労働制とは

業務の中には必ずしも労働の成果が労働時間と関連しない職種もあります。特に、労働者自身が、業務の遂行について比較的広い裁量が与えられている場合には、その労働者に関して労働時間を「管理する」という概念自体がなじみにくいともいえます。そこで、業務の性質上、業務遂行の手段や方法、時間配分等を大幅に労働者の裁量にゆだねる必要がある業務については、対象となる業務を労使協定で定め、労働者を実際にその業務に就かせた場合、労使協定であらかじめ定めた時間働いたものとみなす制度が設けられています。このような制度を裁量労働制といいます。

裁量労働制には、①研究開発などの専門的な業務に就く労働者を対象とした専門業務型裁量労働制と、②企業経営の企画、立案、調査・分析を行う労働者を対象とした企画業務型裁量労働制の2種類があります。どちらも、対象となる業務が厚生労働省令及び厚生労働大臣告示によって特定されています。また、裁量労働制は、テレワークを行う場合にも導入することが可能です。

■ 専門業務型裁量労働制とは

専門業務型裁量労働制にいう「専門業務」には、業務の内容が専門的であるという性質上、時間配分などを含めた業務の進行状況など、労働時間の管理について労働者自身にゆだねることが適切であると考えられる業務が指定されています。

具体的には、厚生労働省令により指定された以下の19種類の

専門業務型裁量労働制の対象業務

テレワークと親和性の高い業務もあるため、このような業務を行う労働者に対してテレワークを導入する価値は高い。

専門業務型裁量労働制を導入する際に労使協定で定める事項

1	対象業務の範囲
2	対象労働者の範囲
3	1日のみなし労働時間数
4	業務の遂行方法、時間配分などについて、従事する労働者に具体的な指示をしないこと
5	労使協定の有効期間（3年以内が望ましい）
6	対象業務に従事する労働者の労働時間の状況に応じた健康・福祉確保措置
7	苦情処理に関する措置
8	⑥と⑦の措置に関する労働者ごとの記録を有効期間中と当該有効期間後3年間保存すること

業務が対象に含まれます。

① 新商品・新技術の研究開発、人文科学・自然科学の研究

② 情報処理システムの分析・設計

③ 新聞・出版事業における記事の取材・編集、放送番組制作における取材・編集

④ 衣服、室内装飾、工業製品、広告などのデザイン考案

⑤ 放送番組・映画製作などのプロデューサー、ディレクター

⑥ 広告・宣伝事業の商品などに関するコピーライター

⑦ システムコンサルタント

⑧ インテリアコーディネーター

⑨ ゲーム用ソフトの制作

⑩ 証券アナリスト

⑪ 金融工学等の知識を用いて行う金融商品の開発

⑫ 大学教授、准教授、講師

⑬ 公認会計士

⑭ 弁護士

情報処理システムの分析・設計

プログラミングは裁量性が高い業務とはいえないため、ここでいう専門業務型裁量労働制の対象業務に含まれない。

⑮　建築士

⑯　不動産鑑定士

⑰　弁理士

⑱　税理士

⑲　中小企業診断士

■ 専門業務型裁量労働制を採用するための要件

　専門業務型裁量労働制を導入するには、事業場の過半数の労働者で組織する労働組合（過半数組合）、過半数組合がない場合は事業場の過半数を代表する者（過半数代表者）との間で労使協定を結んだ上で、就業規則で専門業務型裁量労働制に関する事項を定めることが必要です。また、労使協定や就業規則は所轄労働基準監督署への届出が必要です（就業規則は常時10人以上の場合に届出が必要です）。

　労使協定では、まず対象業務を定めます。対象業務は前述した厚生労働省令で定めた19種類の業務に限られます。次に、みなし労働時間を定めます。1日当たり何時間労働したこととするかを定める必要があり、その時間が対象労働者の労働時間になります。

■ 企画業務型裁量労働制とは

　対象業務となる「企画業務」とは、①事業の運営に関する事項についての業務であること、②企画、立案、調査及び分析の業務であること、③業務の性質上、業務遂行の方法を大幅に労働者の裁量にゆだねる必要があること、④業務の遂行の手段及び時間配分の決定などに関し使用者が具体的な指示をしないこと、をすべて満たす業務です。つまり、企業の事業運営の中枢を担う労働者の労働時間に関する制度です。

　企画業務型裁量労働制の場合は、労働者側と使用者側の代表で構成する労使委員会（労働者側と使用者側のそれぞれが半数

**企画業務型裁量
労働制**

対象労働者については、対象業務を適切に遂行するための知識・経験などを有しており、かつ、対象業務に常態として従事している労働者であることが必要である。企画業務型裁量労働制導入後も、使用者は、6か月以内ごとに1回、対象となる労働者の労働時間の状況や、対象となる労働者の健康及び福祉を確保するための措置の実施状況について、労働基準監督署に定期報告をする義務を負う。

企画業務型裁量労働制を導入する際に労使委員会決議で定める事項

1	対象業務
2	対象となる労働者の範囲
3	みなし労働時間
4	労働者の健康及び福祉を確保するための措置
5	労働者からの苦情の処理に関する措置
6	制度の適用について労働者の同意を得なければならないこと及び同意をしなかった労働者に対して解雇その他不利益な取扱いをしてはならないこと
7	労使委員会決議の有効期間
8	④及び⑤の措置に関する労働者ごとの記録を労使委員会決議の有効期間中及び有効期間満了後３年間保存すること

いることが必要）を設置し、事業場における労働条件に関する事項について調査や審議を行います。その上で、労使委員会が委員の５分の４以上の多数の同意により、対象業務や対象労働者の範囲などを定めて、企画業務型裁量労働制の採用を認める決議を行い、これを労働基準監督署に届け出なければなりません。

■ 裁量労働制の注意点

　裁量労働制を採用した場合、会社側は、労働者の労働時間や業務の状況を把握することが難しくなる場合があります。そこで、労働者の勤務時間帯について、労使協定で一定の取り決めをしておくことが望ましいといえます。

　さらに、企画業務型裁量労働制の独自の問題点として、労使委員会の設置と決議が必須であることや、労働基準監督署に対する定期報告（所定の様式による６か月以内ごとに１回の報告）が必要であることから、より手続きとして煩雑であるということが挙げられます。

裁量労働制の問題点

会社側が希望する時間帯に労働者が出勤するとは限らず、労働者が希望する場合には深夜や早朝に労働時間が偏る可能性もある。特に深夜や休日に勤務する場合、深夜労働や休日労働の割増賃金が発生したり、労働者の健康状態にも注意が必要になるなど、さまざまな問題がある。

特定高度専門業務・成果型労働制（高プロ制度）

成果による報酬設定システムの導入が決定した

■ 特定高度専門業務・成果型労働制とは

　平成30年成立の労働基準法改正で、かねてから制度の是非が大きな議論となっていた特定高度専門業務・成果型労働制（高度プロフェッショナル制度）の導入が決まりました（以下「高プロ制度」と省略）。

対象労働者の範囲

厚生労働省令により、年収1075万円以上の労働者である。

　高プロ制度は、職務範囲が明確である年収の高い労働者が、高度な専門的知識を要する業務に従事する場合に、本人の同意や労使委員会の決議などを要件として、時間外・休日・深夜の割増賃金の支払義務などに関する規定を適用除外とする新たな働き方の選択肢となるものです。労働時間ではなく成果で評価される働き方を希望する労働者の需要に応えて、その意欲や能力を十分に発揮できるようにすることがねらいです。

　このように、高プロ制度の対象労働者には、深夜割増賃金に関する規定も適用されませんので、深夜時間帯も含めて労働者が自分のペースで業務の配分を行える点が特徴的ですが、その反面、深夜中心の勤務体系に偏ることなく、労働者の健康確保措置をいかに講じていくのか、使用者側の工夫が求められるところです。そのため、長時間労働が常態化するおそれがあることから、使用者は、高プロ制度の対象労働者に対し、一定の休日を確保するなどの健康確保措置をとる義務を負います。

■ 導入するための手続き

　高プロ制度を導入する場合には、その前提として、導入の対象となる事業場において、使用者側と当該事業場の労働者側の

特定高度専門業務・成果型労働制

特定高度専門業務・成果型労働制（高度プロフェッショナル制度）

対象労働者

・年収が平均給与額の
　3倍以上
・対象業務
　⇒高度な専門的知識など

健康確保措置
・年間104日の休日を確保する措置の義務化
・インターバル措置など（選択的措置）

成果型報酬制度の導入
・法定労働時間（1週40時間、1日8時間）、
　休憩時間、休日、深夜割増賃金に関する労働
　基準法の規定の適用除外　　など

双方を構成員とする労使委員会を設置しなければなりません。

　その上で、労使委員会がその委員の5分の4以上の多数による議決により、対象業務や対象労働者などの事項に関する決議をして、当該決議を使用者が労働基準監督署（所轄労働基準監督署長）に届け出ることが必要です。

　さらに、高プロ制度が適用されることについて、対象労働者から書面による同意を得ることが求められます。同意をしなかった労働者に対して、解雇その他の不利益な取扱いを行うことは許されません。なお、高プロ制度の適用を受けて働き始めてからも、その適用を労働者の意思で撤回できる（高プロ制度の適用対象外となる）ことが認められています。

　以上の手続きを経て、対象労働者を事業場の対象業務に就かせたときは、労働時間、休憩、休日、深夜の割増賃金に関する規定は、対象労働者については適用されなくなります。

■ 労使委員会で決議すべき主な事項

　高プロ制度を導入する際に、労使委員会で決議すべき主な事項は、①対象業務の範囲、②対象労働者の範囲、③健康管理時

間、④長時間労働防止措置といった事項です。

① 対象業務の範囲

　高プロ制度の対象業務は、高度の専門的知識などが必要で、業務に従事した時間と成果との関連性が強くない業務です。

　たとえば、金融商品の開発業務や資産運用の業務、アナリストによる企業・市場等の高度な分析業務、コンサルタントによる事業・業務の企画・運営に関する高度な助言などの業務が念頭に置かれています。

② 対象労働者の範囲

　高プロ制度の対象労働者は、使用者との間の書面による合意に基づき職務の範囲が明確に定められており、かつ、年収見込額が基準年間平均給与額の3倍の額（1,075万円以上）を相当程度上回る水準以上である労働者です。

③ 健康管理時間

　健康管理時間とは、対象労働者が「事業場内に所在していた時間」と「事業場外で業務に従事した場合における労働時間」とを合計した時間のことです。

　労使委員会は、健康管理時間の状況に応じて、使用者が講ずるべき対象労働者の健康確保措置や福祉確保措置（健康診断の実施など）を決議します。

④ 長時間労働防止措置

　労使委員会は、労働者の長時間労働を防止するため、次の3つの措置を使用者がすべて講ずべきことを決議します。

ⓐ 対象労働者に対し、4週間を通じ4日以上、かつ、1年間を通じ104日以上の休日を与えること。

ⓑ 対象労働者の健康管理時間を把握する措置を講ずること。

ⓒ 対象労働者に前日の終業時刻から当日の始業時刻まで11時間以上の休息時間を与えるか、対象労働者の健康管理時間を1か月または3か月につき一定時間を超えない範囲にするなどの健康確保措置を講ずること。

健康確保措置

長時間労働防止措置でもある年間104日の休日確保措置に加えて、ⓐ勤務間インターバルの確保と深夜業の回数制限、ⓑ1か月または3か月の在社時間等の上限措置、ⓒ2週間連続の休日確保措置、ⓓ臨時の健康診断のいずれかの措置が義務化されている（選択的措置）。

特定高度専門業務・成果型労働制の問題点

特定高度専門業務・成果型労働制（高プロ制度）

【批判①】長時間労働が合法化される

∵高プロ制度では、労働時間ではなく成果で報酬が決定されるという目的の下、@法定労働時間の規制、⑥休憩時間の規制、ⓒ休日の規制に加えて、ⓓ深夜割増賃金に関する規制の適用も除外される

【批判②】対象業務の拡大、年収要件の緩和

∵今後、無制限に対象業務が拡大されたり、年収要件が緩和されるなど企業側に有利な変更となる「おそれ」がある。

■ どんな影響が生じ得るのか

　高プロ制度では、労働時間ではなく成果で報酬が決定されるため、①労働基準法上の1日8時間、1週40時間という労働時間の規制、②6時間を超えて働かせる場合の45分以上の休憩、8時間を超えて働かせる場合の1時間以上の休憩を取らせるという休憩時間の規制、③週1回の休日または4週4回の休日を取らせるという休日の規制に加えて、④深夜割増賃金に関する規制の適用も除外されます。

　これにより、高プロ制度の対象労働者に対しては、時間外・休日・深夜の各労働に対する割増賃金の支払義務がなくなるため、長時間労働が合法化されるという懸念もあります。そのため、年間休日の確保や勤務間インターバルの徹底が必要です。

　また、厚生労働省は、対象業務や年収要件を規定していますが、今後、無制限に対象業務が拡大したり、年収要件を緩和するなど企業側に有利な変更が加えられる可能性も否定できません。

高プロ制度と通勤手当

高プロ制度導入にあたって、対象者についての年収（1075万円）要件が定められているが、厚生労働省は、年収の中に通勤手当が含まれる場合があるとの立場をとっている。たとえば、新幹線などを用いて遠方から通勤している労働者は、年収の内訳として通勤手当に該当する金額が相当な割合に及ぶ場合も考えられる。このとき、実質的には年収1075万円を下回る労働者であっても、通勤手当を含めると年収が上記水準を超えれば、高プロ制度の対象になるおそれがある。

勤務間インターバル制度

終業時刻から翌日の始業時刻までの休息時間を確保する制度

■ 勤務間インターバルはどんな制度なのか

勤務間インターバル制度とは、労働者の1日の勤務が終了（終業時刻）してから、翌日の勤務が開始（始業時刻）するまでの間に、一定時間以上の間隔（インターバル）を空けなければならないとする制度です。終業時刻から翌日の始業時刻までの間に休息時間（勤務間インターバル）を設け、生活時間や睡眠時間を確保することが目的です。

たとえば、始業時刻が午前9時の企業が「11時間」の勤務間インターバルを定めている場合、始業時刻の通りに労働者が勤務するためには、遅くとも前日の終業時刻が午後10時前でなければなりません。もし前日の終業時刻が午後11時である労働者がいた場合には、そこから11時間は翌日の勤務に就くことができず、始業時刻を午前10時まで繰り下げるなどの扱いが必要です。

勤務間インターバル制度の導入により得られる効果として①従業員の健康維持・向上、②従業員の確保・定着、③生産性の向上が挙げられます。いずれも昨今の社会・経済情勢および労働人口の推移などをふまえると、経営上の重要な効果といえます。

■ 導入促進のための助成金など

しかし、勤務間インターバル制度は、導入の意義および効果の両方において、経営上の重要な制度となる可能性を持つものであるにもかかわらず、導入する上で必要となる企業側の動機付けが十分になされていないのが実情です。

そこで、厚生労働省は、勤務間インターバル制度を導入した

勤務間インターバル制度のメリット

最近では、フレックスタイム制や裁量労働制を採用する企業が増えており、これらの制度と併せて勤務間インターバル制度を導入すると、労働者は弾力的な労働時間制度を維持し、かつワークライフバランスを保つことが可能になることが期待される。

始業時刻の扱い

本文の例のように、始業時刻を午前10時まで繰り下げること以外にも、午前9時から10時まで出勤したと扱うことも可能。具体的な取扱いは就業規則に記載する。

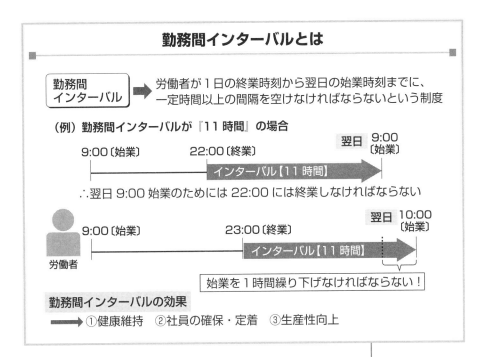

勤務間インターバルとは

勤務間インターバル → 労働者が1日の終業時刻から翌日の始業時刻までに、一定時間以上の間隔を空けなければならないという制度

（例）勤務間インターバルが『11時間』の場合

9:00〔始業〕　22:00〔終業〕　翌日 9:00〔始業〕

インターバル【11時間】

∴翌日9:00始業のためには22:00には終業しなければならない

労働者　9:00〔始業〕　23:00〔終業〕　翌日 10:00〔始業〕

インターバル【11時間】

始業を1時間繰り下げなければならない！

勤務間インターバルの効果

→ ①健康維持　②社員の確保・定着　③生産性向上

企業のうち、一定の条件を満たす企業が申請することにより、企業が導入にあたって負担した費用の一部を助成する「働き方改革推進支援助成金（勤務間インターバル導入コース）」という制度を設けています。

たとえば2019年度では、サービス業の場合、資本金・出資額が5000万円以下または常時雇用する労働者の人数が100人以下の企業であり、三六協定を締結していることなどが対象となる条件とされています。その上で、制度に関連する成果目標の達成を目的として、企業において実施する労務管理担当者に対する研修、外部専門家によるコンサルティングなど、一定の取り組みにかかった費用が助成対象となります。成果目標としては、勤務間インターバル制度の新規導入・制度適用対象となる従業員の範囲の拡大などがあります。

助成金受給のための要件

以下の取り組みのうち、最低1つ以上を実施しなければならない。
① 労務管理者の研修
② 労働者に対する研修、周知・啓発
③ 社労士などの外部専門家による指導
④ 制度導入に向けた就業規則や労使協定の作成や変更
⑤ 人材確保に関する取り組み
⑥ 労務管理用ソフトウェア・機器、デジタル式運行記録計の導入や更新
⑦ テレワークに利用できる通信機器などの導入や更新
⑧ 労働者の労働能率向上に役立つ設備や機器の導入・更新

賃金

労働の「対価」として使用者から支払われるもの

■ 賃金は労働の対償である

賃金は、一般的に「給与」と呼ばれています。労働基準法上の賃金には、労働の直接の対価だけでなく、家族手当、住宅手当のように労働の対価よりも生計の補助として支払うものや、通勤手当のように労働の提供をより行いやすくさせるために支払うものも含まれるとされています。さらに、休業手当、年次有給休暇中の賃金のように、実際に労働しなくても労働基準法が支払いを義務付けている賃金も含まれます。

また、賞与や退職金などは、当然には労働基準法上の賃金にあたりませんが、労働協約・就業規則・労働契約などで支給条件が決められていれば、使用者に支払義務が生じるので、賃金に含まれるとされています。

これに対し、ストック・オプションは、労働基準法上の賃金に含まれません。ストック・オプションとは、会社が役員や労働者に自社株を購入する権利を与えておき、一定の業績が上がった際に、役員や労働者がその権利を行使して株式を取得し、これを売却して株価上昇分の差益を得ることができる制度です。

■ 給与の範囲は法律によって異なる

法律によって「給与」の範囲が異なる場合もあります。

たとえば、労働基準法では、労働契約・就業規則・労働協約などによって支給条件があらかじめ明確にされている退職金や結婚祝金・慶弔金などは、給与（労働基準法では給与のことを「賃金」といいます）に含めます（次ページ図）。

賃金

賃金は労働の提供への対償としての性質を持っているため、会社が出張や顧客回りのために交通費を支給する場合があるが、これは会社の経費なので賃金には含まれない。

労働基準法で賃金とされているものの範囲

賃金の定義	賃金、給料、手当、賞与その他名称のいかんを問わず、労働の対償として使用者が労働者に支払うすべてのもの	
	賃金となるもの	**賃金とならないもの**
具体例	・退職金、結婚祝金など、労働契約、就業規則、労働協約などによってあらかじめ支給条件の明確なもの（例外） ・祝祭日、労働者の個人的吉凶禍福に対して支給されるもので、前例または慣例によってその支給が期待されているもの（例外）	・退職金、結婚祝金、死亡弔慰金、災害見舞金などの恩恵的給付（原則） ・祝祭日、会社の創立記念日または労働者の個人的吉凶禍福に対して支給されるもの（原則）
	・事業主の負担する労働者の税金、労働保険料、社会保険料 ・スト妥結一時金 ・現物支給として労働者に渡す「通勤定期券」 ・労働基準法26条の休業手当	・制服、作業衣など、業務上必要な被服の貸与 ・出張旅費 ・法定額を超えて支給される休業補償費 ・役職員交際費
	・仲居さんが使用者の手を介して再分配されて受けるチップ（例外） ・社宅の利用代金を徴収する場合、徴収金額が実際費用の3分の1以下であるときは、徴収金額と実際費用の3分の1との差額部分については賃金とみなされる（例外）	・仲居さんなどが客から受けるチップ（原則） ・社宅の貸与、給食などの福利厚生施設（原則） ・福利厚生のために使用者が負担する生命保険料などの補助金

　一方、社会保険（健康保険や厚生年金保険）では、退職金や結婚祝金・慶弔金などは、労働契約・就業規則・労働協約などによってあらかじめ支給条件が明確にされていても、給与（社会保険では給与のことを「報酬」といいます）に含めません。

　おおまかにいうと、労働基準法では、給与の支払確保のため、給与の範囲を広くとっていると考えられます。その他、労働保

険（労災保険と雇用保険は給与の範囲が同じ）、社会保険（健康保険と厚生年金保険は給与の範囲が同じ）、源泉所得税などにおいて、少しずつ給与の範囲が違うということです。

■ 賃金支払いの5原則

労働基準法では、労働者保護の観点から、労働者が提供した労働に対して、確実に賃金（給与）を受けとることができるようにするためのルールを定めています。以下の5つのルールですが、まとめて賃金支払の5原則と呼ばれています。

① 通貨払いの原則

賃金は日本円の通貨で支払わなければなりません。日本円以外のドルなどの外国の通貨で支払うことはできません。ただし、労働者の同意に基づく銀行振込や、労働協約に基づく現物支給などが例外として認められます。

② 直接払いの原則

賃金は従業員本人に対して支払わなければなりません。親や子などの家族の者であっても、本人の代理人として賃金を受けとることは許されません。

③ 全額払いの原則

賃金は定められた額の全額を支払わなければなりません。ただし例外として、ⓐ社会保険料、所得税、住民税などを法令に基づいて控除することや、ⓑ労使協定で定めたもの（親睦会費、労働組合費、購買代金など）を控除することができます。

④ 毎月1回以上払いの原則

賃金は毎月1回以上支払わなければなりません。年俸制を採用している事業場であっても、年俸額を分割して毎月1回以上賃金を支払う必要があります。

⑤ 一定期日払いの原則

賃金は毎月決められた一定の期日に支払わなければなりません。

賃金支払いの5原則の例外

退職金、結婚祝金、災害見舞金、賞与などの臨時に支払われる賃金は、毎月1回以上払いの原則(本文④)と、一定期日払いの原則(本文⑤)の例外である。

直接払いの原則

賃金は代理人が受け取ることはできないが、本人の使者として他人が受け取ることは可能である。

最低賃金の種類

最低賃金には、①地域別最低賃金、②特定最低賃金（従来の産業別最低賃金）がある。どちらも都道府県ごとに時間給で設定されており、ほぼ毎年10月頃に最低賃金額が改定される。
地域別最低賃金と特定最低賃金とが競合する場合には、原則として金額の高いほうの最低賃金額が優先して適用され、地域別最低賃金・特定最低賃金による最低賃金額以上の賃金を支払わない場合は、罰則が科せられる。

賃金支払いの5原則の内容

原則	内容	例外
❶通貨払い	小切手や現物で支払うことはできない	**労働協約が必要** ● 通勤定期券、住宅貸与の現物支給 **従業員の同意が必要** ● 銀行口座振込み、証券総合口座払込み ● 退職金の銀行振出小切手、郵便為替による支払い
❷直接払い	仕事の仲介人や代理人に支払ってはならない	● 使者である労働者の家族への支払い ● 派遣先の使用者を通じての支払い
❸全額払い	労働者への貸付金その他のものを控除してはならない	● 所得税、住民税、社会保険料の控除 **書面による労使協定が必要** ● 組合費、購買代金の控除など
❹毎月1回以上払い	毎月1回以上支払うことが必要	**臨時に支払われる賃金** ● 結婚手当、退職金、賞与など
❺一定期日払い	一定の期日に支払うことが必要	● 1か月を超える期間ごとに支払われる精勤手当、勤続手当など

■ 最低賃金とは

　賃金の額は使用者と労働者との合意の下で決定されるものですが、景気の低迷や会社の経営状況の悪化などの事情で、一般的な賃金よりも低い金額を提示する使用者もいます。

　そのような場合、賃金をもらって生活をしている労働者の立場では、提示額をそのまま受け入れざるを得ないという状況になり、苦しい生活環境を強いられることも考えられます。

　そこで、国は最低賃金法を制定し、賃金の最低額を保障することによって労働者の生活の安定を図っています。最低賃金法の対象となるのは労働基準法に定められた労働者であり、パートタイマーやアルバイトも当然に含まれます。

最低賃金の例外

最低賃金法のルールを一律に適用すると、かえって不都合になるケースが生じる可能性もある。たとえば、試用期間中の者や、軽易な業務に従事している者、精神・身体の障害により著しく労働能力の低い者などについては、都道府県労働局長の許可を得ることによって、最低賃金額を下回る賃金を設定することが認められている。

割増賃金

残業などには所定の割増賃金の支払が義務付けられている

■ 割増賃金とは

使用者は、労働者の時間外・深夜・休日労働に対して、割増賃金の支払義務を負います（労働基準法37条）。

法定労働時間（1日8時間、1週40時間が原則）を超えて労働者を働かせた時間外労働の割増率は25％以上です。ただし、月60時間を超える部分の時間外労働の割増率は50％以上です。

次に、午後10時から午前5時までの深夜労働についても、同様に25％以上です。時間外労働と深夜労働が重なった場合は、2つの割増率を足すので、50％以上の割増率になります。また、法定休日に労働者を働かせた場合は、休日労働として35％以上の割増率になります。休日労働と深夜労働が重なった場合、割増率は60％以上です。

■ 代替休暇とは

労働者の健康を確保する観点から、長時間労働の代償として割増分の残業代の支払いではなく、労働者に休暇を付与する方法（代替休暇）もあります。具体的には、労使協定を締結することにより、1か月の時間外労働が60時間を超えた場合、通常の割増率（25％以上）を上回る部分の割増賃金の支払いに代えて、有給休暇を与えることが認められています。

代替休暇を付与するには、事業場の過半数組合（ない場合は過半数代表者）との間で労使協定の締結が必要です。労使協定で定める事項は、①代替休暇として付与できる時間数の算定方法、②代替休暇の単位、③代替休暇を付与できる期間、④代替

中小企業における適用

月60時間を超える部分の時間外労働の割増率に関する本文記載の規定は、中小企業については2023年4月1日から適用される。

代替休暇について

代替休暇は労働者の休息の機会を与えることが目的であるため、付与の単位は1日または半日とされている。もっとも、通常の割増率の部分については、これまで通り25％以上の割増率による割増賃金の支払いが必要になる。

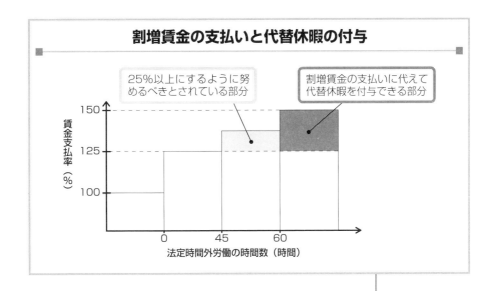

割増賃金の支払いと代替休暇の付与

25%以上にするように努めるべきとされている部分

割増賃金の支払いに代えて代替休暇を付与できる部分

賃金支払率（％）

150
125
100

0   45   60

法定時間外労働の時間数（時間）

休暇の取得日の決定方法、⑤割増賃金の支払日です。

　①の時間数の算定方法は、１か月の時間外労働時間数から60を差し引いてから、換算率を乗じます。たとえば、法定通りの割増率であれば、60時間を超えた部分の時間外労働の割増率50％から通常の時間外労働の割増率25％を差し引いた「25％」が換算率です。一方、法定を上回る割増率であれば、60時間を超えた時間外労働の割増率から通常の時間外労働の割増率を差し引いた数値が換算率になります。

■ 割増賃金の計算手順

　労働者の１時間あたりの賃金（時間給）を算出し、その額に割増率を掛けた額が１時間あたりの割増賃金です。ただし、個人的事情にあわせて支給される賃金は、割増賃金の計算基礎となる賃金から除外されます。除外される手当として、①家族手当、②通勤手当、③別居手当、④子女教育手当、⑤住宅に要する費用に応じて支給する住宅手当、⑥臨時に支払われる賃金、⑦１か月を超える期間ごとに支払われる賃金があります。

代替休暇を付与できる期間

長時間労働をした労働者の休息の機会を与える休暇であるため、時間外労働をした月と近接していなければ意味がない。そのため、労働基準法施行規則で時間外労働をした月から２か月以内、つまり翌月または翌々月と定めている。労使協定ではこの範囲内で、代替休暇の期間を定めることになる。

割増賃金の計算の手順

割増賃金を計算する手順は、まず月給制や日給制などの支払方法にかかわらず、すべての労働者の１時間あたりの賃金（時間給）を算出する。その額に割増率を掛けた金額が割増賃金になる。

三六協定①

残業をさせるには三六協定に加えて就業規則などの定めが必要である

■ 三六協定を結べば残業が認められる

時間外・休日労働（残業）は、原則として労使協定を結び、そこで定めた範囲内で残業を行わせる場合に認められます。この労使協定は労働基準法36条に由来して三六協定といいます。同じ会社でも、残業の必要性は事業場ごとに異なりますから、三六協定は事業場ごとに締結しなければなりません。事業場の労働者の過半数で組織する労働組合（過半数組合がないときは労働者の過半数を代表する者）と書面による協定（三六協定）を締結し、所轄労働基準監督署に届ける必要があります。

労働組合がなく労働者の過半数を代表する者（過半数代表者）と締結する場合は、その選出方法にも注意が必要です。選出に関して証拠や記録がない場合、過半数代表者の正当性が否定され、三六協定自体の有効性が問われます。そこで、選挙で選出する場合は、投票の記録や過半数の労働者の委任状があると、後のトラブルを防ぐことができます。

三六協定は届出をしてはじめて有効になります。届出をする場合は、原本とコピーを提出し、コピーの方に受付印をもらい会社で保管します。労働基準監督署の調査が入った際に提示を求められることがあります。また、三六協定の有効期限は1年が望ましいとされています（法令上の制限はない）。

使用者は、時間外労働については25％以上の割増率（月60時間超の例外あり、126ページ）、休日労働については35％以上の割増率で計算した割増賃金を支払わなければなりません。三六協定を締結せずに残業させた場合は違法な残業となりますが、

三六協定の効力

三六協定は個々の労働者に残業を義務付けるものではなく、「残業をさせても使用者は刑事罰が科されなくなる」（免罰的効果）という消極的な効果しかない。
使用者が残業を命じるためには、三六協定を結んだ上で、労働協約、就業規則または労働契約の中で、業務上の必要性がある場合に三六協定の範囲内で残業を命令できることを明確に定めておくことが必要である。

過半数代表

管理監督者は過半数代表者になることができない。もし管理監督者を過半数代表者に選任して三六協定を締結しても、その協定は無効となる、つまり事業場に三六協定が存在しないとみなされることに注意が必要である。

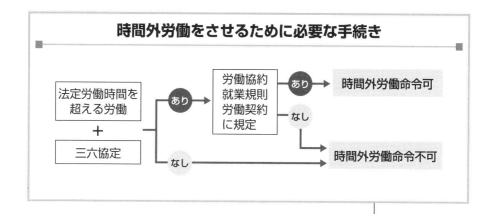

時間外労働をさせるために必要な手続き

法定労働時間を超える労働 + 三六協定 → **あり** → 労働協約 就業規則 労働契約 に規定 → **あり** → **時間外労働命令可**

↘ **なし** → **時間外労働命令不可**

なし → **時間外労働命令不可**

違法な残業についても割増賃金の支払いは必要ですので注意しなければなりません。

■ 就業規則の内容に合理性が必要

　判例によると、三六協定を締結したことに加えて、以下の①と②の要件を満たす場合には、その就業規則の内容が合理的なものである限り、それが労働契約の内容となるため、労働者は時間外・休日労働（残業）の義務を負うことになります。

① 三六協定の届出をしていること

② 就業規則が当該三六協定の範囲内で労働者に残業をさせることができる点について定めていること

　以上の要件を満たすと、就業規則に基づき残業命令が出された場合、労働者は正当な理由がない限り、残業の拒否ができません。これに従わないと業務命令違反として懲戒処分の対象になることがあります。

　もっとも、就業規則などに残業命令が出せる趣旨の規定がなければ、正当な理由もなく、残業を拒否されても懲戒処分の対象にはできません。

　三六協定の締結とともに、就業規則などに基づき労働者に対し残業命令ができる場合であっても、その残業命令の効力が認

労働者の労働時間の管理

残業が恒常的に発生すると、残業代が含まれた給与に慣れてしまい、その金額を前提にライフサイクルができあがり、残業がなくなると困るので、仕事が少なくても残業する労働者が出てくるおそれがある。そこで、会社からの残業命令または事前申請・許可がなければ残業をさせない、という毅然とした対応をとることも必要である。

められない（残業義務が生じない）場合があります。具体的には、業務上必要性がない場合や、不当な目的に基づいているなど、労働者に著しく不利益を与えるような場合には、使用者側の権利の濫用と判断され、残業命令の効力が否定されます。

なお、会社として残業を削減したい場合や、残業代未払いなどのトラブルを防ぎたい場合は、時間外・休日労働命令書・申請書、時間外・休日勤務届出書などの書面を利用して、労働時間を管理するのがよいでしょう。

■ 三六協定の締結方法

三六協定で締結しておくべき事項は、①時間外や休日労働をさせる（残業命令を出す）ことができる労働者の範囲（業務の種類、労働者の数）、②対象期間（基本的には1年間）、③時間外・休日労働をさせることができる場合（具体的な事由）、④「1日」「1か月」「1年間」の各期間について、労働時間を延長させることができる時間（限度時間）または労働させることができる休日の日数です。

④の限度時間について、かつては「時間外労働の限度に関する基準」という厚生労働省の告示で決められていましたが、平成30年成立の労働基準法改正で、時間外労働の限度時間が労働基準法で明記されました。

限度時間の内容については、上記の告示を踏襲しています。つまり、1日の限度時間は定められていませんが、1年単位の変形労働時間制を採用している場合を除き、原則として1か月につき45時間、1年間につき360時間を超える時間外労働をさせることは、後述する特別条項付き協定（132ページ）がない限りできません。

かつての告示では「1日」「1日を超え3か月以内の期間」「1年」の各期間の限度時間を設定することになっていました。しかし、改正労働基準法では「1日を超え3か月以内の期間」

1年単位の変形労働時間制の下での限度時間

1年単位の変形労働時間制を採用している場合は、1か月につき42時間、1年間につき320時間が限度時間である。

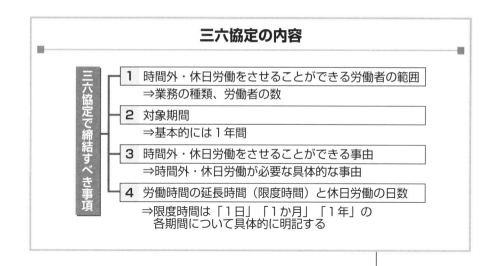

三六協定の内容

三六協定で締結すべき事項

1 時間外・休日労働をさせることができる労働者の範囲
⇒業務の種類、労働者の数

2 対象期間
⇒基本的には1年間

3 時間外・休日労働をさせることができる事由
⇒時間外・休日労働が必要な具体的な事由

4 労働時間の延長時間（限度時間）と休日労働の日数
⇒限度時間は「1日」「1か月」「1年」の
各期間について具体的に明記する

ではなく「1か月」の限度時間を設定することになりました。そのため、告示に従って1週間や2か月などの限度時間を設定している場合、今後は三六協定を締結する際に「1か月」の限度時間を設定することが求められます。

また、三六協定は協定内容について有効期間の定めをしなければなりませんが、その長さについては労使の自主的な判断にまかせています（ただし労働協約による場合を除き無期限の協定は不可です）。しかし、前述の④にあるように、三六協定は必ず「1年間」の限度時間を定めなければなりません。したがって、事業が1年以内に完了するような例外を除き、有効期間は最低1年間となります。また定期的に見直しをする必要がありますので、1年ごとに労使協定を結び、有効期間が始まる前までに届出をするのがよいでしょう。

労使協定の中には、労使間で「締結」をすれば労働基準監督署へ「届出」をしなくてよいものもありますが、三六協定については「締結」だけでなく「届出」をしてはじめて効力が発生するため、必ず届け出ることが必要です。

1日を超え3か月以内の期間

この期間については「1か月」の限度時間の設定も可能であった。従来から「1か月」の限度時間を設定していれば、改正労働基準法の施行後も特別な対応は不要である。

三六協定に違反した場合の罰則

三六協定で定めた労働時間の上限を超えて労働者を働かせた者は、6か月以下の懲役または30万円以下の罰金が科されることになる（労働基準法119条1号）。

三六協定②

例外的に限度時間を超えた時間外・休日労働が許される場合

■ 特別条項付き協定とは

実際の事業活動の中で、時間外労働の限度時間を超過してしまうこともあります。そのような「特別な事情」に備えて特別条項付き時間外・休日労働に関する協定（特別条項付き協定）を締結しておけば、限度時間を超えて時間外・休日労働をさせることができます。ただし、平成30年成立の労働基準法改正により、特別条項付き協定の要件などが労働基準法で明記されました。今後、特別条項付き協定を締結する際は、労働基準法の規制を遵守することが求められます。

特別条項付き協定で定める「特別な事情」とは、「事業場における通常予見することのできない業務量の大幅な増加等に伴い臨時的に限度時間を超えて労働させる必要がある場合」と規定しています。

さらに、長時間労働規制として、①1か月について時間外・休日労働をさせることができる時間（100時間以内に限る）、②1年について時間外労働をさせることができる時間（720時間以内に限る）、③1か月につき45時間を超える時間外労働を実施できる月数（1年について6か月以内に限る）についても、特別条項付き協定で定めることが必要です。

■ 罰則による長時間労働規制の導入

平成30年成立の労働基準法改正で、三六協定や特別条項付き三六協定を締結したとしても、①有害業務（有毒ガスが発生するような場所での業務など）の時間外労働が1日につき2時間

**長時間労働規制
の例外**

新技術や新商品などの研究開発業務に限っては、三六協定の締結に際して、時間外・休日労働の上限に関する諸規制や、罰則付きの長時間労働規制も適用されない。

特別条項付き三六協定

原則 三六協定に基づく時間外労働の限度時間は月45時間・年360時間

↓

1年当たり6か月を上限として
限度時間を超えた時間外・休日労働時間を設定できる

↓

特別条項付き三六協定

【特別な事情（一時的・突発的な臨時の事情）】が必要
① 予算・決算業務
② ボーナス商戦に伴う業務の繁忙
③ 納期がひっ迫している場合
④ 大規模なクレームへの対応が必要な場合

【長時間労働の抑止】
※1か月につき100時間以内
で時間外・休日労働をさせる
ことができる時間を設定
※1年につき720時間以内で
時間外労働をさせることが
できる時間を設定

を超えないこと、②時間外・休日労働が1か月につき100時間を超えないこと、③複数月の時間外・休日労働を平均して1か月につき80時間を超えないこと、をすべて満たすように労働者を労働させることを使用者に義務付けました。さらに、①～③の1つでも満たさないとき、つまり労働基準法違反の長時間労働をさせたときは、刑事罰の対象となることも明記しました。

■ 時間外労働の割増率の取扱い

法律で定められている時間外労働に対する割増率は、通常は25％増ですが、1か月につき45時間という限度基準を超えて残業させる場合には、通常の割増率を超えるように努めなければなりません。そして、1か月の時間外労働が60時間を超える場合は、その超える部分について通常の25％増に加え、さらに25％上乗せした50％以上の割増率による割増賃金の支払が必要です。ただし、一定の規模以下の中小企業は、令和5年3月31日までの間、その適用が猶予されています（126ページ欄外参照）。

長時間労働規制に関する罰則

労働基準法に違反する長時間労働を労働者にさせたときは、6か月以下の懲役または30万円以下の罰金という刑事罰が科されるおそれがある。

残業時間と限度時間

・・
医学的な見地から算出された限度時間がある

■ 月45時間を超える場合は要注意

　会社としては、労働者が健康障害を起こさないようにするため、労働者の労働時間を適切な時間内にとどめるように管理しなければなりません。よく言われる基準として「１か月に45時間までの残業時間」があります。月45時間は時間外労働の限度基準としても採用されています（次ページ図）。

　また、１か月の残業時間が80時間を超えているかどうかも１つの目安となります。この数字は、通常の人が１日６時間の睡眠をとった場合に、残業時間に充当できる時間（１日４時間の残業時間）を基準として、１か月あたり20日間働くものとして算出された数字です。

　１か月の残業時間が100時間を超えている場合には、健康上のリスクは相当高まっているといえます。月100時間の残業は、１日５時間の残業を１か月あたり20日間行ったのと同等です。

　なお、平成30年の労働基準法改正により、月100時間を超える時間外・休日労働をさせると、原則として刑事罰の対象になることにも注意が必要です。

■ 明示的な指示がない場合

　労働者が残業をしても、上司が残業を命じた場合でなければ、会社としては残業と認めないとする会社は多いようです。このような会社であっても、会社側が業務上必要であると判断して、労働者に残業を命じた場合は特に問題は生じません。この場合に残業代を支払わなければ、明らかに法律違反となるからです。

三六協定の締結事項と限度時間（平成30年改正による）

締結事項

①時間外・休日労働を必要とする具体的事由　②業務の種類
③労働者の数　④延長時間、労働させる休日　⑤有効期間　など

期 間	1か月	1 年
限度時間	45時間	360時間

１年単位の変形労働時間制（対象期間３か月超）適用者については、左記の限度時間は１か月 42 時間、１年 320 時間となる。

　一方、上司が労働者に残業を命じていないにもかかわらず、勝手に労働者が残業した場合、会社としては残業代の支払義務はないと考える経営者は多いようです。

　しかし、労働者がしていた業務によっては、その労働者が会社に残って業務をしていた分について、残業代を支払わなければならないケースもあります。

■ どんな対策を講ずるべきか

　まず、業務上必要な残業は事前申請制にすることが考えられます。就業規則上「不要な残業をすること、させることの禁止」「業務外目的での終業時刻後の正当な理由のない在社禁止」などを定め、その違反を懲戒事由とすることも有効です。事実上のサービス残業を強いることも許されません。

　また、会社は労働者の労働時間を適正に管理しなければ、労働基準監督署による指導の対象となる場合があります。労働時間を把握するには、経営者や上司など労働者を管理する者が直接労働者の労働時間を現認する（見て確認する）という方法があります。現認が難しい場合は、タイムカードやICカードによる客観的な記録方法によって労働時間を把握しましょう。

固定残業手当

人件費の予算管理を効率化できる

■ 固定残業手当とは何か

　残業手当を固定給に含め、残業の有無にかかわらず、毎月定額を固定残業手当として支払う会社も少なくありません。このような固定額による残業代の支払いを適法に行うには、①基本給と固定残業手当を明確に区分する、②固定残業手当には何時間分の残業時間を含むのかを明確にする、③固定残業手当に含まれる残業時間を超過した場合は別途割増賃金を支給する、という3つの要件をすべて満たす必要があります。

　その上で、事業場の就業規則（賃金規程）を変更しなければなりません。変更した就業規則を従業員に周知することも必要で、固定残業手当の導入には、支給の経緯、実態から見て「定額手当＝残業代」と判断できなければなりません。

■ なぜこのような手当を設けるのか

　固定残業手当の導入による一般的なメリットとしては、不公平感の解消です。同じ仕事を残業なしでこなす従業員Aと、残業を10時間してこなす従業員Bとの間では、通常の残業手当の考え方だとAにとって不公平に感じられますが、固定残業手当では公平感があります。また、固定残業時間以内であれば、実際に残業が発生しても追加の人件費が発生しないため、年間の人件費のおおまかな見積が可能なこともメリットとなります。

　企業側にとっては、固定残業手当を導入することで、給与計算の手間が大幅に削減されます。もっとも、導入に際して従うべきルールが複雑であることも事実です。

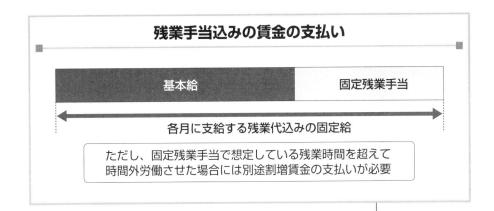

残業手当込みの賃金の支払い

基本給	固定残業手当

各月に支給する残業代込みの固定給

ただし、固定残業手当で想定している残業時間を超えて
時間外労働させた場合には別途割増賃金の支払いが必要

■ どのくらいが目安なのか

　労働基準法では、時間外労働・休日労働を行わせるためには、三六協定を締結することが必要です。三六協定で設定できる時間外労働の限度時間は、1か月あたり45時間、1年あたり360時間です（135ページ）。そうなると必然的に1年あたりの限度時間の12分の1、つまり月30時間分の残業代が固定残業手当の上限となると考えられます。

　ただし、固定残業手当は「これさえ支払っていれば、もう残業代（時間外手当）が不要となる」という便利手当ではありません。想定する残業時間を超えた場合は、別途残業代を支払わなければなりません（上図）。逆に残業がなかったときに、固定残業手当を支払わないとすることは許されません。

　なお、固定残業手当を採用する会社においては、賃金を支払う場面においても、注意しなければならない点があります。会社が固定残業代を含めて支払う賃金を見ると、最低賃金を超えた金額を労働者に支払っているように思える場合であっても、固定残業手当にあたる部分を除くと、実際には基本給の部分が最低賃金を下回っているというケースがあります。

基本給と割増賃金の区分

固定残業手当について、基本給と固定残業手当の区分は、従業員が本来支給されるはずの残業代が給与に含まれているのか否かを確認する手段として重要である。従業員に支払った固定残業手当が実際の残業時間で計算した残業代を明確に下回るときには、その差額の支払いを労働者から請求される可能性もあるため、注意が必要になる。

年俸制

年俸制でも時間外労働の割増賃金は支払われる

■ どんな制度なのか

年俸制とは、まず1年間の給与（賞与を含める場合もあります）の総額を決定し、その12分の1、あるいは16分の1（仮に賞与を4か月分と設定する場合）を毎月支給するという賃金体系です。労働基準法上の制約もあるため、重要なポイントは把握しておく必要があります。

① **賃金の支払方法について**

1年単位で賃金総額が決まるとはいっても、労働基準法24条で毎月1回以上、一定期日の賃金支払いが要求されているため、最低でも月1回、特定の日に賃金を支払わなければなりません。ただし、賞与支払月に多く支払うことはできます。

② **時間外労働の割増賃金について**

年俸制を導入すれば、時間外労働の割増賃金を支払う必要がない、と勘違いしている使用者が少なくありません。しかし、年俸制では毎月支給される金額が1か月分の基本給となり、時間外労働をした場合には、この1か月分の基本給をベースに割増賃金を支払わなければなりません。つまり、年俸制を導入する場合であっても、時間外・休日・深夜の労働に対する割増賃金は必要です。

そして、使用者が年俸制を導入する場合、年俸額の内訳は基本給だけなのか、一定時間分の残業手当（固定残業手当）を含んでいるのかを明確にする必要があります。

もっとも、毎月の給与額が残業手当により増減があると、年俸制にした意味合いがなくなることから、固定残業手当の制度

年俸制と割増賃金基礎額

年俸制を採用している会社で、従業員が法定労働時間（1日8時間、1週40時間が原則）を超える労働を行った場合、25％以上の割増率を加えた賃金の支払いが必要である。
そして、割増賃金基礎額（1時間当たりの賃金）の算定には、役職手当、資格手当、業務手当、皆勤手当、支給額が確定している賞与などが含まれる。

年俸制導入の注意点

本文記載のように、年俸制は残業代を節約できる制度とは限らない。業種・職種によっては、導入することが不適当なケースもあるため、業種や従業員の就業実態などを考慮して導入を検討していく必要がある。

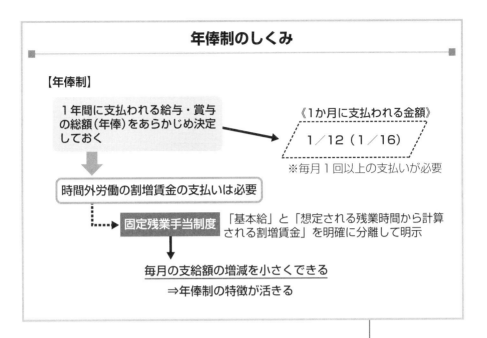

年俸制のしくみ

【年俸制】

1年間に支払われる給与・賞与の総額（年俸）をあらかじめ決定しておく

《1か月に支払われる金額》

1／12（1／16）

※毎月1回以上の支払いが必要

時間外労働の割増賃金の支払いは必要

固定残業手当制度 「基本給」と「想定される残業時間から計算される割増賃金」を明確に分離して明示

毎月の支給額の増減を小さくできる
⇒年俸制の特徴が活きる

が用いられることが多いようです（136ページ）。年俸制の金額を設定するときに、純然たる基本給の部分と、想定される残業時間から計算された固定残業手当の部分を明確に分離して従業員に明示します。もちろん、想定する残業時間を超過した場合には、別途残業手当が必要になりますが、それによる給与額の増加はあまり多くならないと思われます。

■ どのように取り扱うべきなのか

労働基準法では、給与計算期間ごとに残業時間を集計して、次の賃金支払日に残業手当を支払うよう求めています。固定残業手当は例外的な処理です。

ただし、固定残業手当が想定している残業時間を超えて残業を行わせたときは、別途残業手当の支払が必要になりますので、年俸制は決して残業代を直接的に節約できる制度ではありません。

割増賃金の支払いが不要になる場合

管理監督者に該当して労働時間の規制が適用除外とされる場合や、裁量労働制や事業場外みなし労働時間制の「みなし労働時間」の適用を受ける場合などは、一定の要件の下で時間外・休日の労働に対する割増賃金は不要になる（深夜労働に対する割増賃金は必要である）。

欠勤・遅刻・早退の場合の取扱い

働かなかった部分から給与を控除する

■ ノーワーク・ノーペイの原則とは

給与は労働者の労働力の提供に対して支払われるため、体調不良などの理由により労働者が仕事を休んだ場合、使用者は、その休んだ日数分の給与を支払う必要はありません。これを「ノーワーク・ノーペイの原則」といいます。

ノーワーク・ノーペイの原則に基づく控除額について、労働基準法では特に定めを置いていないため、実際に休んだ分の賃金を超えない範囲内で、各会社で独自にルールを定めることになります。実務上は就業規則や賃金規程に規定を置き、それに従って控除額を算出しています。

一般的な控除額の算出方法としては、「月給額÷1年間の月平均所定労働日数×欠勤日数」で算出する方法をとっている会社が多いようです。遅刻や早退などで1時間あたりの控除額を算出する場合は、「月給額÷1年間の月平均所定労働日数÷1日の所定労働時間」で控除額を求めます。

また、「月給額÷該当月の所定労働日数×欠勤日数」で算出することにしている会社もあります。ただ、この方法で計算する場合は、毎月控除額が変わるため、給与計算処理が面倒になるというデメリットがあります。控除額を計算する際、給与を構成するどの手当を含めて控除額を計算するのか、という点についても賃金規程などで定める必要があります。

なお、就業規則の定めにより、職場の規律に違反した労働者に対し、制裁として給与を減額する方法があり、これを減給といいます。ただ、給与は労働者の生活を維持するための重要な

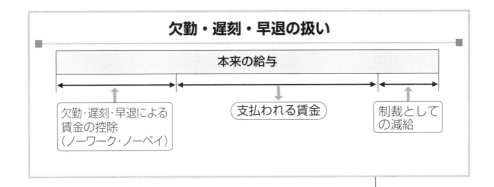

欠勤・遅刻・早退の扱い

本来の給与

欠勤·遅刻·早退による
賃金の控除
(ノーワーク·ノーペイ)

支払われる賃金

制裁として
の減給

ものですから、減給の制裁による控除額には、一定の制限があります（労働基準法91条）。

■ 労働者が欠勤・遅刻・早退した場合の控除

　ノーワーク・ノーペイの原則に基づき、労働者が欠勤・遅刻・早退した場合には、その分を給与から控除することができます。

　具体例で計算してみましょう。たとえば、Aさんは、今月、欠勤を1日、遅刻を3時間したとします。Aさんの会社は、1年間の月平均所定労働日数は20日で、1日の所定労働時間は8時間であり、控除額を計算するときは、基本給だけを対象としている会社であったとしましょう。Aさんの基本給が220,000円であり、欠勤1日につき1年間の月平均所定労働日数分の1日を控除するという方法をとる場合、欠勤分の控除額と遅刻分の控除額を別々に算出することになります。

　まず、欠勤した分の控除額を求めます。220,000円÷20日×1日＝11,000円が1日分の控除額になります。続いて、遅刻した分の控除額を計算します。1時間あたりの控除額は1日あたりの控除額を所定労働時間で割って求めます。つまり、11,000円÷8時間×3時間＝4,125円が遅刻3時間分の控除額です。したがって、Aさんの今月の給与から控除される額は、11,000円＋4,125円＝15,125円　ということになります。

減給の制裁の制限

減給については「1回の額が平均賃金の1日分の半額を超え、総額が1賃金支払期における賃金の総額の10分の1を超えてはならない」という控除額の制限がある。

休日と休暇の違い

労働基準法は最低限必要な休日を定めている

■ 「週1日の休日」が原則

労働基準法は「使用者は、労働者に対して、毎週少なくとも1回の休日を与えなければならない」と定めています。この「週1日の休日」を法定休日といい、それ以外の休日を所定休日といいます。労働基準法は法定休日の曜日を指定していませんが、曜日を決めて法定休日とするのが望ましいといえます。多くの会社では、就業規則の中で「何曜日（たいていは日曜日）を法定休日にする」と決めています。

もっとも、現在では週休2日制が一般的です。労働基準法は週休1日制を採用しており、週休2日制にすべきとは規定していません。しかし、1日8時間労働であれば5日で40時間です。1週40時間制の労働基準法は週休2日制をめざしていくという考え方に基づいています。

法定休日について、会社は労働者に毎週1日以上の休日を与えるのではなく、4週を通じて4日以上の休日を与えるとする制度をとることもできます。これを変形週休制といいます。変形週休制は休日のない週があってもよく、結果として労働者に4週で4日以上の休日が与えられていればよいというものです。

■ 法定休日の労働は禁止されている

法定休日の労働を休日労働といい、休日労働は原則禁止されています。「1週で1日」または「4週で4日」の法定休日は、労働者が人間らしい生活をするために最低限必要なものだといえるからです。一方、週休2日制を採用している場合、2日の

休日の曜日変更

就業規則で休日の曜日を決めている場合、それが労働契約の内容となるため、使用者は勝手に休日の曜日を変更できない。

変形週休制

たとえば、法定休日について、第1週1日、第2週ゼロ日、第3週2日、第4週1日という変形週休制の採用が可能である。変形週休制の場合、「4週で4日の休日」が法定休日ということになる。

休日についてのルール

休日の定め

①週1回以上の休日を与えなければならない → 例外として、4週を通じて4日以上の休日を与えることもできる（変形週休制）

②法定休日の労働を命じることはできない → 例外として、災害などの避けられない事情によって臨時の必要がある場合や、三六協定を結んだ場合は、休日労働が許される（128ページ）

※法定休日とは「週1日の休日」または「4週4日の休日」（変形週休制を採用する場合）のこと。

↓

ただし、割増賃金を支払わなければならない

休みのうち1日は法定休日ではなく所定休日ですから、所定休日とされる日に仕事をさせても、原則禁止されている休日労働には該当しません。

使用者は、休日労働について割増賃金の支払義務が生じますが（労働基準法37条）、たとえば、週休2日制を採用する場合の土曜日のように、就業規則で所定休日としている日の労働については、休日労働としての割増賃金の支払義務はありません（時間外労働としての割増賃金の支払義務が生じることはあります）。

■ 休暇とは

労働者の申し出により労働が免除される日を休暇といいます。たとえば、慶弔休暇、夏期休暇、年末年始休暇などです。取得できる休暇は就業規則などで定めます。労働基準法が規定する休暇は「年次有給休暇」です（146ページ）。有休や年休とも呼ばれています。また、大企業を中心に導入が検討されている休暇として、裁判員休暇があります。

裁判員休暇

裁判員となった人は、平日昼間に行われる公判に出席するため、3〜5日程度、裁判所に行かなければならず、会社を休む必要がある。

振替休日と代休の違い

代休には割増賃金の支払義務がある

■ 振替休日や代休とは何か

使用者が労働者に休日労働をさせた場合、使用者は35%以上の割増率を加えた割増賃金の支払いが必要ですが、その際に振替休日と代休の区別が重要になります。

振替休日とは、就業規則などで法定休日が決まっている場合に、事前に法定休日を他の労働日と入れ替え、代わりに他の労働日を法定休日とすることです。

一方、代休とは、法定休日に労働させたことが前提で、使用者がその労働の代償として事後に与える休日のことです。この場合、使用者には法定休日の労働に対して割増賃金の支払義務が生じるものの、代休を与える義務はありません。

たとえば、使用者と労働者との間で、日曜日を出勤日にする代わりに木曜日を法定休日にする、という休日の交換を事前に取り決めていたとします。この場合、交換後の休日になる木曜日が「振替休日」となります。そして、出勤日になる日曜日は通常の労働日と同じものと扱われますので、通常の賃金が支払われます。たとえば、1時間あたり1000円の労働者Aが8時間労働した場合、「1000円×8時間＝8000円」の賃金が支払われます。一方、木曜日は本来の法定休日であった日曜日との交換に過ぎませんので、賃金は発生しません。

これに対し、事前の休日の交換なく日曜日に出勤して、代わりに木曜日が休日になった場合、日曜日の労働は休日労働として割増賃金（35％増）が支払われます。たとえば、上記の労働者Aの場合は、「1000円×8時間×1.35＝10800円」が支払われ

振替休日と代休の違い

	振替休日	代休
意味	あらかじめ法定休日と労働日を交換すること	・法定休日に労働させ、事後に代わりの休日を与えること ・使用者には代休を与える義務はない
賃金	休日労働にはならないので通常の賃金の支払いでよい	休日労働になるので割増賃金の支払いが必要
要件	・就業規則等に振替休日の規定をする ・振替日を事前に特定 ・振替日は法定休日を確保できる範囲内 ・遅くとも前日の勤務時間終了までに通知	・特になし。ただし、制度として行う場合には就業規則などに具体的に記載が必要

ます。一方、日曜日の労働の「代休」となる木曜日は、賃金が支払われません（ノーワークノーペイの原則）。

■ 振替休日にするための要件

　休日を入れ替えた日を振替休日にするには、①就業規則などに「業務上必要が生じたときには、休日を他の日に振り替えることがある」という規定を設けること、②事前に休日を振り替える日を特定しておくこと、③遅くとも前日の勤務時間終了までに当該労働者に通知しておくこと、という要件を満たすことが必要です。使用者が振替命令を出すには、あらかじめ就業規則などに規定しておくか、または労働者が事前に同意していることが必要です。さらに1週1日または4週4日の法定休日が確保されていることも必要です。

　また、割増賃金の支払をめぐりトラブルになることがあるので、休日勤務届出書、代休請求願などの書面を利用して、労働日数の管理を徹底させることも必要です。

年次有給休暇

全労働日の８割以上出勤すると有給休暇がとれる

**年次有給休暇の
目的**

年次有給休暇は、労働者が心身ともにリフレッシュし、新たな気持ちで仕事に向かっていけるようにすることにある。有給休暇をとるのは労働者の権利であり、使用者（会社）は、労働者が安心して有給休暇を取得できるような職場環境を作らなければならない。

**不利な取扱いの
禁止**

使用者は、労働者が有給休暇を取得したことを理由にして、賃金や査定で労働者にとって不利な取扱いをしてはいけない。

**「全労働日の８割」
の算出について**

「全労働日の８割」を計算するにあたって、以下の場合は出勤したものとみなされる（労働基準法39条10項）。
① 業務上の負傷または疾病による療養のために休業した期間
② 産前産後の休業期間
③ 育児・介護休業法による育児休業・介護休業の期間
④ 有給休暇をとった日

■ 年次有給休暇とは

　年次有給休暇とは、労働者が申し出て取得する休みのうち、給料（賃金）の支払いが保障された休みです。一般に「有給休暇」「年休」「有休」などと略して呼ばれます。労働基準法は年次有給休暇の積極的な活用を推進しています。

　有給休暇の権利（年休権）は、①入社時から付与日まで（最初の有給休暇は入社時から６か月以上）継続して勤務していること、②付与日の直近１年（最初の有給休暇は入社時から６か月）の全労働日の８割以上出勤したこと、という２つの条件を満たすことで、定められた日数の有給休暇が自動的に付与されます。労働者が有給休暇を取得する際は「いつからいつまで有給休暇をとります」と具体的に休暇時期を使用者に申し出るだけで十分です。原則として労働者が使用者に申し出た日が、そのまま有給休暇の取得日になります（時季指定権）。

■ 有給休暇日数の決定方法

　年次有給休暇は、労働者の継続勤務年数に応じて優遇されていく（日数が増えていく）システムになっています（労働基準法39条１項～３項）。前述した①②の要件を満たすと、最初の６か月を経過した段階で10日間の年次有給休暇が与えられ、１年６か月を経過すると11日、２年６か月で12日となり、１日ずつ増えていきます。そして３年６か月経過した段階から２日ずつ加算され、最大20日間与えられます。６年６か月を経過した時点で上限の20日に到達します（次ページ図）。

有給休暇取得日数

労働日数 　　　　　　　　継続勤務年数	0.5	1.5	2.5	3.5	4.5	5.5	6.5 以上
①通常の労働者（週の所定労働日数が5日または週の所定労働時間が30時間以上の労働者）	10	11	12	14	16	18	20
②週の所定労働時間が30時間未満の労働者							
週の所定労働日数が4日または1年の所定労働日数が169日～216日までの者	7	8	9	10	12	13	15
週の所定労働日数が3日または1年の所定労働日数が121日～168日までの者	5	6	6	8	9	10	11
週の所定労働日数が2日または1年の所定労働日数が73日～120日までの者	3	4	4	5	6	6	7
週の所定労働日数が1日または1年の所定労働日数が48日～72日までの者	1	2	2	2	3	3	3

■ 基準日の設定と分割付与

　入社日は労働者ごとに異なることも多く、個々の労働者に応じて休暇の付与を行うと、付与日数や消化日数の管理が複雑になります。そのため、年休を付与する「基準日」を設定し、管理上の負担を軽減するという「斉一的取扱い」を取ることが認められています。実務上は、毎年4月1日または10月1日を基準日として、その基準日に全労働者に対して一斉に年休を付与するケースが多いようです。

　また、新入社員など初年度の労働者については、法定の年次有給休暇の付与日数を一括して与えずに、その日数の一部を法定基準日（労働基準法に規定に基づいて年休が付与される日）以前に付与することもできます（分割付与）。

　ただし、斉一的取扱いや分割付与をするためには、①年次有給休暇の付与要件である8割出勤の算定において、短縮された期間は全期間出勤したとみなすこと、②次年度以降の年次有給

有給休暇の時効

取得した有給休暇は、翌年に繰り越すことができるが、2年で時効消滅することに注意が必要である（労働基準法115条）。

**年休を前倒しで
付与する場合**

前倒しで年休を付与する分、会社が全労働者に与える年休の日数が増えるので、斉一的取扱いや分割付与の導入は慎重に検討することが必要である。

時季変更権

判例の中には、会社の命令（時季変更命令）を無視して1か月の連続した有給休暇を取得した社員を解雇した事件で、会社の正当性を認め、解雇無効の訴えを退けたものがある。ただし、単に人手不足である、業務が忙しいという理由だけで、会社が時季変更権を行使することは許されない。

計画年休

計画年休の付与の方法は、①事業場全体の休業による一斉付与方式、②グループ別の付与方式、③年休付与計画表による個人別付与方式、の3つがある。計画年休を活用すると、使用者側は年休の日程を計画的に決めることができるというメリットがある一方、労働者側にとっても、忙しい場合や、年休を取得しにくい職場の雰囲気の中でも年休がとりやすくなり、年休の取得率が向上し、労働時間の短縮につながるというメリットがある。ただし、取得したい日を自由に有給休暇に指定できなくなるというデメリットもある点に注意が必要である。

休暇の付与日も、初年度の付与日を法定基準日から繰り上げた期間と同じまたはそれ以上の期間を法定基準日より繰り上げること、という要件を満たすことが必要です。

なお、平成30年成立の労働基準法改正で、10日以上の年休が付与されている労働者に対して、使用者は、法定基準日から1年以内に、時季を指定して5日以上の有給休暇を与えることが義務付けられました（斉一的取扱いによる基準日を設定している場合は、その基準日から1年以内に5日以上の有給休暇を与えることが必要です）。ただし、労働者の時季指定による有給休暇の日数分や計画年休の日数分については、使用者の時季指定義務が発生しません。

■ 使用者は時季変更権を行使できる

会社からすれば、忙しい時に労働者に一斉に年休をとられたのでは困る場合があります。そこで労働基準法は、両者の調整を図り、労働者が請求した時季に有給休暇を与えると事業の正常な運営に支障をきたす場合、使用者は他の時季に振り替えて与えることを認めています。これを時季変更権といいます。

事業の正常な運営に支障をきたすかどうかは、労働者の所属する事業場を基準に、事業の規模・内容、当該労働者の担当する作業の内容・性質、作業の繁忙、代行者の配置の難易、他の年休請求者の存在など、総合的に考慮して判断します。

■ 計画年休を導入する際の注意点

年休（年次有給休暇）は、労働者が自分の都合にあわせて休暇日を自由に指定できますが、例外的に年休のうち5日を超える分（たとえば、年休を13日取得する権利のある労働者は8日間）について、使用者が労働者個人の意思にかかわらず、労使協定で有給休暇の日を定めることができます（年休の計画的付与・計画年休）。計画年休を導入するには、書面による労使協

計画年休制度

年次有給休暇（年休）

← 5日間 → ← 計画年休 →

使用者と労働者代表との書面による協定が必要

労働者の時季指定権、使用者の時季変更権

あり　　　　　　　なし

定（過半数組合がある場合にはその労働組合、過半数組合がない場合には労働者の過半数代表者との書面による協定）の締結が必要ですが、労使協定の届出は不要です。

　労使協定により年休の計画的付与を決めた場合、労働者側・使用者側ともに、その決めた取得時季を変更できません。

■ 年休の買上げができる場合

　使用者が年休を労働者から買い上げる（労働者に金銭を支払う）ことで、労働者が有給休暇を取得したものとし、買い上げた分の年休の日数を減らして、労働者から請求された日数の有給休暇を取得させないことは、有給休暇をとることで労働者が休養をとり、心身の疲労を回復させるという制度趣旨に反し、原則として、労働基準法違反になります。

　ただし、使用者が年休を買い上げたとしても、労働者にとって不利益が生じないので、例外的に許される場合もあります。

① 取得後2年が経過しても未消化の日数分

② 退職する労働者が退職する時点で使い切っていない日数分

③ 法定外に付与した日数分

**時間単位の有給
休暇**

労働者が時間単位で有給休暇を取得する制度のこと。有給休暇を時間単位で取得できるようにする条件として、①労使協定を締結すること、②日数は年に5日以内とすること、③時間単位で取得することを労働者が希望していること、が必要。時間単位の有給休暇を与える手続きは、当該事業場に過半数組合があるときはその労働組合、それがないときは過半数代表者と使用者との書面による協定によって内容を定めなければならない（労働基準法39条4項）。労使協定で定める時間単位の設定については、1時間に満たない端数が生じる単位（分単位など）で取得することや、1日の所定労働時間を上回る時間数を取得単位とすることはできない。

休職

使用者が行う一定期間の労働義務を免除する処分のこ
とである

■ 休職にはどんな意味があるのか

　休職とは、労働者に一定の事由がある場合に、使用者が労働
契約を維持した状態のまま、業務に就くことを免除または禁止
することをいいます。なお、休業という言葉も、文字どおりに
言うと「業務を休むこと」ですが、労働基準法をはじめとする
法律の規定に基づき、業務に就くことを免除または禁止される
ことを指します。一般的には、法律の規定以外の事由によって、
長期間にわたり会社を休むことを休職と呼んでいます。

　休職には、①使用者側の命令によるもの、②労働者側の申し
出によるもの、③それ以外の事情によるものがあります。

① 労働者側の事情による休職

　労働者側の申し出によるものとしては、産前産後休業、育児
休業、介護休業など法律に定められた休業と、労働者個人の私
的な事情による休職があります。労働者側が自らの事情で休職
を申し出る場合、その事由には次のようなものがあります。

・私傷病による休職

　業務以外の原因による病気やケガによって労働者が働けなく
なった際に、一定期間会社を休むことを許し、一定期間内に回
復しなければ労働者を退職扱いにするという制度です。

・私事による休職

　留学や実家の家業を手伝うなど家庭の事情がある、議員など
公職に就任した、組合専従になった、などの事由で労務の提供
が不能になった場合に休職を認める制度です。

**その他の事情に
よる休職**

本文記載の、③それ以
外の事情による休職の
例としては、大震災や
水害によるやむを得な
い休職など、双方の責
任によるものとはいい
がたい事情によって休
職する場合がある。

私傷病による休職

病気やケガによって勤
務ができなくなった労
働者について、私傷病
休職制度があるのに、
その制度を利用させず
に解雇した場合には、
解雇権の濫用として解
雇自体が無効になる可
能性が高い。

**業務の停止によ
る休業・休職**

業務の停止による休
業・休職について、使
用者側の責任による場
合は、業務停止中の休
みは休業手当が必要な
休業にあたる。しかし、
天変地異やストライキ
など使用者側の責任に
よらない場合は、その
休みは休業手当が不要
である休業にあたる。

休職の種類

私傷病休職	業務外の負傷・疾病で長期間休業する場合
起訴休職	刑事事件で起訴された社員を一定期間休職させる場合
懲戒休職	従業員が不正行為を働いた場合
出向休職	他社への出向に伴い、自社を休職する場合
専従休職	労働組合の役員に専念する場合
自己都合休職	海外留学や議員など公職への就任に伴う場合
ボランティア休職	ボランティア活動で休職する場合

② 使用者側の事情による休職

使用者側の事情によるものとしては、①業務災害（184ページ）など法律に定められた休業、②業務の停止による休業・休職（経営上の事情による操業停止など）、③業務命令による休職があります。③の休職は、出向・研修などを命じる場合、就業規則違反をした者に懲戒を加える場合、刑事事件を起こして起訴された場合（起訴休職）などがあります。

■ 休職後の取扱いについて

休職期間中に休職事由がなくなれば、休職は終了して職場復帰となります。また、休職期間が満了したときも職場復帰となります。復職について会社は理由なく拒むことはできません。

復職をめぐっては労使間のトラブルが多いことから、休職事由消滅の際の取扱い、休職期間満了後の取扱い（復職手続き、休職期間の延長、退職や解雇の要件など）について、就業規則や私傷病休職取扱規程などで明確にしておくことが望ましいといえます。最近では、特に、精神疾患者の私傷病休職を考慮した規定が重視されています。

企業が必要と認める場合の休職制度を置いておく

「企業が必要と認めた場合には労働者は休職可能である」という内容の休職制度を設けることは可能である。このような内容の休職制度を設けることで、予期できないトラブルが発生した場合でも、企業側の判断によって労働者に休職制度を利用してもらうことができる。これにより、企業が必要だと考えればいつでも労働者は休職制度を利用することができる。このような休職制度を設ける場合、通常は待遇や休職期間についても、企業側で決めることができるような制度にしておくケースが多い。

PART2
24
休業手当

働き方改革に対応した労務管理の法律知識

使用者の責任で従業員が就業できなかったときに支払われる

■ 休業手当とは

法律の規定に基づく休業について、その休業が使用者の責任により発生した場合、使用者は休業期間中、労働者に対し、その平均賃金の60％以上の手当を支払わなければなりません（労働基準法26条）。これを休業手当といいます。

休業とは、労働義務がある時間について、労働者が労務提供できるにもかかわらず労働することができないものです。労働者が、労働に従事する義務をそもそも負わない休日とは、まったく異なる概念であることに注意が必要です。

休業手当の支払義務が発生する休業理由として、①工場の焼失、②機械の故障・検査、③原材料不足、④流通機構の停滞による資材入手難、⑤監督官庁の勧告による操業停止、⑥経営難による休業、⑦違法な解雇などが挙げられます。

「60％」というのは、あくまで労働基準法に規定された最低額ですので、就業規則などによって60％を超える休業手当を支払うことを規定している場合は、その規定に従います。休業手当の支払いに際しては雇用調整助成金の利用を検討するのがよいでしょう。雇用調整助成金とは、経済上の理由による企業収益の悪化で、事業活動の縮小を迫られた事業主（使用者）が、労働者を一時的に休業、教育訓練または出向をさせた場合に、必要な手当や賃金等の一部を助成する制度のことです。

なお、休業手当支払義務は、使用者の合理的な理由のない違法な解雇（上記の⑦）についても適用されるため、解雇が無効となり、かつ解雇を争っている間の期間中については平均賃金

民法上の使用者の責任による休業に関する規定

民法では、使用者の責任による休業の場合、労働者に「賃金全額」の請求権があると規定しているため、休業手当は労働者の権利を狭めているようにも見える。しかし、休業手当の不払いは刑事罰の対象となり、さらに最低60％を労働者に確保している点で重要な意味をもつ。また「使用者の責任」となる事由についても、労働基準法は民法よりも広く認めている。

休業手当

休業手当も賃金に含まれるため、賃金支払いの5原則（124ページ）が適用される。

平均賃金

有給休暇を取得した場合など、何らかの事情で労働しなかった期間であっても、賃金が支払われることがある。この場合、その期間の賃金額は、労働基準法の規定に基づいて1日の賃金額を算出し、その額に期間中の日数を乗じた額とすることになっている。その基準となる1日の賃金額を平均賃金と呼ぶ。

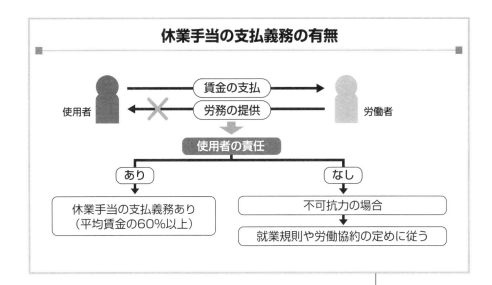

休業手当の支払義務の有無

賃金の支払 →
使用者 ← 労務の提供 労働者

使用者の責任

あり
休業手当の支払義務あり
（平均賃金の60％以上）

なし
不可抗力の場合
就業規則や労働協約の定めに従う

の60％以上の休業手当を労働者に保障しなければなりません。

■ 派遣労働者の場合の休業手当

　派遣中の労働者については、派遣元と派遣先が存在します。休業手当についてどちらで判断することになるのでしょうか。派遣労働者の場合、派遣先ではなく、雇用主である派遣元を「使用者」として、その帰責事由の有無が判断されます。

■ 1日の一部だけ休業した場合

　1労働日が全休となった場合の他、1労働日の所定労働時間の一部が休業となった一部休業の場合も、休業手当の支払義務が生じます。休業手当は、1労働日についてまったく就労しなくても平均賃金の60％以上を保障するため、1労働日について就労した時間の割合で賃金が支払われたとしても、それが平均賃金の60％未満である場合は、60％との差額を休業手当として支払う必要があります。

**休業の原因が
不可抗力の場合**

本文記載のように、休業手当が支払われるには「使用者の責めに帰すべき事由」が必要である。したがって、天災事変などの不可抗力に該当し、休業の帰責事由が使用者になく、その場合における支払義務を定めた就業規則等もないときは、休業手当の支払いは任意となる。

育児休業

労働者が子を養育するためにする休業制度

**期間雇用者が
育児休業の対象
となる場合**

以下の①②の双方の要
件を満たす期間雇用者
（期間を定めて雇用さ
れる労働者）について、
事業主は、その申し出
により育児休業を与え
る義務が生じる。
① 申し出時点で過去
1年以上継続して雇用
されていること
② 子が1歳6か月に
達するまでの間に雇用
契約がなくなるこが明
らかでないこと

**労使協定による
対象労働者からの
除外**

労使協定に基づいて、
以下の①～③のいずれ
かに該当する労働者
（期間雇用者か否かを
問わない）を育児休業
の対象から除外できる。
① 継続雇用期間が1
年未満の者
② 育児休業申し出の
日から1年以内（1歳
6か月までおよび2歳
までの育児休業の延長
申し出をする場合は6
か月以内）に雇用関係
が終了することが明ら
かな者
③ 週所定労働日数が
2日以下の者
上記の労働者は、育児
休業の対象外とする労
使協定がある場合、育
児休業の申し出をして
も、事業主から拒否さ
れることがある。

■ どんな制度なのか

　育児と仕事を両立できるように整備されたしくみのひとつが、育児・介護休業法が規定する育児休業制度です。育児休業期間中、労働者は労務提供義務が免除され、事業主（使用者）はその期間の賃金支払義務が原則免除されます。育児休業期間中は、雇用保険の「育児休業給付金」により、育児休業開始時賃金月額の67％（休業開始から6か月経過後は50％）が支給されます。また、産前産後休業期間中は、健康保険から月給日額の3分の2相当額の「出産手当金」が支給されます。

　労働者（日雇い労働者を除く）は、1歳未満の子を養育している場合、男女を問わず、事業主に申し出ることにより育児休業を取得できます。事業主は、育児休業の申し出を拒むことができません。育児・介護休業法に定める要件を満たす労働者は、雇用関係を維持しながら育児休業を取得できるのです。

　育児休業の対象となる子は、労働者と法律上の親子関係があれば実子・養子を問いません。また、特別養子縁組の監護期間中の子や、養子縁組里親に委託されている子などを養育する場合でも、育児休業の取得が可能です。

　育児・介護休業法に基づく育児休業の期間は、原則として、出生から「子どもが1歳に達する日（民法の規定により1歳の誕生日の前日）まで」の1年間です。男性の場合は、上記の原則が適用され、出生した日から1年間となります。

　一方、女性の場合は、労働基準法に基づき、出産後8週間の「産後休業」を取得しますので（171ページ）、産後休業の終了

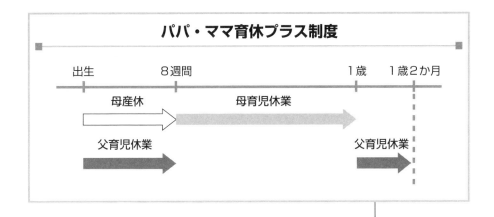

パパ・ママ育休プラス制度

出生　　8週間　　　　　　　　　　1歳　1歳2か月

母産休　　　　母育児休業

父育児休業　　　　　　　　　　　　　　父育児休業

後（終了日の翌日）から育児休業をすることになります。

　また、事業主は、労働者が仕事と育児を両立できるようさまざまな支援を行っていくことも必要です。たとえば、労働者やその配偶者が妊娠・出産することを知った場合は、当該労働者に個別に育児休業に関する制度を周知したり、育児に関する目的で利用できる休暇制度（配偶者出産休暇など）を設けたりするなどの努力が求められています。

■ 育児休業を延長できる場合

　育児・介護休業法においては、子が1歳に達する時点で、保育所に入所できない等の特別な事情がある場合、事業主に申し出ることで、子が1歳6か月に達するまでを限度に育児休業の延長が可能です。ただし、子の1歳の誕生日の前日に、父母のどちらかが育児休業中であることが必要です。

　さらに、子が1歳6か月に達する時点でも、保育所に入所できないなどの特別な事情がある場合は、同条件で子が2歳に達するまでを限度に育児休業の再延長が可能です。なお、これにより育児休業を延長する場合、「育児休業給付金」の支給期間も延長されることになります。

パパ休暇

通常、育児休業は1人の子につき原則1回だが、出産後8週間以内に父親が育休を取得した場合は、再度育休を取得できる。

パパ・ママ育休プラス

父母がともに育児休業を取得する場合で、一定の要件を満たすときは、子の年齢を「1歳まで」から「1歳2か月まで」に延長して育児休業を取得できる。ただし、父母がそれぞれ取得できる育児休業期間の上限は、原則として1年間。

■ いつまでに申し出るのか

　子が1歳までの育児休業の場合、原則として育児休業を開始しようとする日の1か月前までに事業主に申し出なければなりません。ただし、以下の①〜⑥の「特別の事情」が生じた場合には、1週間前の申し出で取得できます。

① 出産予定日前に子が生まれたとき

② 配偶者が亡くなったとき

③ 配偶者が病気、ケガにより養育が困難になったとき

④ 配偶者が子と同居しなくなったとき

⑤ 子が負傷、疾病または心身の障害により2週間以上の世話が必要なとき

⑥ 保育所に入所申請をしたが当面入所できないとき

■ 育児休業取得の際に申し出る事項

　育児休業を取得するときは、①申し出の年月日、②労働者の氏名、③子の氏名・生年月日・労働者との続柄（出産前の場合は、出産予定者の氏名・出産予定日・労働者との続柄）、④休業開始予定日および休業終了予定日を事業主に申し出なければなりません（必須事項）。

　その他、労働者の事情によっては、追加で申し出が必要になる事項もあります。

　なお、前述した「特別の事情」がなくても、労働者側の事情により直前に育児休業を申し出る場合もあります。つまり、1か月前よりも遅れて申し出が行われても、育児休業が取得できるしくみが用意されています。この場合は、事業主が職場における代替要員の確保などさまざまな対応を行うための準備期間を考慮して、事業主は、労働者の休業開始日を指定できますが、原則として申し出があった日の翌日から3日後までに、労働者に対して休業開始日を指定した書面を交付しなければなりません。

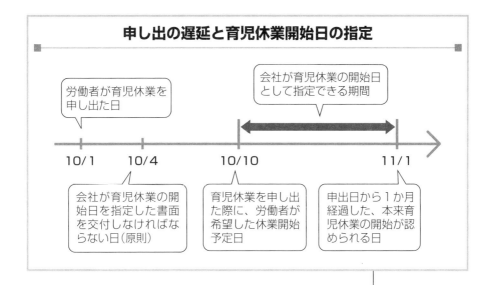

申し出の遅延と育児休業開始日の指定

労働者が育児休業を申し出た日

会社が育児休業の開始日として指定できる期間

10/1　　　10/4　　　　　10/10　　　　　　　　　11/1

会社が育児休業の開始日を指定した書面を交付しなければならない日（原則）

育児休業を申し出た際に、労働者が希望した休業開始予定日

申出日から1か月経過した、本来育児休業の開始が認められる日

■ 開始予定日や終了予定日の変更

　育児休業期間の確定後、次の事情がある場合には、1週間前までに申し出ることで、1回に限り育児休業の開始予定日の繰上げ変更が無条件で認められます。

① 出産予定日前に子が生まれたとき

② 配偶者が亡くなったとき

③ 配偶者が病気、ケガにより養育が困難になったとき

④ 配偶者が子と同居しなくなったとき

⑤ 子が負傷、疾病または心身の障害により2週間以上の世話を必要とするとき

⑥ 保育所に入所申請をしたが当面入所できないとき

　また、終了予定日の1か月前まで（1歳に達するまでの育児休業の場合）に申し出ることで、1回に限り育児休業の終了予定日の繰下げ変更が無条件で認められます。一方、事業主は、育児休業期間を事後に短くする変更（開始予定日の繰下げ、終了予定日の繰上げ）の申し出については、変更に応じる義務はありません。

> **育児休業延長の申し出**
>
> 子が保育所に入所できないときなど、育児休業を延長する場合において、労働者が自ら希望する休業開始予定日から休業するためには、2週間前に申し出を行う必要がある。

介護休業

要介護者を介護するための休業・休暇を取得できる

■ 介護休業とは

　介護休業は、労働者が要介護状態にある家族を介護することが必要な場合に、事業主に申し出ることにより、休業を取得できる制度です。要介護状態とは、負傷、疾病、身体上あるいは精神上の障害により、2週間以上の期間にわたり常時介護を必要とする状態を指します。そして「常時介護を必要とする状態」とは、介護保険制度の要介護状態区分において要介護2以上であるなど、行政通達で詳細な判断基準が示されています。

　日雇い労働者を除き、要介護状態にある家族を介護する労働者は、事業主に申し出ることで介護休業をすることができます。事業主は、介護休業の申し出を拒むことができません。ただし、期間雇用者（有期契約労働者）が介護休業を取得するには、申し出の時点で、以下双方の要件を満たしていることが必要です。

① 　過去1年以上継続して雇用されていること
② 　介護休業開始予定日から起算して93日を経過する日から6か月経過する日までに雇用期間が満了し、更新されないことが明らかでないこと

　介護休業を取得するには、労働者が原則として休業開始予定日の2週間前の日までに書面などで申請します。申し出は、要介護状態にある対象家族1人につき、通算93日まで最大3回を上限として分割して取得できます。

　介護休業は、終了予定日の到来以外にも、対象家族と労働者の親族関係の消滅（対象家族の死亡・離婚・離縁など）といった事情で、対象家族の介護が不要になったり、介護ができなく

介護対象になる「家族」

介護対象となる「家族」には、配偶者（事実婚を含む）、父母（養父母を含む）、子（養子を含む）、配偶者の父母（養父母を含む）、祖父母、兄弟姉妹、孫が含まれる。

介護休業の対象から除かれる労働者

以下のいずれかに該当する労働者（期間雇用者であるか否かを問わない）については、介護休業の取得が認められない労働者として、労使協定を締結することで、介護休業の対象から除外することができる。
① 継続雇用期間が1年未満の者
② 介護休業の申し出があった日から93日以内に雇用期間が終了することが明らかな者
③ 週所定労働日数が2日以下の者

介護休業のしくみ

内容	労働者が、要介護状態にある家族の介護が必要な場合に、事業主に申し出ることによって休業期間を得ることができる制度
取得対象者	2週間以上にわたって常時介護を必要とする「要介護状態」にある対象家族を介護する労働者
取得できない労働者	・日雇労働者は取得できない ・継続して雇用された期間が1年未満の者、介護休業の申し出後93日以内に雇用関係が終了することが明らかな者、1週間の所定労働日数が2日以下の者は、労使協定で対象外にできる
取得手続き	原則として、休業開始予定日の2週間前の日までに申し出る
取得回数	要介護状態にある対象家族1人につき、最大3回に分けて取得できる

なった場合に消滅します。

　介護休業を取得した場合、一定の要件を満たせば雇用保険の「介護休業給付」を受給することが可能です。休業開始時賃金月額の67％が支給されますが、給付金の支給期間中に事業主から賃金が支払われている場合は、支給額の調整が行われるため注意が必要です。

■ 看護休暇・介護休暇

　子の看護や、要介護状態にある家族の介護その他の世話を行う労働者は、1年に5日（対象家族が2人以上の場合は10日）まで看護や介護その他の世話を行うための休暇を取得することができます。看護休暇・介護休暇は、1日単位、半日単位の取得が原則ですが、令和3年1月1日からは、時間単位でも取得することができるようになります。

介護休業終了時の通知

本文記載の事情によって、介護が不要や不能になったために、介護休業を終了する場合、労働者から事業主に対して通知が必要である。

介護休業給付の対象

介護休業を開始する時点で、介護休業終了後に離職することが決まっている場合には、介護休業給付の受給対象には含まれない。

退職・解雇

解雇は希望退職と退職勧奨を行った後に行う

■ 解雇も辞職も退職の一形態

労働契約が解消されるすべての場合を総称して退職といいます。辞職、解雇も、退職の1つの形態だといえます。

辞職は、労働者が一方的に労働契約を解除することであり、解雇は、使用者が一方的に労働契約を解除することです。

辞職や解雇以外の退職には、①労働者と使用者の合意により退職する場合（合意退職）の他、②定年に達した場合、③休職期間が終了しても休職理由が消滅しない場合、④労働者本人が死亡した場合、⑤長期にわたって無断欠勤及び音信不通が続いている場合など、法令や就業規則などの定めにより当然に退職する場合（自然退職）もあります。

会社が社員を辞めさせる場合、解雇によって辞めさせる方法以外に、退職勧奨と呼ばれる方法があります。退職勧奨とは、使用者である会社側が労働者である社員に対して、会社を辞めてもらうように頼むことです。辞めるように頼まれた社員はそれに応じて辞めることもできますが、断ることもできます。

なお、退職勧奨のしかたがあまりに強引でしつこい場合など、行き過ぎた退職勧奨のことを退職強要といいます。退職勧奨が退職強要と扱われると従業員から慰謝料を請求されることもあります。

■ 退職の申入れは口頭でもよい

民法によると、労働者側からの退職の申入れがあった場合は、退職申入れの日から2週間経過後に辞職が可能です（民法627

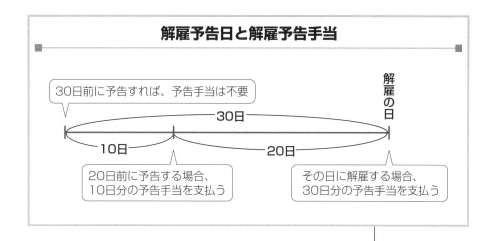

解雇予告日と解雇予告手当

30日前に予告すれば、予告手当は不要

30日

10日

20日

20日前に予告する場合、
10日分の予告手当を支払う

その日に解雇する場合、
30日分の予告手当を支払う

解雇の日

条）。退職手続きは、就業規則で決められているのが通常です。退職願を提出しなくても、「○月○日で退職します」と自分の意思を使用者側に口頭で伝えるだけで法的には有効ですが、証拠を残す意味では書面のほうが適切でしょう。

■ 解雇予告とは

　労働者を解雇する場合、会社は少なくとも30日前までに、解雇を予告しなければなりません。この制度を解雇予告といいます。解雇予告は、口頭で伝えても法的には有効ですが、後の争いを避けるためには、書面でも解雇を通知したほうがよいでしょう。「解雇予告通知書」といった表題をつけ、解雇する相手、解雇予定日、会社名と代表者名を記載した上で、解雇の理由を記載します。

　ただし、社員側の責任による懲戒解雇の場合など、やむを得ない事情があって解雇する場合には解雇予告は不要です。

　また、解雇する労働者の30日分以上の平均賃金を解雇予告手当として支払うことで即日解雇することもできます。

懲戒解雇と解雇予告

「天災事変その他やむを得ない事由があって事業の継続ができなくなった場合」や「社員に責任があって雇用契約を継続できない場合」には、前述した解雇予告や解雇予告手当の支払いが不要となる（労働基準法20条1項ただし書）。したがって、解雇する社員に懲戒解雇事由がある場合には、「社員に責任があって雇用契約を継続できない場合」に該当するので、労働基準監督署長の認定を受ければ解雇の予告は必要ない。

普通解雇・懲戒解雇・整理解雇

普通解雇が認められない場合について知っておく

普通解雇

能力不足による解雇など、やむを得ない解雇事由がある場合に行われる解雇のこと。整理解雇、懲戒解雇以外の解雇は普通解雇となる。

整理解雇

経営不振による合理化など経営上の理由に伴う人員整理のことで、リストラともいう。

懲戒解雇

会社の秩序に違反した者に対する懲戒処分としての解雇のこと。

■ 普通解雇を行う場合

　解雇とは、会社が社員（従業員）との労働契約を解除することです。解雇は、その原因により、普通解雇、整理解雇、懲戒解雇などに分けることができます。普通解雇は適性が著しく低いと認められるような場合に行われるもので、リストラによる整理解雇や制裁としての懲戒解雇とは意味合いが異なります。

　普通解雇は、民法628条により、やむを得ない事由があれば、就業規則等の定めがなくても行うことができます。ただし、後に述べるように、客観的に合理的な理由があり、社会通念上相当であると認められるものでなければなりません（労働契約法16条）。なお、労働者に解雇事由を明示するとともに、使用者の解雇権の濫用を防止する観点から、就業規則等に解雇事由を明示するのが一般的です。また、解雇のたびに、一から合理性や相当性を検討するよりも、一般的に合理性・相当性が認められる解雇事由について就業規則等で定めておいたほうが、使用者側としても解雇の適法性を判断しやすいといえます。

■ 普通解雇の正当理由について

　解雇の効力が裁判で争われた場合、客観的に合理的な理由を欠き、社会通念上相当と認められない解雇の効力は有効と認められません（労働契約法16条）。

　普通解雇の正当理由としては、①ケガや病気などにより心身に障害を負い、業務に耐えられない労働者の休職期間が満了した場合、②長期欠勤や勤務不良、または心身虚弱など、勤務成

解雇が認められない場合

- 合理的な理由のない解雇
- 差別的待遇による解雇
- 産休期間および産後に働き出してから30日以内の解雇
- 労災によるケガや病気を治すための休職期間および働き出してから30日以内の解雇
- 育児休業や介護休業を取得することを理由とする解雇
- 労働組合との協議協約を無視した解雇や不当労働行為による解雇

績や仕事の能率が著しく低い労働者で、就業に耐えないと判断される場合、③その他著しく会社秩序を乱すなど適格性を欠く場合、などが挙げられます。

会社が、客観的に合理的な理由を欠き、社会通念上相当と認められない解雇をした場合は、権利を濫用したものとしてその解雇は無効となります。雇用契約の期間が定められている場合は、原則として、その契約期間の途中でその社員を解雇することはできません。契約期間内は雇用が保障されているからです。期間満了時に更新を拒絶することはできますが、労働者の雇用関係継続への合理的な期待が認められる場合などには、更新拒絶（雇止め）は禁止されています。更新を拒絶する場合には事前の説明など労働者に対して十分配慮するようにしましょう。

■ ときには懲戒解雇で対処することもある

労務の提供が不十分である社員を解雇する場合、普通解雇とする場合がほとんどですが、中には懲戒処分としての解雇を検討せざるを得ない悪質な行動を起こす社員もいます。ただ、社員がどんなにひどいことを行ったとしても、就業規則や雇用契

解雇権の濫用

合理的な理由のない解雇は、解雇権の濫用となり、解雇は認められない（労働契約法16条）。

雇止め

期間の定めのある労働契約において、契約期間の満了をもって労働契約の更新を拒否することを雇止めという。

約書に懲戒解雇に関する規定が置かれていない場合には、その社員を懲戒解雇とすることはできません。

会社は、就業規則や雇用契約書に、どのようなケースが懲戒解雇となるかを明示する必要がありますが、その内容は合理的な内容であれば会社の裁量で定めることができます。合理的な内容であることが必要ですから、たとえば、「一度遅刻をしたら、懲戒解雇処分とする」といったバランスの悪い内容の規定は認められない可能性が高いといえます。このような規定を根拠として該当者を懲戒解雇処分にしたとしても、その社員が懲戒解雇が無効であると訴訟を起こした場合には、会社側が敗訴する可能性が高いでしょう。

諭旨解雇

懲戒解雇の一種だが、労働者の反省を考慮し、退職金などで不利にならないように依願退職の形式をとる解雇のこと。

■ 整理解雇で対処することもある

会社側が社員の雇用を維持することができないようなやむを得ない事情がある場合に行われる解雇を整理解雇といいます。整理解雇を行う場合には、普通解雇をする場合よりも厳しい要件をクリアしなければなりません（次ページ）。

具体的には以下の①〜④の要件を満たしてはじめて整理解雇は有効なものとして認められることが多いといえます。

① 人員削減の必要性

会社の存続のためにやむを得ず人員削減せざるを得ないという事情が必要です。

会社の実態から判断して、会社の存続のために人員整理を決定するに至った経緯に無理もない事情があると認められれば、整理解雇の必要性を認めるのが判例の傾向です。

② 解雇回避努力義務

解雇された労働者は大きな打撃を受けますから、解雇を避けるための経営努力なしに解雇はできません。

③ 解雇者を選ぶ方法の合理性

整理解雇の対象者を選ぶ際には、客観的で合理的な整理解雇

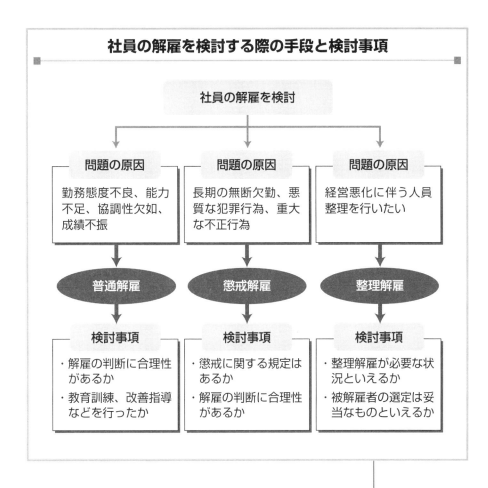

社員の解雇を検討する際の手段と検討事項

社員の解雇を検討

問題の原因	問題の原因	問題の原因
勤務態度不良、能力不足、協調性欠如、成績不振	長期の無断欠勤、悪質な犯罪行為、重大な不正行為	経営悪化に伴う人員整理を行いたい

普通解雇	懲戒解雇	整理解雇

検討事項	検討事項	検討事項
・解雇の判断に合理性があるか ・教育訓練、改善指導などを行ったか	・懲戒に関する規定はあるか ・解雇の判断に合理性があるか	・整理解雇が必要な状況といえるか ・被解雇者の選定は妥当なものといえるか

基準を設定し、これを公正に適用する必要があります。

　たとえば、女性や高齢者、特定の思想をもつ者を選んだ解雇は認められませんが、欠勤日数、遅刻回数などの勤務成績や勤続年数などの会社貢献度を基準とするのは合理的な方法といえるでしょう。

④　解雇の手続きの妥当性

　使用者と組合との協議のない解雇、組合の同意を義務付ける労働協約がある場合に組合の同意を得ずにする解雇は無効となります。

懲戒処分の種類と制約

使用者が自由に懲戒処分できるわけではない

■ 秩序を保つためのペナルティ

労働者が会社のルールを破って職場の秩序を乱した場合、使用者は職場の秩序維持のために、労働者にペナルティ（制裁）を科すことになります。これを懲戒処分といいます。

労働者に懲戒処分を科すには、就業規則の中で、処分の対象になる行為と懲戒処分の種類が具体的に定められていることが必要です。懲戒処分には、次のようなものがあります。

① 戒告・譴責

将来を戒め、始末書は提出させないのが戒告で、始末書を提出させるのが譴責です。

② 減給

懲戒としての減給は、職場の秩序を乱したことに対する制裁金としての意味をもちます。この制裁金の額が不当に高くならないように、労働基準法91条は減給額に制限を設けています。

③ 停職（自宅謹慎、懲戒休職）

懲戒処分として一定期間出勤を禁じる処分です。停職の間は給料が支払われませんから、結果として減収になります。出勤停止は2週間以内程度とするのが一般的です。出勤停止による減収には、減給の場合の労働基準法91条の制限はありません。

④ 諭旨解雇

本人の自発的退職という形で解雇することです。処分理由が懲戒解雇の場合よりも少しだけ軽い場合で、本人が会社に功績を残している場合などに行われます。

⑤ 懲戒解雇

戒告と譴責

戒告と譴責は、懲戒処分の中ではもっとも軽い処分であるが、昇給、昇格、賞与などの一時金の査定上不利に扱われることがある。

減給額に関する制限

労働基準法91条は、制裁1回の金額が平均賃金の1日分の半額を超える減給を禁止している。もう一つ、一賃金支払期（月1回の給与のときは1か月）における制裁の総額が、その一賃金支払期の賃金の総額の10分の1を超える減給も禁止している。

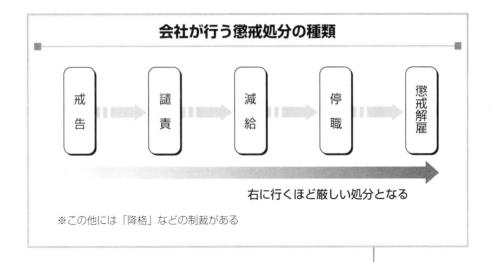

会社が行う懲戒処分の種類

戒告 → 譴責 → 減給 → 停職 → 懲戒解雇

右に行くほど厳しい処分となる

※この他には「降格」などの制裁がある

一番重い懲戒処分です。普通解雇や整理解雇と違い、本人の責めに帰すべき事由に基づき、懲戒処分として解雇を行うものです。懲戒解雇事由があれば、解雇予告や解雇予告手当の支払をせずに即時解雇ができますが、所轄労働基準監督署長の除外認定が必要です。もっとも、他の解雇と比べて大きな不利益を与える懲戒処分であり、本人に一切の弁明の機会も与えず、いきなり懲戒解雇にするべきではありません。

懲戒解雇事由としては、職場の秩序を乱す行為や服務規定違反を繰り返している場合、窃盗や傷害、詐欺といった犯罪を行うなど会社の名誉を著しく汚し、信用を失墜させた場合、私生活上の著しい非行などが考えられます。懲戒解雇された労働者は、退職金の全部または一部が支払われないのが通常です。

■ 懲戒解雇の有効性の判断

裁判所も、懲戒解雇の有効性をより厳しく判断する傾向にあります。一般的に、就業規則に懲戒解雇事由が列挙されているだけでは不十分で、同様の行為で懲戒解雇にした先例の有無、適正な手続に基づいているかなどを検討します。

損害賠償

懲戒処分とは別に、会社に実際に損害が発生した場合には、会社が受けた損害の賠償を労働者に請求することができる（民法415条）。

セクハラ・マタハラ

....

セクハラには対価型と環境型がある

■ セクハラとは

　職場におけるセクハラ（セクシュアル・ハラスメント）とは、「職場」において行われる、「労働者」の意に反する「性的な言動」に対する労働者の対応により、その労働者が労働条件について不利益を受けたり、就業環境が害されたりすることをいいます。職場におけるセクハラには、①対価型（性的な言動に対する労働者の反応により、その労働者が解雇、降格などの不利益を被る場合）、②環境型（性的な言動により就業環境を不快にすることで、労働者が就業する上で見過ごすことができない程度の支障が生じる場合）に分類されます。

　対価型の具体例としては、職場において事業主が日頃から行っていた性的な言動に対し、抗議した労働者を解雇したり減給したりする場合が挙げられます。

　他方、環境型の具体例としては、同僚が故意に労働者の胸や腰に触れるなど、直接的な身体接触を伴う行為により、その労働者にとっての就業環境が悪化して就業意欲が低下している場合が挙げられます。さらに、直接的な身体接触がなくても、他の労働者が抗議しているにもかかわらず職場にわいせつなポスターを掲示する場合や、上司が部下の性的経験・外見・身体に関する事柄について発言し、その部下が苦痛に感じて業務が手につかない場合も、環境型セクハラにあたります。

　対価型・環境型を問わず、セクハラの状況は多様であり、その判断にあたっては個々の状況を考慮する必要があります。被害を訴える労働者の主観を重視しつつ、平均的な労働者の感じ

訴訟になった場合

セクハラ問題は、その発生および発生後の対応について、行為者だけでなく会社も法的責任を負うものとされ、訴訟により損害賠償請求されるおそれがある。裁判で争うとなると、一定の法律知識や訴訟対策が必要になる。問題が発生した場合は早めに会社の顧問弁護士などに相談してみるとよい。

セクハラを定義する用語解説

①「職場」とは

労働者が業務を遂行する場所を指し、通常就業する場所以外も含む

②「労働者」とは

事業主が雇用するすべての労働者(パート等を含む)をいう

③「性的な言動」とは

性的な内容の発言および性的な行動の両方を指す

方を基準とすることが妥当とされます。

■ 会社にはセクハラ防止義務がある

　会社内外でセクハラが行われた場合、セクハラを行った本人以外に、その本人を労働者として雇用している会社も法的責任を負うことがあります。

　男女雇用機会均等法11条は、職場で行われる性的な言動に対する労働者の対応により、その労働者が不利益を受け、またはその労働者の就業環境が害されることのないよう、事業主が必要な体制の整備その他の雇用管理上必要な措置を講じなければならないと定めています。また、法改正により、セクハラを事業主に相談したこと等を理由とする、その労働者に対する解雇など不利益取扱いの禁止や、自社の労働者が他社の労働者にセクハラを行った場合に、その他社の事業主に必要な協力をするよう努めることも定められました。

　なお、厚生労働省では、雇用管理上必要な措置について、「事業主が雇用管理上講ずべき措置」として10項目を示しており、会社は必ずこれらの措置を講じなければなりません。10項目には、以下のような内容が含まれています。

> **違反した場合**
>
> これらに違反し、厚生労働大臣の勧告を受けたにもかかわらず、それに従わなかった場合には、会社名が公表されることもある。

① セクハラに対する事業主の方針の明確化および周知

　個別に、あるいは口頭で方針を伝えるのではなく、セクハラに対する方針、セクハラの発生原因となりやすい事例やその背景などを社内ホームページ、社内報や就業規則などに明示し、管理職を含む労働者に広く知らせる方法などが挙げられます。

② 相談窓口の設置など、必要な体制を整備すること

　セクハラについての相談窓口を設置して労働者に周知し、利用しやすい体制を整備する必要があります。窓口担当者が初期対応を誤ったために問題が複雑化することも多いため、相談対応マニュアルなども整備しておかなければなりません。マニュアルは、窓口担当者が内容・状況に応じて適切・迅速に対応できるよう、担当者目線で実務的なものを作成しておく必要があります。事前に研修を受講させる必要性についても検討が必要です。

③ セクハラ問題が起きた場合に迅速かつ適切な対応をすること

　相談窓口に相談が届いた場合、被害の継続、拡大を防ぐため、迅速に事実関係を確認し、適切な対応をすることが求められます。事実確認が完了していなくても、相談者の立場を考慮し良好な就業環境を回復するため、臨機応変に対応しましょう。

　また、民事上の責任として、会社は使用者責任（民法715条）を負います。使用者責任とは、従業員が職務中の不法行為により他人に損害を与えた場合に、使用者である会社もその従業員とともに損害賠償責任を負うという法的責任です。

　さらに、会社は、従業員との労働契約に付随する義務として、従業員が働きやすい労働環境を作る義務を負っています。しかし、セクハラの相談に対して適切な対応をとらなかった場合、会社が労働契約に基づく安全配慮義務に違反したとして、相談者に対して債務不履行責任（民法415条）を負う可能性があります。

■ マタハラとは

　マタニティハラスメント（マタハラ）とは、職場において行

セクハラの事前予防

セクハラを予防するためには、以下の事項について周知徹底が必要である。
① どんな行為がセクハラにあたるのか。
② セクハラが発生する原因や背景にはどんなものがあるのか。
③ セクハラの問題が起こることによってどんな影響があるのか。
また、実際にセクハラをした社員に対して、厳重な懲戒処分などを与えることを就業規則などに定め、会社がセクハラに対して公正なルールに基づき毅然とした対応をすることを示しておくとよい。

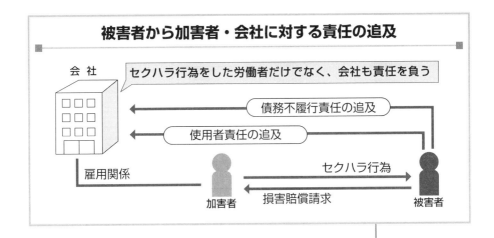

被害者から加害者・会社に対する責任の追及

会社

セクハラ行為をした労働者だけでなく、会社も責任を負う

債務不履行責任の追及

使用者責任の追及

雇用関係

加害者

セクハラ行為

損害賠償請求

被害者

われる、妊娠・出産した女性労働者や育児休業などを取得した「男女労働者」への上司・同僚の言動により、その労働者の就業環境が害されることです。たとえば、産前産後休業や育児休業の取得を申し出ただけで上司から退職を迫られた、職場復帰の際に合理的な理由なく勤務を継続できないような遠隔地へ異動させると告げられた、妊娠・出産すると残業や出張ができないから評価を下げるなどと言われる、などが挙げられます。

この他、妊娠で体調を崩し短時間勤務や職場変更を求めている女性について、「妊娠は病気ではない」などと言って要求を拒否する、非正規雇用の女性について、妊娠や出産を理由に契約更新をしないといったこともマタハラに該当します。なお、妊娠・出産に関連するマタハラは女性労働者が対象となりますが、育児休業に関するマタハラは男性労働者も対象に含まれることに注意を要します。

男女雇用機会均等法および育児介護休業法は、事業主にマタハラによって就業環境が害されることのないよう雇用管理上の措置を講じることを義務付けており、厚労省は措置義務に関する具体的な指針を定めています。マタハラはこれらの法律および指針に違反する行為です。

産前産後休業

使用者は、6週間（多胎妊娠の場合にあっては14週間）以内に出産する予定の女性が休業を請求した場合においては、その者を就業させてはならず、また、産後8週間を経過しない女性を就業させてはならないとする労働基準法65条規定の休業。

パワハラ

パワハラは早期に解決することが重要である

上司の部下に対する行為に限らず、同僚の間でも優越的な関係を背景に相手の就業環境が害される行為をすればパワハラになりうる。部下の上司に対する行為についても同様である。さらに、同じ会社の従業員同士でなくても、顧客や取引先などに対して、取引上の優劣関係を背景に、他社の従業員の人格や尊厳を傷つける言動をすればパワハラに該当することもある。

パワハラを受けたと主張する社員が会社を辞める決意を固めている場合や、辞めてしまった場合には、社内での事実確認が難しくなり、会社としての適切な対応が取れない可能性がある。その結果争いが拡大し、労働局のあっせんや労働審判に発展したり、訴訟を提起されたりして、自主的な問題解決が困難になる場合もある。小さな芽のうちに問題を発見・解決するしくみが極めて重要である。

■ パワハラの定義

　職場におけるパワハラ（パワー・ハラスメント）の定義について厚生労働省は、①優越的な関係を背景とした言動であって、②業務上必要かつ相当な範囲を超えたものにより、③労働者の就業環境が害されるものであり、①から③のすべてを満たすものとしています。暴行・傷害などの身体的な攻撃はもちろん、脅迫・暴言・無視などの精神的な攻撃も含む、幅広い概念です。

　パワハラを行った従業員は、その被害を受けた者に対して不法行為に基づく損害賠償責任を負う可能性があります。さらに、会社も使用者責任として、その従業員とともに同様の責任を負うこともありますので、会社としてパワハラ対策を十分に講じておく必要性があります。

　また、令和2年6月施行の労働施策総合推進法の改正により、事業主に対してパワハラ防止のための雇用管理上の措置が義務付けられました（中小企業は令和4年3月までは努力義務）。具体的には、パワハラ防止のための事業主方針の策定・周知・啓発、相談・苦情に対する体制の整備、相談があった場合の迅速かつ適切な対応や被害者へのケアおよび再発防止措置の実施などが求められることになります。

■ 具体的なパワハラの類型

　パワハラの代表的な類型として以下の6つがあり、いずれも優越的な関係を背景に行われたものであることが前提です。

① 　身体的な攻撃

パワハラを未然に防ぐための対策

事業主の方針の明確化及びその周知・啓発

相談に対応するための体制整備

パワハラへの迅速かつ適切な対応

事業主が雇用管理上
講ずべき措置

+α

・相談者、行為者のプライバシーを保護するための必要な措置および周知
・事業主に相談したことなどを理由として解雇その他不利益な取扱いを
　されない旨を定め、周知

暴行や傷害が該当します。たとえば殴打、足蹴りを行ったり、
物を投げつけたりする行為が考えられます。

② **精神的な攻撃**

相手の性的志向や性自認に関する侮辱的な発言を含め、人格
を否定するような言動や、業務上の失敗に関する必要以上に長
時間にわたる厳しい叱責、他人の面前における大声での威圧的
な叱責などが該当すると考えられます。

③ **人間関係からの切り離し**

自分の意に沿わない相手に対し、仕事を外し、長期間にわ
たって隔離する、または集団で無視して孤立させることなどが
該当すると考えられます。

④ **過大な要求**

業務上明らかに不要なことや遂行不可能なことの強制が該当
します。必要な教育を施さないまま新卒採用者に対して到底達
成できないレベルの目標を課す、上司の私的な用事を部下に強
制的に行わせることなどが該当すると考えられます。

⑤ **過小な要求**

業務上の合理性なく能力・経験・立場とかけ離れた程度の低

**パワハラ発生の
背景・原因**

労働政策研究・研修機
構（JILPT）が公表して
いる「職場のいじめ・嫌
がらせ、パワー・ハラ
スメント対策に関する
労使ヒアリング調査」
によると、パワハラ発
生の背景・原因として
「過重労働とストレス」
「職場のコミュニケー
ション不足」「人間関
係の希薄化」「業界特
有の徒弟制度関係」な
どが挙げられている
が、単独で原因になる
のではなく、相互に関
連・密接して発生可能
性を高めていると予想
される。

い仕事を命じることなどが該当します。自ら退職を申し出させるため、管理職に対して雑用のみを行わせることなどが該当すると考えられます。

⑥ 個の侵害

私的なことに過度に立ち入ることが該当します。合理的な理由なく従業員を職場外でも継続的に監視したり、業務上入手した従業員の性的志向・性自認や病歴、不妊治療等の機微な情報を、本人の了解を得ずに他の従業員に漏洩したりすることが該当すると考えられます。

職場におけるパワーハラスメントに該当するかどうかを個別の事案について判断するためには、その事案におけるさまざまな要素を総合的に考慮することが必要です。一見パワハラに該当しないと思われるケースであっても、広く相談に応じる姿勢が求められます。

■ 事業主の責務

法改正により、パワハラを防止するために、法および指針において事業主が以下の事項について努めることとする責務規定が定められました。

① 職場におけるパワハラを行ってはならないこと、および職場におけるパワハラに起因する問題に対する労働者の関心と理解を深めること

② 自社の労働者が他の労働者（取引先など他社の労働者などを含む）に対する言動に必要な注意を払うよう、研修の実施その他の必要な配慮をすること

③ 事業主自身がパワハラ問題への理解と関心を深め、労働者に対する言動に必要な注意を払うこと

■ 社内調査をしっかり行う

社内で行うパワハラに関する調査には、発生の予防および実

さまざまな要素の内容

言動の目的・頻度・継続性、言動を受けた従業員の問題行動の有無や内容・程度、業務内容・性質など。

詳細なルールを作成する

就業規則の本則にパワハラに関する詳細な規程を盛り込むと、就業規則が膨大になり、かつ他の条文に埋もれて規程の存在感が弱まる可能性がある。就業規則に委任規定を設けた上で、別途ハラスメント防止規程を作成し、そこで詳細なルールを定めるとよい（次ページ図参照）。

社員に対する研修

研修では、パワハラの定義、パワハラに該当するものとしないものの違い、パワハラの被害を受けた場合や同僚からパワハラの相談を受けた場合の対応方法などを中心に、実践的な内容を盛り込んで実施することになる。

就業規則に委任規定を設ける場合の条文例

第○条（パワー・ハラスメント行為に対する対応）
パワー・ハラスメントについては、服務規律及び懲戒処分の規定の他、「ハラスメント防止規程」により別途定める。

態の把握を目的とした調査と、パワハラ発生時に行う事実関係の確認を目的とした調査とがあります。

発生の予防および実態の把握を目的とした調査の方法としては、社内でアンケートなどを行い、従業員のパワハラに対する意識や職場のパワハラの実態について把握し、予防・改善・解決のための課題検討に活かします。質問項目として、過去にパワハラを目撃・経験したことがあるか、周囲や自身に対し現在パワハラが行われているか、被害者は具体的にどのような被害を受けているのか、パワハラ対策として会社に要望することはあるか、といった項目を挙げて、回答への協力を求めます。

パワハラ発生後に行う事実関係の確認を目的とした調査では、相談窓口の担当者、人事部門または専門の委員会などが、相談者と行為者の双方から事情を聴取して事実関係を見極めることが必要です。調査を行っても事実関係を十分に確認できない場合には、第三者からも事実関係を聴取する等の措置を講ずる必要があります。事実関係を迅速かつ正確に確認しようとしたものの、確認が困難である場合などは、調停の申請を行うことや第三者機関に紛争処理をゆだねることも考えられます。

こうした相談等の行為を理由として、その従業員に不利益な扱いをすることは法律で禁止されており、これらが遵守されないと従業員の協力が期待できず、実態・事実の把握が困難になることが予想されます。

調査の前提

いずれの調査においても、相談したこと、調査に協力したことおよび外部に相談したことなどを理由として、解雇その他の不利益な扱いをしないことを従業員に周知・啓発することが前提である。

定期健康診断

社員に快く受診してもらうようにする

**定期健康診断を
規定する法律**

労働安全衛生法66条
は、事業者に対して、
労働者に対する、健康
診断の実施を義務付け
ている。そして、労働
安全衛生規則は、具体
的に1年以内ごとに1
回、医師による診断を
義務付けている。必要
な診断内容に関しては
以下の項目が規定され
ている。
・既往歴および業務歴
 の調査
・自覚症状および他覚
 症状の有無の検査
・身長、体重、腹囲、視
 力および聴力の検査
・胸部エックス線検査
 および喀痰検査
・血圧の測定
・貧血検査
・肝機能検査
・血中脂質検査
・血糖検査
・尿検査
・心電図検査

■ 1年に1度健康診断を実施する

　会社は、社員の配置を決めるときなどに、健康状態を把握していなければ、安全な部署に就かせることができません。

　会社には、社員の安全を配慮する義務があります。この義務を果たす意味でも、社員の健康状態を把握して配置を決めなければなりません。

　そのため、労働安全衛生法では、会社に対して1年に一度は健康診断を実施し、社員に受診させることを義務付けています。社員が受診を拒否すれば、業務命令に対する違反となり、処分の対象になることもあります。

　会社は、健康診断を受診していない社員が過労死したような場合は、安全配慮義務違反を問われることになります。

　ところで、最近では、会社が実施する定期健康診断について、プライバシー権保護の観点から拒否をする社員もいるようです。病気や身体計測などの情報は、確かにあまり知られたくない個人情報です。健康診断は、会社が社員の健康状態を把握するための目的で行うので、業務上必要な範囲の検査が行われればよく、法令で定められた項目外の受診は必要ありません。ですから、不必要な項目まで受診する義務はありません。この他にも、結果の保管者を明示することや、会社が適切な取扱や保管をすべきとの通達も出されることで、バランスが図られています。

　社員に対しても、日頃から、このような健康診断の事情をよく理解してもらい、快く受診してもらうようにしましょう。

　なお、受診項目の中には、メタボリックシンドロームと生活

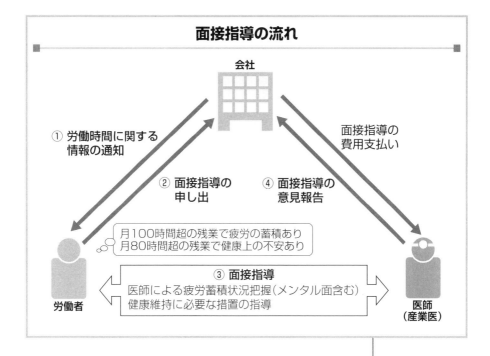

面接指導の流れ

会社

① 労働時間に関する情報の通知

面接指導の費用支払い

② 面接指導の申し出

④ 面接指導の意見報告

月100時間超の残業で疲労の蓄積あり
月80時間超の残業で健康上の不安あり

③ 面接指導
医師による疲労蓄積状況把握（メンタル面含む）
健康維持に必要な措置の指導

労働者

医師
（産業医）

習慣病の予防を目的としたメタボ検診があります。対象者は、40歳〜74歳の健康保険の加入者です。メタボ検診が義務付けられたことにより、通常の健康診断の項目に腹囲測定が追加されています。

■ 面接指導を実施することも事業主の義務

　長時間労働と、労働者の脳血管疾患や虚血性心疾患の発症の関連性が強いという医学的知見をふまえて、労働安全衛生法は健康診断以外にも、長時間労働となっている労働者に対して、医師による面接指導を事業主に義務付けています。

　対象となる労働者は、労働者が週40時間を超えて働いた時間が1か月あたり80時間（時間外・休日労働を含む）を超えて、かつ疲労の蓄積が認められる者で、申し出があった場合には事業主は面接指導を実施しなければなりません。

面接指導の対象者

本文記載の労働者以外にも、①1か月あたり100時間を超えて時間外・休日労働を行った研究開発業務従事者、②高度プロフェッショナル制度適用者が対象となる。①、②ともに申し出は必要としない。

メンタルヘルス対策とストレスチェック

企業は原則として従業員のストレスチェックが義務付けられる

■ メンタルヘルス対策

職場でメンタルヘルス（精神面の健康）が悪化する要因としては、「仕事量が多く拘束時間が長い」「雇用形態の複雑化」「人間関係の希薄化」などの要因が考えられます。

労働者がメンタルヘルスを損なうと、業務上でもさまざまな変化が見られるようになります。しかし、勤務態度の悪化や業務上のミスに対して、強く非難したり、制裁を与えたりするなどの方法は、労働者のストレスを増やし、状態をさらに悪化させるおそれがあります。会社は、どのような形でサポートできるかを具体的に考え、必要な対応策を講じることが必要です。ストレスチェックとは、労働者のメンタルヘルス不調の未然防止や早期発見、職場のストレス要因を評価し、環境改善につなげていくための施策です。

常時使用する労働者が50人以上いる事業場では、1年以内ごとに1回、職場におけるストレスチェック（労働者の業務上の心理的負担の程度を把握するための検査）の実施が義務付けられています（従業員が常時50名未満の事業場は努力義務）。

主な内容は、以下のとおりです。

① 会社は、常時使用する労働者に対し、医師等（医師、保健師その他の厚生労働省令で定める者）によるストレスチェックを行わなければなりません。

② ストレスチェックの結果は、医師等から労働者へ直接通知されます。一般の健康診断とは異なり、従業員の極めて個人的な事項であり、プライバシーを保護する必要性が高いためです。

ストレスチェックの対象者

以下①②いずれの要件も満たす者。
① 期間の定めのない労働者（期間の定めのある労働者で、契約期間が1年以上の者、並びに契約更新により1年以上使用されることが予定されている者、及び1年以上引き続き雇用されている者を含む）
② 1週間の労働時間数が、当該事業場で同種の業務に従事する者の労働時間数の4分の3以上である者

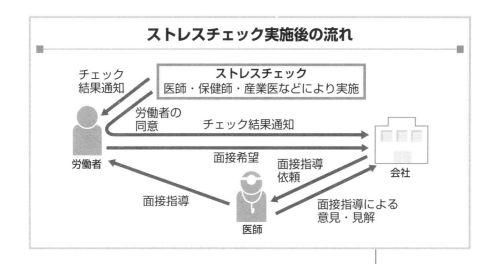

ストレスチェック実施後の流れ

ストレスチェック
医師・保健師・産業医などにより実施

チェック結果通知

労働者の同意

チェック結果通知

労働者

面接希望

面接指導依頼

会社

面接指導

面接指導による
意見・見解

医師

　医師等は、労働者の同意なしにストレスチェックの結果を会社に提供することはできません。

③　ストレスチェックの結果、高ストレスと判定された労働者から医師等の面接指導の申し出があった場合、会社は遅滞なく面接指導を依頼しなければなりません。この場合、会社は当該面接内容を理由に労働者に不利益な取扱いをしてはいけません。

④　会社は、面接指導の結果の記録を5年間保存しておかなければなりません。

⑤　会社は、面接指導の結果に基づく労働者の健康を保持するための必要な措置について、医師等の意見を聴く必要があります。

⑥　医師等の意見を勘案（考慮）し、必要があると認める場合は、就業場所の変更・作業の転換・労働時間の短縮・深夜業の回数の減少などの措置を講ずる他、医師等の意見を衛生委員会や安全衛生委員会へ報告その他の適切な措置を講じなければなりません。

⑦　ストレスチェックまたは面接指導の従事者は、その実施に関して知った労働者の情報を漏らしてはいけません。

安全衛生管理

労働者の健康維持と作業環境の確保に取り組む

■ 労働安全衛生法とは

　労働安全衛生法は、事業場の業種や規模に応じ安全・衛生の管理責任者の選任を義務付けています。

　安全衛生管理体制には、一般の会社の安全衛生管理体制と、特定の事業において自社従業員と請負関係事業主の従業員が同一の場所で働く場合の安全衛生管理体制の2つがあります。具体的には、次ページの図で示す安全衛生管理体制を整えなければなりません。

・一般の会社の安全衛生管理体制

　一般の会社の安全衛生管理体制では、一定の業種、規模（労働者数）の事業場について管理責任者の選任と委員会の設置を求めています。総括安全衛生管理者とは、安全管理者、衛生管理者を指揮し、安全衛生についての業務を統括管理する最高責任者です。工場長などのようにその事業場において、事業を実質的に統括管理する権限と責任をもっている者が該当しますが、選任義務のない事業場の場合は、事業主がその責任を負うことになります。

・特定の事業において自社従業員と請負関係事業主の従業員が同一の場所で働く場合の安全衛生管理体制

　建設や造船を請け負う業者で、労働者数が常時50人以上（ずい道等の建設、橋梁の建設、圧気工法による作業では常時30人以上）である場合には、統括安全衛生責任者を選任しなければなりません。その他、必要に応じて、元方安全衛生管理者、安全衛生責任者、店社安全衛生管理者を選任することになります。

総括安全衛生管理者

総括安全衛生管理者は、工場長など事業場において、事業の実施を実質的に統括管理する権限と責任をもつ者が該当する。

統括安全衛生責任者

請負にかかる建設業や造船業で、全労働者数が常時50人以上（ずい道などの建設、橋梁の建設、圧気工法による作業では常時30人以上）の場合、統括安全衛生責任者の選任が必要である。

安全衛生をめぐる動き

近年の法改正ではストレスチェック制度の創設、職場における受動喫煙防止対策の推進および重大な労働災害を繰り返す企業に対し、厚生労働大臣が「特別安全衛生改善計画」の作成指示ができるようになった。また、産業医制度についても過重労働防止やメンタルヘルス対策など働き方改革を目的とした見直しが進められ、各事業場において体制の整備が求められている。

労働安全衛生法で要求されている安全衛生管理体制

業　種	事業場の規模・選任すべき者
製造業（物の加工を含む）、電気業、ガス業、熱供給業、水道業、通信業、自動車整備および機械修理業、各種商品卸売業、家具・建具・じゅう器等小売業、燃料小売業、旅館業、ゴルフ場業	①10人以上50人未満 　安全衛生推進者 ②50人以上300人未満 　安全管理者、衛生管理者、産業医 ③300人以上 　総括安全衛生管理者、安全管理者、衛生管理者、産業医
林業、鉱業、建設業、運送業および清掃業	①10人以上50人未満 　安全衛生推進者 ②50人以上100人未満 　安全管理者、衛生管理者、産業医 ③100人以上 　総括安全衛生管理者、安全管理者、衛生管理者、産業医
上記以外の業種	①10人以上50人未満 　衛生推進者 ②50人以上1000人未満 　衛生管理者、産業医 ③1000人以上 　総括安全衛生管理者、衛生管理者、産業医
建設業および造船業であって下請が混在して作業が行われる場合の元方事業者	①現場の全労働者数が50人以上の場合（ずい道工事、圧気工事、橋梁工事については、30人以上） 　統括安全衛生責任者、元方安全衛生管理者 ②ずい道工事、圧気工事、橋梁工事で全労働者数が常時20人以上30人未満、もしくは鉄骨造・鉄骨鉄筋コンクリート造の建設工事で全労働者数が常時20人以上50人未満 　店社安全衛生管理者（建設業のみ）

過労死・過労自殺

過重業務や異常な出来事といった基準で判断する

実際に裁判と
なったケース

本文でとりあげた、過
労死等を予防するため
の会社側の手段に対す
る取り組み方の不足
を、会社が従業員の健
康に配慮する義務に違
反したとして、会社の
責任を認める判例も増
えているが、労働者側
の過失を一定範囲で認
める判例もある。

過労死の対象疾病

過労死の対象疾病とし
て以下のものが挙げら
れている。
・脳血管疾患
脳内出血（脳出血）、
くも膜下出血、脳梗塞、
高血圧性脳症
・虚血性心疾患等
心筋梗塞、狭心症、心
停止（心臓性突然死を
含む）、解離性大動脈瘤

過重負荷

脳・心臓疾患の発症の
基礎となる病変など
を、自然経過を超えて
著しく増悪させる可能
性があると客観的に認
められる負荷。

■ 過労死の認定基準

　業務上の過重な負荷による脳血管疾患・心臓疾患を原因とした死亡、業務における強い心理的負荷による精神障害を原因とする自殺、死亡には至らないが、脳血管・心臓疾患、精神障害を発症することを総称して過労死等といいます。過労死等を予防するための会社側の手段として、適正な労働時間管理による長時間労働の防止、ハラスメントの予防・解決、労働安全衛生法上の安全衛生管理体制の構築、ストレスチェックなどによる労働者のメンタルヘルスケアなどがあります。

　過労死等については、激務に就いたことで持病が急激に悪化し、脳や心臓の疾患などを発生させた場合には、業務が有力な原因となったと考えられ、労災となる可能性があります。

　具体的には、厚生労働省の「脳血管疾患及び虚血性心疾患等（負傷に起因するものを除く）の認定基準」に基づいて労災認定が行われます。認定基準では、業務において次のような状況下に置かれることによって、明らかな過重負荷を受け、そのことによって発症したと認められる場合に、「労災」として取り扱う、としています。

① **異常な出来事に遭遇した**

　発症直前から前日までの間に、急激で著しい精神的負荷、身体的負荷または作業環境の変化が生じた場合などをいいます。

② **短期間の過重業務に就労した**

　発症前約1週間の間に、特に過重な業務に就労することによって身体的・精神的負荷を生じさせたと客観的に認められる

過労死につながりやすい勤務実態のチェックポイント

労働時間
平日の労働時間
（残業時間・サービス残業）
休日の労働時間

経営方針
個人に課されたノルマ
セクションごとに課されたノルマ
人員の配置・変化
リストラの有無と状況
仕事量・質の変化
新規事業参入の有無と状況

本人

人間関係
パワハラ・セクハラ・差別の
有無と状況
周囲のサポートの有無と状況
職場の人間関係(トラブルの有無)

出来事
配置転換（慣れない業務・職種）
昇進・昇級（仕事量・質の変化）
納期トラブル（残業・心理的負荷）

場合をいいます。

③　**長期間の過重業務に就労した**

　発症前約6か月間の間に、著しい疲労の蓄積をもたらす特に
過重な業務に就労することによって身体的・精神的負荷を生じ
させたと客観的に認められる場合をいいます。

■ 過労による自殺について

　過労による自殺についても、厚生労働省の「心理的負荷によ
る精神障害の認定基準」により労災認定される可能性がありま
す。認定基準では、業務により一定の精神障害が発病しており、
発病前のおおむね半年間に強い心理的負荷を受けている場合に
は、その精神障害によって正常な認識、行為選択ができず、ま
たは自殺行為を思いとどまる精神的な抑制力がなかった状態に
あると推定して労災認定することがあります。ただし、業務以
外の心理的負担や本人の個性による自殺でないと判断される必
要があります。

労災保険制度

仕事中・通勤中のケガ・病気を補償する

労災保険の対象

一般的に業務が傷病等
の有力な原因であると
認められれば、労災保
険の適用対象に含まれ
ることになる。労災保
険の適用対象になる労
働者とは、正社員であ
るかどうかにかかわら
ず、アルバイト、日雇
労働者や不法就労外国
人であっても、事業主
から賃金を支払われて
いるすべての人が対象
である。しかし、代表
取締役などの会社の代
表者は労働者でないた
め、原則として労災保
険は適用されない。
労働者にあたるかどう
かは、①使用従属関係
があるかどうか、②会
社から賃金（給与や報
酬など）の支払いを受
けているかどうか、に
よって判断される。

■ 医療保険や年金保険との違い

　労災保険制度は、業務中・通勤中のケガや病気に対して必要
な給付を行います。業務外のケガや病気に対しては、医療保険
から必要な給付を行うため、どちらが適用されるかどうかが問
題になる場合があります。たとえば、過労による脳心疾患や職
場のいじめによる精神疾患などについては、統一した基準に
よって私生活の状況なども加味して労災認定されます。

　また、労災保険制度には障害が残った場合や死亡した場合に
障害年金や遺族年金の給付があります。これは、国民年金や厚
生年金制度の給付と重複することがあるため、併給調整のルー
ルが設けられています。

■ 労災保険の給付は業務災害と通勤災害に分かれている

　労働者災害補償保険の給付は、業務災害と通勤災害の2つに
分かれています。業務災害と通勤災害は、給付の内容は基本的
に変わりません。しかし、給付を受けるための手続きで使用す
る各提出書類の種類が異なります。

　業務災害の保険給付には、療養補償給付、休業補償給付、障
害補償給付、遺族補償給付、葬祭料、傷病補償年金、介護補償
給付、二次健康診断等給付の8つがあります。

　一方、通勤災害の保険給付には療養給付、休業給付、障害給
付、遺族給付、葬祭給付、傷病年金、介護給付があります。こ
れらの保険給付の名称を見ると、業務災害には「補償」という
2文字が入っていますが、通勤災害には入っていません。

労災保険の給付内容

目的		労働基準法の災害補償では十分な補償が行われない場合に国（政府）が管掌する労災保険に加入してもらい使用者の共同負担によって補償がより確実に行われるようにする
対象		業務災害と通勤災害
業務災害（通勤災害）給付の種類	療養補償給付（療養給付）	病院に入院・通院した場合の費用
	休業補償給付（休業給付）	療養のために仕事をする事ができず給料をもらえない場合の補償
	障害補償給付（障害給付）	傷病の治癒後に障害が残った場合に障害の程度に応じて補償
	遺族補償給付（遺族給付）	労災で死亡した場合に遺族に対して支払われるもの
	葬祭料（葬祭給付）	葬儀を行う人に対して支払われるもの
	傷病補償年金（傷病年金）	治療が長引き１年６か月経っても治らなかった場合に年金の形式で支給
	介護補償給付（介護給付）	介護を要する被災労働者に対して支払われるもの
	二次健康診断等給付	二次健康診断や特定保健指導を受ける労働者に支払われるもの

　これは、業務災害については、労働基準法によって事業主に補償義務があるのに対して、通勤災害の場合は、事業主に補償義務がないためです。たとえば、休業補償給付と休業給付は療養のため休業をした日から３日間は支給されません。この３日間を待期期間といいます。ただ、業務災害の場合は、上記のように労働基準法によって事業主に補償義務があるため、待期期間の３日間については休業補償をしなければなりません。一方で、休業給付については、通勤災害に起因することから、事業主は休業補償を行う必要はありません。

　なお、業務災害と通勤災害の保険給付の支給事由と支給内容はほとんど同じです。

労災保険における労働者の過失の考慮

労災保険においては、労働者の通常の過失を考慮することはない。ただし、労働者が故意で傷病等を負った場合や、過失の程度が重大である（重過失）場合は、保険の給付が認められないケースがある。これに対し、労働者が負った傷病等について、事業主に故意や過失が認められない場合（事業主が無過失の場合）にも保険給付が認められる。

組合への対応の仕方

団体交渉の申入れは原則として受けること

■ たとえばどんな場合に問題になるのか

　経営者が頭を悩ませることのひとつに、労働組合からの要求にどう対応するかということがあります。経費の面や対応にかかる時間、労力などのことを考えると、頭の痛い問題だといえるでしょう。

団体交渉権
労働者が、労働条件の決定などで、団結して資本家（使用者）と交渉する権利のこと。

　労働者が労働組合を通じて団体交渉を申し入れてきた場合、対応方法がよくわからないから、と団体交渉の申入れをその場で断ってしまうようなことはしないようにしましょう。会社は正当な事由がない限り団体交渉を断ってはならず（誠実交渉義務）、団体交渉の申入れを受けた段階で無視したり断ると、会社側が負っている誠実交渉義務に違反する可能性があるからです。対応に不安がある場合には、申入れのあった段階で、労働関係の専門家に相談するのも一つの方法です。申入れを拒否できるのは、交渉を重ねた結果、双方に譲歩の意思がないことが明白になった場合、団体交渉で協議すべきでない事項の場合、組合の担当者に代表権限がない場合などに限ります。対応する際にはあまりに人数が多いと収拾がつかなくなるので、多人数で交渉を行わないようにし、交渉の場所は他の社員の動揺を避けるため、通常の就業場所とは離れた場所で行うとよいでしょう。

■ ユニオンとはどう交渉すればよいのか

　合同組合（ユニオン）とは、企業内組合とは異なり、それぞれが異なる企業に勤めている一個人から成る労働組合のことです。労働組合のない会社の従業員であっても、ユニオンに加入

労働組合の種類

企業別組合	同じ企業に勤務する労働者を組合員として組織する組合
産業別組合	鉄鋼業、運送業、建設業など同じ産業に属する企業で働く労働者を組合員として組織する組合
職業別組合	看護師やパイロットなど同じ職業を持つ労働者を組合員として組織する組合
合同組合	企業や産業、職業などの枠にとらわれず、労働者であれば個人で加入できる組合

している場合には、労働組合の組合員として活動できます。

労働者には団結権・団体交渉権・団体行動権という労働三権が認められています。労働三権は憲法28条で認められた権利です。この規定を受けて定められた労働組合法によって労働者は保護されています。労働組合法は、会社が組合員に対して不当な扱いをすると不当労働行為に該当すると定めている他、解雇などをめぐって争いとなった場合に、労働組合から労働委員会に労働争議のあっせん等の申立てを行うことも認めています。ユニオンが会社に対し団体交渉を申し入れてきた場合、会社は無視することはできません。

不当労働行為

憲法が保障している労働者の基本的な権利である団結権、団体交渉権、団体行動権を労働三権というが、「不当労働行為」とは、使用者が労働組合の団結権を侵害する行為であり、労働組合の正当な活動を不当に侵害する行為のこと。

■ 従業員の不安をあおるような発言や行動を控える

労働者にとって一番困ること、怖いことは、突然解雇されたり、賃下げを告げられたりして、自分たちの身分や生活が脅かされることです。従業員による強硬な手段を防ぐためにまず必要なことは、「従業員に不要な不安感や恐怖感を抱かせない」ということです。したがって、経営者側は厳重に情報管理して不用意に情報を漏えいしないように気をつけなければなりません。

労働基準監督署の調査

違法行為の調査のため、調査や出頭を命じられる

■ どんなことを調査するのか

労働基準監督署は、労働基準法などの法律に基づいて、労働者の労働条件を確保し、違反がある場合には改善の指導を行う労働基準行政の機関です。労働基準監督署が事業所に対して行う調査の目的は、労働基準法をはじめとする労働関係の法律の規定に違反するところがないかどうかを確認することにあります。

労働基準監督署は労働基準法等の違反の有無について調査を行いますが、中でも労働時間に関する調査は非常に多く行われています。具体的には、違法な長時間労働の有無や適正な残業代が支払われているかという点について、就業規則や三六協定、賃金台帳、出勤簿・タイムカードといった書類を確認したり、事業所に勤務する労働者や関係者に対する聞き取りを実施するといったことが行われます。

■ 調査や指導の種類

労働基準監督署が行う調査の手法には、「呼び出し調査」と「臨検監督」の2つがあります。

呼び出し調査とは、事業所の代表者等を労働基準監督署に呼び出して行う調査です。事業主あてに日時と場所を指定した通知書が送付されると、事業主は労働者名簿や就業規則、出勤簿、賃金台帳、健康診断結果票など指定された資料を持参の上、調査を受けることになります。

臨検監督とは、労働基準監督署が事業所へ出向いて立入調査を行うことをいいます。事前に調査日時を記した通知が送付さ

労基署に書類送検された一例

・労働者に違法な時間外労働を行わせた上、労働基準監督官に虚偽の報告をしたため送検されたケース
・割増賃金などを支払わなかったため是正勧告したが、改善されなかったため送検されたケース
・割増賃金の不払いを隠ぺいすることに加担した社会保険労務士が送検されたケース
・事業主側は時間外割増賃金を支払っていると主張したが認められず、送検されたケース

労働基準監督署が行う調査・指導の流れ

```
┌─────────────────┐      ┌─────────────────┐
│   呼び出し調査   │      │    臨検監督     │
└─────────────────┘      └─────────────────┘
┌───────────────────────────────────────────┐
│ 労働基準法・労働安全衛生法などに違反する事実の発覚 │
└───────────────────────────────────────────┘
┌───────────────────────────────────────────┐
│           是正勧告書による指導             │
└───────────────────────────────────────────┘
┌─────────────────┐      ┌─────────────────┐
│ 指導に従い実態を改善 │      │ 指導を無視、是正せず │
└─────────────────┘      └─────────────────┘
                         ┌─────────────────┐
                         │ 逮捕・書類送検の可能性 │
                         └─────────────────┘
```

れることもあれば、長時間労働の実態を把握するために、夜間に突然訪れることもあります。

　また、調査が行われる理由の主なものとしては、「定期監督」と「申告監督」があります。

　定期監督とは、調査を行う労働基準監督署が管内の事業所の状況を検討した上で、対象となる事業所を選定して定期的に実施する調査のことです。申告監督は労働者の申告に基づいて行われる監督です。これらの調査の結果、労働基準法などに違反している点が発見された場合、まずその点を改善するよう、是正勧告書という書面によって指導がなされます。是正勧告に従わずにいると改善の意思が見られないと判断され、再監督が行われることもあります。

　事業所が、労働基準監督署の調査を受けた場合には、違反行為の疑いを払しょくするために、違反行為をしていないこと、適法な対応を行った証拠書類を提示して冷静に説明しましょう。

是正勧告に対応しない場合

調査を終えた監督官が悪質なケースであると判断すると、送検（管轄の検察庁に事件を送ること）する場合もある。監督官が発した是正勧告に従わない場合も、労働基準法上の罰則規定に従って、罰金刑や懲役刑に処せられることがある。調査を拒否したり調査後の是正勧告に従わないままでいると、結局強制捜査を受けたり、送検されるなど、長い目で見て、会社にとってマイナスとなる。したがって、労働基準監督署から連絡が入った場合には、とにかく迅速かつ誠実な対応を心がけるようにしたい。

残業代不払い訴訟と対策

　労働者が勤務時間外に働いている場合で、会社が労働基準法で定められている時間外労働手当を支払わないという残業代不払いの問題点は、そのままにしておくと、労働者側から請求があったり労働基準監督署に申告された場合に、一度に多額の未払い賃金を支払わなければならなくなる可能性が高いことです。

　特に弁護士などに依頼した労働者から不払い分を請求された場合には、消滅時効にかからない過去3年分までさかのぼって請求される場合があります（労働基準法の一部改正により、令和2年4月1日から、それ以降に支払われた賃金の時効が2年から5年、当分の間は3年となったことに注意が必要です）。

　さらに、退職日以降支払日までの期間は14.6％の遅延損害金が発生する他、悪質な場合は裁判所に未払残業代と同額の付加金の支払いを命じられる場合があります。遅延損害金とは、債権の返済期日までに支払わない場合に、損害賠償として債権者が請求する金額のことです。また、労働基準法によると、時間外労働や休日労働の割増賃金の不払いに対しては、6か月以下の懲役、30万円以下の罰金という刑事罰が科されます。

　労働者から訴訟を起こされた場合には、会社としては、労働者が主張している残業時間が労働基準法上の労働時間に該当しているかどうか、労働時間に該当したとしても、労働者の主張する内容が残業時間にはあたらないことを説明でき書面などの証拠が存在するかどうかが大切になります。訴訟を含めた労働者とのトラブルに備えるという意味でも、日頃からタイムカードや就業規則、雇用契約書、協定の書面、業務日報、報告書といった書類の整理・管理を徹底しなければなりません。

PART 3

在宅勤務・副業などの新しい働き方

テレワーク勤務の必要性

業務効率化や人材確保など、会社にもメリットがある

■ テレワークとは

　テレワークとは、会社などを離れた場所から仕事をすることをいいます。Tele（離れた）とWork（仕事）を組み合わせてできた造語として、テレワークという用語が用いられています。情報通信技術（ICT）を用いることにより、労働者は時間や場所に拘束されずに、労働力を活用することができる手法として注目が集まっています。テレワークの形態として、大きく3つの方法に分類することができます。具体的には、在宅勤務、モバイル勤務、サテライトオフィス勤務という形態です。各形態の内容や特徴は以下のとおりです。

・在宅勤務

　在宅勤務とは、自宅を就業場所とする働き方です。在宅勤務において、労働者は会社などに出社することなく業務を処理することができます。そして、会社から離れた場所でもPCや携帯電話などを使用することで、上司など会社に勤務している他の労働者と必要なコミュニケーションをとることができます。

・モバイル勤務

　モバイル勤務とは、自宅ではなく、移動中の電車や飛行機などの交通機関の中や、出張先のホテルなど、状況に応じて就業場所を選択して仕事をする働き方です。

・サテライトオフィス勤務

　サテライトオフィス勤務とは、本社などの本来の勤務先とは異なるオフィスに出勤して、仕事をすることです。在宅勤務とは異なり、労働者は自宅などで就業するわけではありませんが、

在宅勤務の実際

完全に在宅勤務の形式を採用するという会社は、それほど多くはない。実際には、1週間のうちの1日から2日を在宅勤務として、その他の日は会社に出勤して就業するというケースが多い。また、1日の労働日の中でも、一定の時間帯のみを在宅勤務に切り替えるという在宅勤務の部分的利用も行われている。

モバイル勤務

特に出張が多い営業職の労働者などに適した働き方。出張中の移動時間帯や、宿泊を伴う出張先での時間をうまく活用して、就業時間に充てることができるため、労働能率の向上の効果が期待できる。また、出張先などでも、PCや携帯電話などにより会社にいる上司など、他の労働者と連絡を取り合うことができるので、業務の進展などの報告も容易に行うことができ、出張などを終えた労働者が、会社などに寄って、業務に関する報告などを行うことなく、出張先などから直接自宅などに戻ることができるというメリットもある。

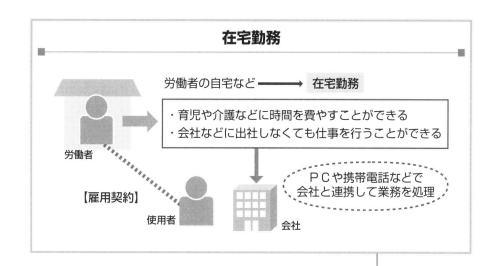

在宅勤務

労働者の自宅など ⟶ **在宅勤務**

・育児や介護などに時間を費やすことができる
・会社などに出社しなくても仕事を行うことができる

ＰＣや携帯電話などで
会社と連携して業務を処理

労働者

【雇用契約】

使用者

会社

たとえば、自宅から遠い会社に勤務している労働者が、会社が設けた、より自宅から近いサテライト事務所などに勤務することで、移動時間を短縮して、効率的に就業することが可能です。

サテライトオフィス勤務は、さらに専用型と共用型に分類することが可能です。専用型とは、あらかじめ会社などが、自社の社員やグループ会社の社員などが使用することを想定して、その会社専用のサテライトオフィスを設けている場合をいいます。

これに対して、共用型とは、特定の会社の専用サテライトオフィスではなく、いくつかの企業などがテレワークのためのスペースとして、共同で１つのサテライトオフィスを用いる働き方をいいます。

■ テレワークが企業にもたらす効果

テレワークを導入することによって、業務の効率が向上する効果があります。たとえば、技術営業の社員が不在のときに、見込客から製品に関する技術的な内容の問い合わせがあったとしましょう。技術営業の社員が出張中など不在である場合には、見込客の問い合わせに応じることができず、受注のチャンスを

専用型

労働者が自宅から近いサテライトオフィスに出勤して、テレワークを行う場合はもちろん、出張中の労働者が、出張先から近いサテライトオフィスに立ち寄って就業するという活用方法もある。

共用型

複数の企業などが、１つの場所を共有してテレワークを行うため、シェアオフィス、あるいは、コワーキングスペースなどと呼ばれることもある。共用型サテライトオフィスは、元々、個人事業主やフリーランスの形態で働く人のための共用スペースとして活用され始めたオフィスだが、最近では、企業が共用スペースを運営している施設との間で契約を締結して、自社の社員などに共用スペースを用いたテレワークを行うことを認めるという活用事例も増えている。

逃してしまうかもしれません。しかし、テレワークを用いて技術営業の社員が見込客などの問い合わせにタイムリーに対応することが可能であれば、時間や場所を問わずに、受注のチャンスを捉えることが期待できます。

　また、テレワークを導入することで、有能な人材を失いにくいという効果も挙げられます。たとえば、女性労働者が結婚・妊娠・出産をきっかけにして、それ以前と雇用スタイルが大きく変化してしまうことを理由に、離職するケースが非常に多いという問題点があります。しかし、テレワークを導入することによって、労働者は、時間や場所を柔軟に選択して就業することが可能となるため、ライフスタイルに合わせて就業を継続することが可能です。そのためテレワークは、会社側にとって、有能な人材を雇用し続けるためにも有効だといえます。

■ 在宅勤務のメリットとデメリット

　在宅勤務制度が普及することで、育児や介護と両立して仕事に就くことができます。家庭などを職場にすることができるため、仕事に対する集中力が向上し、結果として仕事の効率や生産性が上がることも期待されています。

　さらに、ウイルスのパンデミック（大流行）、災害対策、過疎化といった社会問題に対しても、在宅勤務制度は有効な対策になることが期待されています。また、在宅勤務で使用する機器等は、労働者個人が持っている通信環境を利用する場合が多く、在宅勤務の開始で、会社の新たな費用負担は少ない場合がほとんどです。会社にとっても、経験を積み重ねてきた優秀な労働者を失うことなく業務を継続させることができますし、災害で交通網が分断されたときなどにも、業務を止めずに対応できるといった効果が期待されます。このため、国も在宅勤務の体制づくりを後押ししています。

　一方で、在宅勤務には管理が難しいという問題点もあります。

<table>
<tr><td>在宅勤務の
メリット</td></tr>
</table>

在宅勤務は労働者自身の病気やケガの場合にも、一定程度の労働力を活用できるメリットもある。たとえば、労働者が足を骨折するなど、出勤することが困難な状況でも、自宅で安静な状態で就業することができる場合には、休業などをすることなく、継続的に働き続けることができる。

在宅勤務のメリット・デメリット

在宅勤務のメリット	在宅勤務のデメリット
育児や介護と両立して仕事に就くことができる	プライベートと仕事の線引きがしにくく、管理者の目が行き届かない
自宅の室内などの静かな環境で就業することで、仕事に対する集中力が向上し、効率・生産性が上がる	労働時間の把握など、在宅勤務者に対する労務管理の体制整備が必要となる
ウイルスのパンデミック（大流行）、災害対策、過疎化といった社会問題に対する有効な対策になる	必要な情報通信機器のすべてを企業側で準備しなければならない場合、費用の負担が大きい
在宅勤務で使用する機器等を労働者個人の通信環境を利用する場合、在宅勤務の開始による会社の費用負担を抑えられる	必要な情報通信機器として、労働者の私物を利用する場合、情報漏洩のリスクが高まる
在宅勤務は労働者自身の病気やケガの場合にも、一定程度の労働力を活用することができる	

　自宅で仕事をするとなると、プライベートと仕事の線引きがしにくく、管理者の目が行き届かなくなります。特に事前に労働時間などについて、大枠の合意を行っておかないと、労働者が深夜を中心に仕事を行うことが多くなったために、割増賃金が発生するなどの問題が生じる場合も考えられます。

　また、情報通信機器の整備に関しても、注意しなければならない点があります。まず、必要な情報通信機器のすべてを、企業側で準備しなければならないとなると、その費用は相当な金額にのぼります。しかし、仮に必要な情報通信機器について、労働者が私的に所有している物を利用するとなると、情報管理の面で問題がありうる他、費用負担の問題もあります。そのため、情報漏洩のリスクなどの問題点について、企業側はしっかり認識しておく必要があります。

テレワークにおける適切な労務

管理のためのガイドラインの概要

■ ガイドラインの適用対象

テレワークに伴う労働者の適切な労務管理のために、厚生労働省は平成30年2月に「情報通信技術を利用した事業場外勤務の適切な導入及び実施のためのガイドライン」を策定しました。

ガイドラインでは、テレワークのメリット、問題点・課題、労働関係法令の適用に関して、主要なポイントがまとめられています。ガイドラインの適用範囲は、労働者が情報通信技術（ICT）を利用して行う事業場外勤務です。具体的には、在宅勤務、サテライトオフィス勤務、ノートPCや携帯電話などを活用したモバイル勤務が適用対象であると明記されています。

■ 労働基準関係法令の適用及び留意点等

テレワークの導入に伴い、主に労務管理を担当する企業の担当者が留意するべき点は以下のとおりです。

・労働基準法の適用に関する留意点

使用者は、労働者と労働契約を締結する時点で、テレワークを行う場所を明示することが推奨されています。使用者は、テレワークの対象に含まれる労働者についても、労働時間を適切に把握する必要があるため、PCの使用時間の記録など、具体的な労働時間の管理方法を定めることを求めています。使用者が労働者の労働時間を適切に把握することが困難な場合には、事業場外のみなし労働時間制を採用することができますが、テレワークについて具体的にどのような場合に採用することができるのかが明らかにされています。

**テレワーク時の
労働時間管理**

ガイドラインに基づき、使用者は、過度な長時間労働を行わせることなく、適正な労働時間の管理を行うことが求められる。

**事業場外のみなし
労働時間制の採用**

①情報通信機器が、使用者の指示により常時通信可能な状態におくこととされていないこと、②随時使用者の具体的な指示に基づいて業務を行っていないこと、の2点を満たす場合に事業場外のみなし労働時間制（108ページ）を採用することができる。

ガイドラインの要点

留意点	具体的な内容など
労働基準法の適用に関する留意点	・労働条件の明示（就業場所等） ・労働時間の適用（労働時間の把握、中抜け時間、事業場外みなし労働時間制の導入等） ・休憩時間の取扱い ・時間外・休日労働の労働時間管理
長時間労働対策に関する留意点	・終業時間後のメール送付の抑制 ・所定労働時間外にシステムへのアクセス制限 等
労働安全衛生法の適用に関する留意点	・メンタルヘルス対策を含む健康確保 ・自宅の作業環境（机、椅子、照明等）の整備
労働者災害補償保険法の適用に関する留意点	・テレワークにおいても通常の勤務と同様、労災保険が適用

　また、テレワークの性質上、移動時間中などに仕事をすることも可能ですが、労働時間に含まれるか否かが問題となります。ガイドラインでは、使用者側の指揮・命令に従って業務を処理する場合には、労働時間に含まれることが明記されています。

　その他、テレワークを導入すると、比較的労働者が任意の時間で労働することが可能になるため、長時間労働に陥ってしまう可能性があります。そのため使用者は、休憩時間に関する取扱いを明示するとともに、時間外労働あるいは休日労働については、割増賃金の対象になることを含めて、事前に労働者に対して、詳細な労働条件を示す必要があります。

・労働安全衛生法の適用に関する留意点

　重要な点として、メンタルヘルス対策に関する措置が挙げられます。具体的には、労働者が柔軟に労働時間や場所を選択することが可能なテレワークについては、労働者が長時間労働の

ためにメンタルヘルスに支障をきたす可能性があります。その
ため使用者は、健康診断やストレスチェックなどの健康確保の
ために必要な措置を講じる義務を適切に果たすことが重要です。

・労働者災害補償保険法の適用に関する留意点

　ガイドラインでは、テレワークに従事する労働者が、就業中
に負傷あるいは疾病にかかった場合には、会社などに出勤して
いる他の労働者と同様に、労働者災害補償保険法が適用され、
労災の対象に含まれることが明記されています。

■ テレワークを導入する際の注意点

　ガイドラインは、テレワークを適切に導入・実施するための
注意点として、労使双方がテレワークの導入・実施に対する認
識の食い違いがないように、労使委員会などでテレワークの対
象業務や範囲などについて協議し、協議内容を文書として保存
することを推奨しています。また、出社が不要となるテレワー
クについては、労働者の業績を評価する方法などについて、労
使間で問題が生じやすいことから、主に使用者に対して、適正
な評価方法の導入を求めています。

■ 中抜け時間が発生しやすい

　テレワークは、育児や親の介護等を担当している労働者が利
用しやすい反面、子どもの送迎や親の介護、家事などを済ませ
るために業務の間にいったん、労働から離れる場合が多くなる
ようです。このように業務からいったん離れる時間を「中抜け
時間」といいます。

　労務管理上、中抜け時間は労働時間ではないため、その時間
を無給とすることができます。ただし、給与計算や中抜け時間
の把握など給与計算担当者の手間がかかる、労働者の賃金が
減ってしまうなどのデメリットもあるため、以下のような対応
をすることもできます。

①中抜け時間について、時間単位の年次有給休暇を取得することができます。この場合には、就業規則に時間単位の年次有給休暇制度の規定と労使協定の締結が必要になります。なお、時間単位の年休は、分単位では取得できないため、1時間単位で取得する必要があり、たとえば1時間30分の中抜け時間は2時間の年休として申請します。

②中抜け時間を休憩時間として扱い、中抜け時間の時間分、始業時刻または終業時刻を繰り上げ・繰り下げを行います。たとえば、始業時刻が9時、終業時刻が17時の会社で、2時間の中抜け時間があった場合、その2時間は休憩として、2時間分終業時刻を19時まで繰り下げ、または、始業時刻を7時に繰り上げることで対処します。休憩時間は原則、一斉に付与しなければならないため、事前に一斉付与の適用除外を行う旨の労使協定を締結しておく必要があります。

テレワーク時の通勤手当

通勤手当は、出社するためのガソリン代や電車代の意味で支給されているのが一般的である。そのため、在宅勤務で出社しない場合の通勤手当の支給の有無や計算方法などについても事前に取り決めておくとよい。

■ 費用の負担も事前に取り決めておく

テレワークは在宅で業務を行う制度で、これまで会社の備品等を利活用していたものが、在宅勤務の場合、労働者自身が保有している備品等を利活用しながら行うことになります。たとえば、PCやインターネット接続費用、水道光熱費、電話代などです。特に、インターネットの接続費用や水道光熱費は、既に労働者自身が保有しているものを業務にも利用するというケースが多く、費用のどこまでを会社が負担すべきか判断に悩む費用です。会社が必ずしも費用負担しなければならないという法律があるわけではないため、労働者が全額負担とすることもできます。また、1回500円というように手当として一律金額を支給するという方法もあります。

いずれにせよ、後々のトラブルを避けるために、事前に取り決めをしておく必要があります。

在宅勤務の導入手順

・・・
現状把握→対象範囲決定→社員への周知・理解→試行
という手順

**在宅勤務の対象
となり得る業務**

たとえば、資料作成、
プログラミングなどの
デスクワークは場所を
選ばず、会議、研修な
どもインターネットな
どを利用すれば在宅で
も可能である。そこで、
具体的にどのような業
務について、在宅勤務
の対象にして、業務の
効率化を図る必要があ
るのかを明確化する必
要がある。さらに、在
宅勤務の実施頻度につ
いても、導入する会社
などの状況によっても
異なるが、通常は、週に
1回から2回程度の実
施からスタートしてい
くと、スムーズな導入
につながるといえる。

■ どんな手順で行うのか

　在宅勤務を導入するには、在宅勤務の持つメリット・デメリット（195ページ図参照）を認識した上で、なぜ今、在宅勤務を導入しなければならないのかという、目的を明確化する必要があります。そして、主に①現状の把握、②対象範囲の決定、③社員に対する周知・理解、④試行という手順を経る必要があります。

ⓐ　現状を把握する

　在宅勤務を導入する際に、現在の自社のルールと環境を確認して、在宅勤務の導入が可能であるのかを確認する必要があります。まず、就業規則において、始業・就業時間や、給与体系などの規定がどのようになっているのかを確かめます。そして、在宅勤務を導入することで実態との矛盾・抵触が生じる場合には、必要に応じて就業規則などの修正・変更を行う必要があります。

　また、在宅勤務を導入するためには、PCなどのICT機器が十分に足りているのかを確かめるとともに、必要に応じて、Web会議システムなどの情報会議ツールの整備を検討することも重要です。さらに、それらのICT機器に情報漏洩に対するセキュリティ対策を講じておくことも必要です。

ⓑ　対象者の範囲を確定する

　在宅勤務の対象範囲の確定とは、具体的には、在宅勤務の対象者、対象業務、実施頻度を確定することをいいます。対象者については、スタートの段階では、あまり大人数にならないようにすることがポイントです。管理職など、在宅勤務制度に対して理解度が高い社員から徐々に対象範囲を広げていくとよいでしょう。

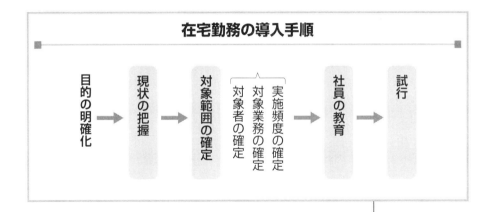

在宅勤務の導入手順

目的の明確化 → 現状の把握 → 対象範囲の確定 → ［実施頻度の確定／対象業務の確定／対象者の確定］ → 社員の教育 → 試行

ⓒ　社員の教育、試行

　在宅勤務制度の導入にあたり、導入の目的、勤務体制、ICT機器の使用方法などについて、研修会を開催するなどして、社員に理解してもらう必要があります。そして、3か月から6か月程度の試行期間を設定し、本格的な導入に向けた課題の探求・修正を経て、在宅勤務の本格的な導入に向けて備える必要があります。

■ ICT環境を整備する

　在宅勤務では、情報通信環境の整備が必須です。情報通信環境は、①パソコン（PC）、タブレット、②サーバ、③ネットワーク回線から構成されます。サーバとは、他の端末に対し、自身が持っている情報を提供したり、処理結果を返したりする役割をもつコンピュータやソフトウェアのことをいいます。それに対し、①のパソコンやタブレットをクライアントと呼ぶこともあります。

　また、ネットワーク回線は、公衆回線と専用回線があります。専用回線は高額になることが多く、公衆回線上に仮想的に専用回線を作るVPN回線が、在宅勤務では一般的に多く利用されています。

　サーバと従業員が利用する端末がネットワーク回線でつなが

> **情報会議ツール**
>
> 最近では、ビジネスチャットやWeb会議システムに特化したツールもある。ビジネスチャットでは、電子メールのようなかしこまった挨拶などを省略することができ、電話のような1対1の関係をグループ内にオープン化することができる。
> Web会議システムは、お互いの顔を見られるだけでなく、資料なども共有できる。在宅勤務ではコミュニケーションが課題に挙げられることが多く、コミュニケーションを補完するためにWeb会議システムを導入する会社もある。

ることで、ICT環境が構築されます。たとえば、在宅で経理業務を行っている従業員が、自身の端末で仕訳などを入力するとサーバに情報が蓄積されていきます。それらの情報を別の従業員が自身の端末からサーバにアクセスし閲覧や上書きすることができます。こういったICT環境の方式にはいくつかあります。

ⓐ　リモートデスクトップ方式

　勤務先の会社に設置されているPCのデスクトップ画面を、自宅などのPCやタブレット端末などで遠隔から閲覧、操作する方式です。会社のPCを遠隔で操作しているためセキュリティ面で優れているメリットがあります。その一方、ネットワーク環境の回線速度に依存するため動作が重くなる、会社のPCを常時オンにしておく必要がある、などのデメリットがあります。

ⓑ　仮想デスクトップ方式

　この方式は、リモートデスクトップ方式の会社PCをサーバに置き換えた方式です。そのためサーバ上に仮想デスクトップを作成し、手元の端末から遠隔でログインし、操作する方式です。データはサーバ上で一元管理されるためセキュリティに優れていますが、サーバを準備する初期コストがかかります。

ⓒ　クラウド型アプリ方式

　クラウドとは、会社内外や利用端末の場所を問わず、インターネット上のクラウドアプリにアクセスし、利用端末から操作する方式です。ⓐ、ⓑのように社内にPCやサーバを用意する必要がなく、それらがクラウドサーバ上にある点で異なります。災害などの非常時において、社内のPCが利用できなくなっても他のPCからアクセスできる利点があります。

ⓓ　会社PCの持ち帰り方式

　会社で使用しているPCを社外に持ち出して利用する方式です。通常業務と在宅業務で同じPCを利用するため、使い慣れた端末で業務を行うことができる反面、端末の紛失などの情報漏洩リスクを伴います。

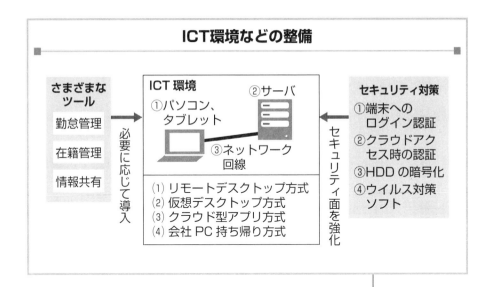

ICT環境などの整備

さまざまな ツール
- 勤怠管理
- 在籍管理
- 情報共有

必要に応じて導入

ICT 環境
①パソコン、タブレット
②サーバ
③ネットワーク回線

(1) リモートデスクトップ方式
(2) 仮想デスクトップ方式
(3) クラウド型アプリ方式
(4) 会社 PC 持ち帰り方式

セキュリティ面を強化

セキュリティ対策
①端末への ログイン認証
②クラウドアクセス時の認証
③HDD の暗号化
④ウイルス対策 ソフト

■ 在宅勤務に必要なツールを整理する

在宅勤務には、勤怠管理ツール、在籍管理ツール、情報共有ツールがあると便利です。

勤怠管理ツールは、始業時刻、終業時刻を打刻するツールです。給与計算ソフトと連動することができるため、労務管理の効率化を図ることもできます。

在籍管理ツールは、従業員が何をしているかを見える化するツールです。勤務時間中のデスクトップ画面をランダムに取得し、上司などの管理者が従業員の作業の様子を確認することができます。従業員にとっては一定の緊張感をもって仕事をこなすため時間意識の向上などを図ることができます。

情報共有ツールは、従業員間で情報の共有を図るためのツールで、スケジュール、ワークフロー管理、電子メール、電子掲示板、ドキュメントの共有などの機能が一つに統合されたツールです。グループウェアと呼ぶこともあります。通常勤務であっても、同一の部署ごとにグループウェアを使用している例もあります。

在宅管理ツール

取得するデスクトップ画面の解像度を低く設定することができるなど、プライバシーに配慮したツールや、着席や退席を申告することができ、勤務時間の記録をする機能、働き過ぎを抑制するアラート機能などを備えたツールもあるため、実情に合わせて検討するとよい。

副業・兼業

本業に支障がなければ副業を行うことも認められる

■ 副業・兼業とは

副業や兼業とは、一般的には「本業以外で収入を得る仕事」とされています。企業と雇用契約を結んで労働者として働く場合を副業と呼び、個人事業主として請負契約などを結んで業務を行う場合などを兼業と呼ぶこともあります。

副業・兼業にはさまざまな形態がありますが、副業全般について法的な規制があるわけではありません。企業と雇用契約を結んで労働者として働く場合には、副業であっても労働基準法などの労働法規が適用されますし、本業の使用者との関係にも影響を及ぼします。日本では欧米に比べて会社の開業率が低いことや、少子高齢化による労働力の減少などが課題として挙げられています。これらの課題に対して副業・兼業を推進していくことは、起業の促進や、慢性的な人手不足の解消に有効だと考えられています。

■ どんなメリット・デメリットがあるのか

副業・兼業は、企業にとって、人材育成につながるというメリットがあります。具体的には、社外でも通用する知識・スキルの研鑽に努めることで自立した社員を増やすことができることや、副業が個人事業であれば経営者の感覚を養うことができることなどが挙げられます。

また、人材の獲得・流出防止のメリットがあります。具体的には、経験豊富な人材を副業として受け入れることで、比較的低コストで人材を獲得することができることや、副業を認める

**副業・兼業の
いろいろ**

アパートやマンションなどを所有していて不動産所得を得る場合も、広義には副業あるいは兼業と言われることがある。最近では、ネットを介した個人間売買（ネットオークションなど）、株式売買（デイトレードなど）、アフィリエイト、などによって所得を得る副業・兼業もある。

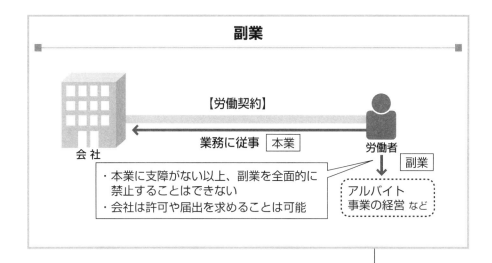

ことで優秀な人材をつなぎとめ、雇用継続につながることなどが挙げられます。新たな知識・人脈などの獲得のメリットもあります。副業先から得た知識・情報・人脈は本業の事業拡大のきっかけになる可能性があります。

社員にとっては、副業で所得が増加することが最も大きなメリットです。また、将来のキャリアを形成するためのリソースとなる社外で通用する知識・スキル、人脈を獲得することで、労働・人材市場における価値を高めることができます。

一方、企業にとってのデメリットは、長時間労働による社員の健康への影響や、労働生産性の低下が懸念されることです。業務上の情報漏洩、本業との競業によるリスクが高まることもデメリットのひとつです。また、副業による長時間労働で本業でも労災リスクが高まることや、現行の法制度上は、本業と副業の労働時間が通算され、時間外労働の割増賃金が発生することなども挙げられます。

社員にとってのデメリットは、就業時間の増加によって心身への負担が大きくなり、本業への支障をきたすことです。本業における評価が低くなる可能性もあります。また、本業と副

副業・兼業のメリット

必ずしもすべての業種・業態に相性がよいわけではないが、技術革新の変化が激しいIT分野での副業・兼業は、社外の知識、スキル、人脈などを得ることができるためメリットが大きいといえる。

副業・兼業に向かない場合

昼夜の交代勤務や肉体的負担の大きな業種・業態では、社員をきちんと休ませるという意味では、副業・兼業に向かない場合もある。

の仕事のタスクが多くなると管理をすることが困難になること
もあります。

■ 副業制限とは

　副業・兼業を規制している法律はなく、原則自由に行うこと
ができます。ただし、公務員については、国民の奉仕者という
職務の立場があるため、国家公務員法や地方公務員法で副業を
原則禁止しています。最近では、公務員についてもNPO法人な
どの非営利組織への副業を許可する自治体が増え始めています。

　副業・兼業は原則自由ですが、会社がすべての副業・兼業を
許してしまうと会社にとってリスクが高まる場合があります。
たとえば、本業の会社と競合する他社で副業をしている場合に
は、その従業員が本業の会社の機密情報を漏らしてしまう可能
性があります。また、日中時間帯を本業の会社で労働し、その
後、夜間に長時間のアルバイトなどで労働した場合には、睡眠
時間が削られ、業務ミスなど本業での支障が生じる可能性もあ
ります。

　このように副業を許可することで会社のリスクが高まる場合
には、就業規則などにより副業を制限もしくは禁止することが
でき、違反した場合には懲戒処分などを下すこともできます。
逆に、会社へのリスクがないと判断できる場合には、副業を原
則、許可する必要があります。

　したがって、就業規則の副業禁止規定が常に有効であるとは
限らず、たとえ規定が有効であるとしても、規定に違反した労
働者を常に懲戒処分にできるとは限りません。

■ 制限にはいくつかのパターンがある

　一般的に、副業制限を設けることができる理由として下記の
ようなものがあります。

**労働者は副業を
行うことができるか**

我が国の法令上、民間
企業に勤務する労働者
の副業を禁じる規定は
ない。しかし、就業規
則などで副業を禁止す
ることが法的に一切認
められないわけではな
い。また、営業秘密の
保持などを重視して、
就業規則などで副業を
禁止するにとどまらず、
会社の許可なく行った
副業について、就業規
則などで懲戒事由にし
ていることもある。

**会社側が副業を
禁じる理由**

「副業をすると、疲れ
がたまって本業に支障
をきたす」「副業先で
本業の情報が漏洩する
おそれがある」「残業
や休日出勤ができなく
なる」などが挙げられ
る。副業禁止の就業規
則を破って、会社側か
ら懲戒処分（懲戒解雇
処分など）を受けた労
働者が、会社を相手
取って提訴した訴訟に
おいても、上記のよう
な理由で会社に損害を
与えたり、労務の提供
に支障が生じるおそれ
があるとして、会社側
の懲戒処分の適法性を
認めた裁判例もある。

副業を制限できる場合

原 則 ➡ 副業を許可しなければならない

例 外 ➡ 下記に該当する場合には、副業を制限もしくは
禁止することができる

> ①副業・兼業が不正な競業、情報漏洩のおそれが
> ある場合
> ②本業の社会的信用を傷つける場合
> ③働き過ぎによって健康を害するおそれがある場合

① **副業・兼業が不正な競業、情報漏洩のおそれがある場合**

競合する会社での就業は、意図するかしないかにかかわらず、本業の会社の機密情報漏洩などのリスクを伴います。また、競合他社への転職や起業の準備として副業から始める場合もあり、情報漏洩などのリスクはより一層高まります。

② **本業の社会的信用を傷つける場合**

副業・兼業を行う業種について、たとえば、反社会的勢力との関連が疑われる会社で働くことは、本業の社会的信用を傷つけるリスクがあります。社会的信用を大切にしている会社では、従業員がそういった業種で働いていることが公にされると、会社イメージがダウンし、売上が落ち込む可能性があります。

③ **働き過ぎによって健康を害するおそれがある場合**

副業をするということは、必然的に労働時間が長くなることを意味します。そのため、本業で居眠りが増える、集中力が途切れるなど本業へ支障をきたすリスクがあります。さらには、従業員自身の健康を害するリスクもあります。

これらに該当する場合には、裁判例においても副業を制限もしくは禁止することができるとしています。

会社側の懲戒処分の適法性を認めた裁判例

たとえば、毎日6時間に及ぶ深夜にまでわたる長時間の副業について、本業である会社における勤務に支障が生じるおそれがあるとして、会社が副業を行う労働者に懲戒処分を行うことが認められると判断されたケースがある。また、会社の管理職にあたる労働者が、直接経営には関与しないものの競合他社の取締役に就任した事案について、会社が懲戒処分を行うことが許されると判断されたケースもある。

副業・兼業の促進に関する
ガイドラインの概要

**会社としては労働者の健康管理や情報管理などに留意
する**

■ ガイドラインにはどんなことが書かれているのか

　ガイドラインは、副業・兼業に関わる現状、企業や労働者の
対応についてまとめたものです。ガイドラインは、平成30年1
月に策定されましたが、その後、令和2年9月に改定されました。
令和2年9月の改定では、事業場を異にする場合の労働時間の
通算などの労働時間管理について、企業の対応として労働時間
の考え方や把握方法をより詳しく解説したものとなっています。

　ガイドラインでは、副業・兼業について、労働者の希望に応
じて、原則的には認める方向で検討するように記載されていま
す。副業・兼業を認める場合においては、労務提供上の支障、
企業秘密の漏洩などがないか、長時間労働を招くものとなって
いないかを確認するために、副業・兼業の内容を申請・届出制
とすることが望ましいとしています。

　副業・兼業を認める場合、会社が最も気を付けなければなら
ないことは、事業場を異にする場合（事業主が異なる場合も含
む）において労働時間を通算するということです。特に、事業
主が異なる場合、どのように副業・兼業先の労働時間を把握す
るのかということが大きな問題でした。この点、令和2年9月
のガイドラインの改定によって、自らの事業場の労働時間と労
働者からの申告などにより把握した他の使用者の事業場におけ
る労働時間を通算することと明記されました。なお、労働者か
ら申告がなかった場合や事実と異なった申告があったとしても、
労働者から申告のあった時間で通算すればよいとされています。

　また、健康管理について、会社は労働者に対して健康診断を

かつての厚生労働省の
モデル就業規則には副
業・兼業に関しては
「原則禁止」と規定さ
れていたが、働き方改
革の一連の流れの中
で、モデル就業規則の
副業・兼業に関する規
定は「原則推進」に改
定された。モデル就業
規則の改定に加えて、
副業・兼業の推進の環
境整備を行うために作
成されたガイドライン
が「副業・兼業の促進
に関するガイドライ
ン」である。

このQ&Aは、労働時
間管理、健康確保措置、
労災保険について具体
的な例を示しながら、
ガイドラインの補足が
行われている。

令和2年9月改定のガ
イドラインでは、労働
時間の申告や通算にお
ける労使双方の手続上
の負担を軽減し、労働
基準法に定める最低労
働条件を遵守されやす
くなる簡便な労働時間
管理の方法も記載して
いる。

副業・兼業の労働時間管理

労働時間は、事業場を異にする場合（使用者が異なる場合も含む）も通算する

（企業の対応）下記の内容を把握しておく
・他の使用者の事業場の事業内容
・他の使用者の事業場で労働者が従事する業務内容
・労働時間の通算の対象となるか否かの確認
・他の使用者との労働契約の締結日・期間
・他の使用者の事業場での所定労働時間等
・他の使用者の事業場における実労働時間等の報告
} 届出制・許可制にする

→ 労働者から申告のあった労働時間で通算する

受診させる義務があります。ただし、週の所定労働時間が通常の労働者の所定労働時間の４分の３より少ない労働者については受診させる義務はなく、副業・兼業をしていても労働時間の通算をする必要はありません。

■ 労働者から申し出があった場合にはどうする

この場合には、原則認める必要があります。しかし、例外として、副業・兼業が不正な競業にあたる場合、企業の名誉・信用を損なう場合、企業秘密が漏洩する場合には認める必要がないため、申し出を受けた時点でそれらに該当するかどうかを確認する必要があります。また、副業・兼業が現在の業務の支障にならないかどうか、労働者と上司などで十分な話し合いを行う必要があります。

なお、副業・兼業の開始後、会社は労働時間や健康状態について確認する必要があります。月に１回程度、副業・兼業の実績報告書を提出するようにルールづくりをしておくとよいでしょう。

許可をする際の注意点

就業時間外のことについて必要以上の情報を求めすぎるとプライバシーの侵害にあたる場合があるので注意が必要である。

プライバシーの侵害

どこで副業・兼業を行うのか、副業・兼業先の就業時間や業務量について聞く程度は、不正な競業や長時間労働の抑制の観点からは問題ないとされている。

労働時間のルールと管理の原則

柔軟な働き方に向け労働時間の管理が必要

労働時間の管理

労働時間の管理には、
始業時刻・終業時刻、
労働時間、休憩、中抜
け時間などの管理が含
まれる。

■ テレワークにおける労働時間管理

　テレワークを導入する際には、それぞれの事業場に適した労働時間制度を構築する必要があります。

　まず、労働基準法には「法定労働時間（週40時間、1日8時間）を超えて働かせてはならない」という原則があります。つまり、週の労働時間の合計の上限（40時間）と1日の労働時間の上限（8時間）の両面から、労働時間について規制を及ぼしています。

　なお、法定労働時間に関する労働基準法の規定には例外があり、事業場外みなし労働時間制（108ページ）とフレックスタイム制（104ページ）が代表的なものです。

■ 時間外労働と副業の労働時間通算

　使用者は法定労働時間を守らなければならないのが原則ですが、災害をはじめ臨時の必要性が認められる場合や、三六協定が結ばれている場合には、例外的に法定労働時間（週40時間、1日8時間）を超えて労働者を業務に従事させることができます。法定労働時間を超える労働を時間外労働といい、時間外労働に対しては割増賃金を支払わなければなりません。

　なお、複数の事業場で働く場合（事業主を異にする場合も含む）、それぞれの事業場の労働時間を通算することになります。つまり、通算した労働時間が法定労働時間を超えた場合、超えた分の割増賃金は各事業場の使用者が支払う義務を負います。

　さらに、働き方改革関連法による労働基準法の改正により、原則として月45時間、年360時間という時間外労働の上限が労

テレワーク、副業の労働時間管理

柔軟な働き方がしやすい
環境整備

➡ 労働時間管理が重要

【テレワーク】
さまざまな労働時間制を活用する
・通常の労働時間制
・事業場外みなし労働時間制
・フレックスタイム制　など

【副業】
労働時間の通算規定に気を付ける
※割増賃金の負担をどちらの
　使用者が負うか

働基準法の規定で明示されました。

■ 法律が認めるさまざまな労働時間制を活用する

　テレワークの労働時間については、1日8時間1週40時間の
ように通常の労働時間制を採用することも可能です。しかし、
通常勤務を行う事業場を離れて自宅などで勤務するという特性
上、労働時間の管理が難しくなります。会社が労働時間を管理
するという煩雑さを回避するために、労働者自身に始業時刻・
終業時刻などの労働時間の判断をゆだねる労働時間制を採用す
るということもテレワークを円滑に進める上で選択肢になりえ
ます。労働者に労働時間等の判断をゆだねる労働時間制として、
「事業場外みなし労働時間制」「フレックスタイム制」「裁量労
働制」が挙げられます。

・事業場外みなし労働時間制

　テレワークによって、労働時間の全部または一部について自
宅などの事業場外で業務を行った場合には、事業場外みなし労
働時間制を採用することができる場合があります。テレワーク
に事業場外みなし労働時間制を適用するためには、使用者の具

「月45時間、年360時間」の例外

特別条項付き協定により、これらより長い時間外労働の上限を定めることも認められる。その場合であっても、①時間外労働は年720時間を超えてはならない、②時間外労働が月45時間を超える月数は1年に6か月以内に抑えなければならない、③時間外・休日労働は1か月100時間未満に抑えなければならない、④2～6か月の各平均の時間外・休日労働を月80時間以内に抑えなければならない、という規制に従わなければならない。
上記①～④の長時間労働の上限規制に従わないと、罰則の対象になることも明示された。

体的な指揮監督が及ばず、労働時間を算定することが困難であることが必要です。この労働時間制では、労使で定めた時間を労働時間とすることができます。たとえば、労使で定めた時間が8時間であれば、実労働時間が7時間や9時間であったとしても、8時間働いたとみなします。

そして、労使で定めた時間が法定労働時間内であれば、割増賃金などの支払いを行う必要がありません。ただし、休日労働や深夜労働の場合には割増賃金の支払いが発生します。また、労使で定めた時間よりも実労働時間が多くなってしまうと労働者にとって不利益なため、必要に応じて労使で定めた時間、業務量の見直しが必要になります。

・フレックスタイム制

フレックスタイム制は、3か月以内の一定期間の総労働時間を定めておいて、その期間を平均し、1週当たりの労働時間が法定労働時間を越えない範囲内で、労働者が始業時刻や終業時刻を決定することができる制度です。

労働者の意思により、始業時刻・終業時刻の繰り上げ、繰り下げができます。

フレックスタイム制をテレワークだけでなく、通常勤務にも採用することで、会社へ通勤して勤務する日は比較的長い労働時間を設定し、テレワークで勤務する日は短い労働時間を設定することもできます。このように柔軟に労働時間を決めることができるので、育児や家事などとの両立もしやすくなります。

なお、必ず勤務しなければならない時間帯としてコアタイムを設定することができますが、設定が困難な場合は、設定しないという選択も可能です。

フレックスタイム制は、あくまで、始業時刻・終業時刻を労働者の意思で決定できる制度ですので、会社が労働者の労働時間を適切に把握しなければならないことは、通常勤務と変わりありません。

テレワークの労働時間制

労働時間を労働者が柔軟に調整できる制度

| 事業場外みなし労働時間制 | 裁量労働制 | フレックスタイム制 |

【注意点】
労働者の健康確保の観点から、会社は適正な労働時間管理を行う

・裁量労働制

　研究開発などの専門性の高い業務や企業経営に関する企画・立案などの業務などについては労働者の裁量が大きく、業務の遂行手段や時間配分を労働者自身に任せたほうがよい場合があります。その際に導入するのが裁量労働制です。事業場外みなし労働時間と労働時間の考え方は同様で、労使で労働時間を1日8時間とみなすと定めた場合、実際の労働時間が6時間や9時間であったとしても、8時間労働したとみなします。

　裁量労働制には、専門業務型裁量労働制と企画業務型裁量労働制があります。それぞれ対象となる職種や手続きの方法が異なります。専門業務型裁量労働制の中には、プログラマーやコピーライターなどのテレワークと親和性の高い職種が多くあります。また、労使で定めた時間よりも実労働時間が多くなってしまうと労働者にとって不利益なため、必要に応じて労使で定めた時間、業務量の見直しが必要になることは、事業場外みなし労働時間制と同様です。

■ 会社の労働時間管理の責務

　労働者の健康確保の観点から、フレックスタイム制はもちろん、事業場外みなし労働時間制や裁量労働制においても、会社は労働時間の適正な管理をすべきだといえます。

労働時間の通算

三六協定の締結、割増賃金の支払いが必要な場合もある

■ 割増賃金などとの関係で労働時間は通算される

労働基準法38条では、「労働時間は、事業場を異にする場合においても、労働時間に関する規定の適用については通算する」と規定しています。事業場を異にするとは、事業主が異なる場合も含んでいます。つまり、本業先のA社と副業先のB社において、それぞれの労働時間を通算するということです。

また、労働時間の通算によって、法定労働時間を越えてしまった場合に割増賃金を支払う義務を負うのは、法定外労働時間を発生させた使用者です。したがって、一般的には、使用者」は、契約の締結にあたって、労働者が他の事業場で労働していることを確認した上で契約を締結すべきであり、割増賃金を支払う義務を負うことになります。ただし、通算した所定労働時間がすでに法定労働時間に達していることを知りながら労働時間を延長するときは、先に契約を結んでいた使用者も含め、延長させた各使用者が割増賃金を支払う義務を負います。

以上の考え方を具体的なケースにあてはめて考えると、次ページ図（①〜④）のような結論になります。

なお、労働時間の通算により時間外労働が発生する可能性がある場合は、三六協定を締結し、届出をする必要があります。また、割増賃金の支払いがどちらの事業主に発生するかはそれぞれのケースを検討しなければなりません。そのためには、副業の許可をする段階で、副業先の所定労働日、所定労働時間などを申告させることが考えられます。毎月、副業の実労働時間を申告させることも有効です。

割増賃金が発生するケース例

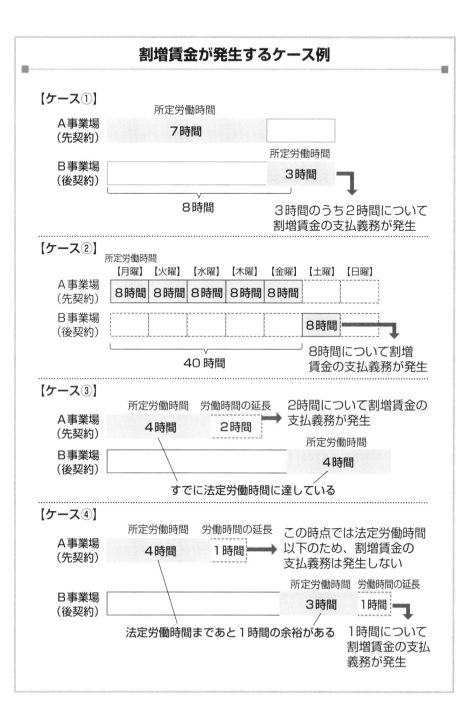

【ケース①】

A事業場
（先契約）
所定労働時間
7時間

B事業場
（後契約）
所定労働時間
3時間

8時間

3時間のうち2時間について
割増賃金の支払義務が発生

【ケース②】

所定労働時間

	【月曜】	【火曜】	【水曜】	【木曜】	【金曜】	【土曜】	【日曜】
A事業場（先契約）	8時間	8時間	8時間	8時間	8時間		
B事業場（後契約）						8時間	

40時間

8時間について割増
賃金の支払義務が発生

【ケース③】

A事業場
（先契約）
所定労働時間
4時間
労働時間の延長
2時間

2時間について割増賃金の
支払義務が発生

B事業場
（後契約）
所定労働時間
4時間

すでに法定労働時間に達している

【ケース④】

A事業場
（先契約）
所定労働時間
4時間
労働時間の延長
1時間

この時点では法定労働時間
以下のため、割増賃金の
支払義務は発生しない

B事業場
（後契約）
所定労働時間
3時間
労働時間の延長
1時間

法定労働時間まであと1時間の余裕がある

1時間について
割増賃金の支払
義務が発生

副業・兼業と労災保険

通勤中や業務中の被災など問題点を把握しておく

■ 複数の事業場で働く場合の労災保険

労災保険は、正社員・パート・アルバイトなどにかかわらず雇用されているすべての労働者が加入できます。そして、業務中や通勤時に被った負傷、疾病、障害、死亡に対して必要な給付を受けることができます。ただし、本業と副業・兼業のように複数の事業場で働く労働者については次のような問題があり、副業・兼業促進の妨げとなっていました。そこで、労災保険の改正が令和2年9月に行われ、見直しが行われています。

① 複数事業労働者が業務中に被災した場合の給付額

これまで、複数事業労働者がA社で10万円、B社で7万円の賃金（平均賃金）を支給されていたケースで、B社で業務災害にあった場合、給付額はB社（災害発生事業場）で得ていた7万円を基に計算されていました。法改正後は、A社とB社の賃金の合計額17万円を基に保険給付額が算定されることになります。

② 複数事業労働者が通勤中に被災した場合の給付額

複数事業労働者が通勤中に被災した場合でも、①と同様、両方の使用者から支払われる賃金の合計を基に保険給付額が算定されます。

③ 複数業務要因による災害

脳・心臓疾患や精神障害などの疾病は、複数の事業で働く労働者がいずれかの事業場の要因で発症したかがわかりにくい労働災害です。これまで、精神障害や脳・心臓疾患の労災認定においては労働時間の通算は行わず、160時間や100時間という時間外労働もそれぞれの就業場所ごとで判断することになってい

**業務災害で
休業する場合**

通常A社（非災害発生事業場）でも就業できないため、B社（災害発生事業場）の平均賃金を基に算定された給付額では十分な生活保障を行うことが難しいといえる。

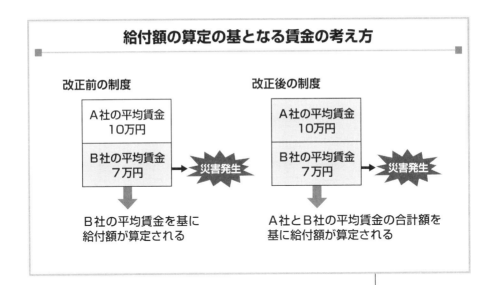

給付額の算定の基となる賃金の考え方

改正前の制度

| A社の平均賃金 10万円 |
| B社の平均賃金 7万円 | → 災害発生

↓

B社の平均賃金を基に
給付額が算定される

改正後の制度

| A社の平均賃金 10万円 |
| B社の平均賃金 7万円 | → 災害発生

↓

A社とB社の平均賃金の合計額を
基に給付額が算定される

ました。つまり、A社とB社で通算して160時間や100時間を超えていたとしても、それぞれの会社で超えていない場合には労災認定がされない可能性がありました。法改正後は、A社とB社の時間外労働やストレスなどの業務負荷を総合的に評価して労災認定を行います。このように労災認定された災害を「複数業務要因災害」といいます。

■ 保険料はどのように算定するのか

労災保険料は、保険給付の実績額に基づいて算定されます。たとえば、労災発生が多い事業場は保険料が高く、労災発生が少ない事業場は保険料が低くなります。法改正によって、非災害発生事業場の分も合算した賃金額をベースに労災給付がなされることになりますが、非災害発生事業場にとっては努力しても防ぎようのない労災であるため、非災害発生事業場の次年度以降の保険料には反映させないものとしています。

精神障害や脳・心臓疾患の労災認定

その疾病の発生原因が業務による心理的負荷、過重負荷を受けたことによるものであるかどうかを慎重に判断する。たとえば、発病前1か月間に概ね160時間以上の時間外労働があった場合には、業務による強い心理的負荷があったと認められる。

また、一定の心理的負荷をもたらし得る出来事があり、発病前6か月間に1か月平均100時間以上の時間外労働があった場合にも、業務による強い心理的負荷があったと認められる。

副業・兼業と雇用保険、社会保険

どちらの事業所に加入すればよいのかなどが問題になる

■ 副業・兼業先の雇用保険に加入できるのか

雇用保険の加入要件は、所定労働時間が20時間以上で継続して31日以上雇用見込みがある、ということです。しかし、雇用保険では、「同時に複数の事業主に雇用される場合には、生計を維持するのに必要な賃金を受ける雇用関係についてのみ被保険者となる」という要件があります。そのため、本業の事業場で雇用保険に加入している場合には、副業・兼業の事業場では雇用保険に加入できないということになります。

また、本業のA社と副業・兼業のB社の両方とも週20時間以上の所定労働時間がない場合には、どちらの雇用保険にも入ることはできません。仮にA社を退職すると失業手当は支給されず、労働時間の短いB社においても十分な収入を得ることは難しいでしょう。こういった所定労働時間が短い複数就業者は、雇用保険の恩恵を受けることができません。

なお、65歳以上の複数就業者について、①各就業先の1週間の所定労働時間が20時間未満であり、②全就業先の1週間の所定労働時間が合算で20時間以上の場合、労働者からの申し出があれば、労働時間を合算して雇用保険を適用する改正が行われました。ただし、労働時間を合算できるのは2社までとされ、1社当たり1週間の所定労働時間が5時間以上でなければ合算の対象となりません。この法改正は令和4年1月から施行されます。

■ 社会保険と副業・兼業について

副業・兼業先で働く場合には、事業所ごとに社会保険の加入

**複数就業者の
雇用保険加入**

複数就業者の雇用保険加入については、失業手当受給時にさまざまな問題があることが指摘されている。たとえば、現行の失業保険ではアルバイト等の収入があると失業手当が制限されるため、複数就業者の場合の取扱いが問題となる。そのため、65歳以上の複数就業者に限定して試行的に制度が導入される。

ケース①

労働者	事業主A 30 時間	事業主B 10 時間

⇒本業である事業主Aで雇用保険に加入できる

ケース②

労働者	事業主A 15 時間	事業主B 10 時間

⇒どちらも週の所定労働時間が20時間未満のため
雇用保険に加入できない

※法改正により令和4年1月から、ケース②の場合、労働者が65歳以上
であれば、申し出ることで雇用保険に加入できるようになる

要件に該当するかどうかを判断します。そのため、たとえ複数の事業所の労働時間を合算して要件を満たしたとしても、社会保険が適用されるわけではありません。

　複数の事業所で勤める者が、それぞれの事業所で加入要件に該当した場合には、どちらかの事業所の管轄年金事務所と医療保険者を選択する必要があります。標準報酬月額や保険料は、選択した年金事務所などで複数の事業所の報酬月額を合算して決定します。それぞれの事業所の事業主は、被保険者に支払う報酬額により按分した保険料を天引きし、選択した年金事務所などに納付します。具体的には、A社の報酬が25万円、B社の報酬が15万円であった場合には、選択した年金事務所で40万円の標準報酬月額を決定します。

　保険料が仮に72,000円とすると、A社は72,000×25/40=45,000円、B社は72,000×15/40=27,000円を労使折半でそれぞれ負担し、選択した年金事務所などに納付します。

テレワーク・副業の場合の機密情報管理

ルールの策定、従業員教育、セキュリティ対策が必要となる

■ セキュリティ対策

在宅勤務では、業務に関わる情報を社外に持ち出すことになるので、情報漏洩がさまざまな場面で発生し、トラブルの原因となる可能性が高まります。たとえば、自宅以外の場所や移動時に業務を行う場合には、第三者が画面を覗き見している可能性があります。また、作業用端末そのものの紛失や盗難、セキュリティが確保されていないWi-Fiへの接続、ウイルスの感染などが挙げられます。

セキュリティ対策には大きく下記のようなものがあります。セキュリティ対策は広範囲に及ぶため、費用対効果を見ながら対策を講じておく必要があります。

① 端末へのログイン認証

端末へのログインには、IDとパスワード以外に指紋認証などの認証情報を付加させることもあります。

② クラウドアクセス時の認証

端末へのログイン認証と同様、利用者が従業員かどうかの確認を行うしくみを取り入れます。社外からインターネット経由で社内システムにアクセスする場合には、VPNソフトを利用するようにします。

③ HDDの暗号化

PCの盗難に備え、HDD内のデータを暗号化しておきます。盗難や紛失がないように常にPCを手元に置いておくように徹底します。

④ ウイルス対策ソフト

VPN接続

VPN接続によって、インターネット上に仮想の専用回線を作ることができるため、通信のセキュリティを高めることができる。テレワーク以外にも、会社の拠点同士をVPN接続するなど一般的に用いられている。

テレワークの情報管理

テレワーク ↓ 情報漏洩の リスクが高い	【防止策】
	● 社内ルールの策定 … 個人用端末は利用させないなど
	● 社内教育の実施　… 従業員の社内ルールの徹底
	● セキュリティ対策 … 技術的・物理的な対策を行う

ウイルスの感染・侵入、不正サイトへのアクセス、を防ぐために導入します。導入後も最新のものに更新しておくことが重要です。また、OSやソフトのアップデートを更新しておくことも必要です。

■ どのような防止策を講じておくべきか

テレワークを導入する時点で、機密情報の漏洩について、防止策を講じておくことは必須になるでしょう。防止策を分類すると、「社内ルールの策定」「社内教育の実施」「セキュリティの対策」に分類することができます。

・社内ルールの策定

可能であれば、個人用端末（パソコン、タブレット）を利用させないルールにしたほうが安全です。個人用端末の利用は、不十分なセキュリティ対策、端末の私用、家族での共用など、情報漏洩のリスクが高まってしまいます。個人用端末を利用させる場合においても、規程や誓約書を作成すべきです。

また、会社が支給した端末を利用させる場合においても、事業場外での印刷は禁止にする。もしくは、印刷できないような設定にするなどの工夫が必要です。またUSBのような他の記録媒体にデータを保存しないなどのルールも定めておくべきです。

他にも、情報漏洩やそのおそれがある場合の対処方法などをあらかじめ定めておく必要があるでしょう。

・社内教育の実施

　社内ルールを定めて、周知するだけでは効果が薄いと考えられます。テレワークを希望する者には、社内研修などの教育を実施し、セキュリティに対する意識を高める必要があります。

　情報漏洩の原因の多くは、誤操作、管理ミス、紛失などで、従業員の意識で防げるものが多くあります。

・セキュリティの対策

　不正アクセス、ウイルスなどに対して技術的な対応が必要です。たとえば端末やクラウドデータへのログイン認証の多重化、HDDの暗号化、ウイルス対策ソフトを常に最新のものにしておくことなどがあります。また、社内のサーバにのみデータが保存され、従業員の端末にはデータが残らない社内システムへのアクセス方式を検討することも有効です。ネットワークに関しても注意が必要です。公衆WiFiを利用すると第三者からの通信内容の盗み見や改ざんなどの危険性があるため、VPNソフトなどを活用するとよいでしょう。また、在宅のネットワーク環境についてもセキュリティ対策製品が導入されているかの確認も必要です。

■ 副業先に企業機密が漏洩した場合

　情報漏洩発生時に適切な対応を行い、その被害を最小限に留めることも重要です。最近では、情報漏洩に対する損害賠償保険もあり、情報漏洩が発生した場合のリスクに備えることもできます。

　副業先に機密情報が漏洩したときの対応については、「事実確認」「副業先への対応」「従業員への対応」に分けて考えることができます。まず、事実確認ですが、少なくとも漏洩した機密情報の内容は何か、漏洩主体が誰か、漏洩先はどこか、の3項目を確認することが必要です。そして、確認した事実をふまえて、副業先への対応を行うことになります。副業先が、漏洩した機密情報を利用している場合には、企業秘密の返還、廃棄、

副業における情報漏洩

情報漏洩の事実確認

副業先に対して

・機密情報の返還、廃棄、更なる漏洩を行わないことを依頼、要請
・法的手段（不正競争防止法に基づく差止請求・損害賠償請求など）

など

従業員に対して

・機密情報の返還、廃棄、更なる漏洩を行わないことを指示
・法的手段（労働契約上の秘密保持義務違反を理由とする差止請求・損害賠償請求など）
・副業の禁止、懲戒処分

など

更なる漏洩を行わないことを依頼、要請することになります。

法的手段としては、不正競争防止法に基づく不正競争行為の差止請求や損害賠償請求などが考えられます。しかし、差止請求を行うためには、不正競争防止法が定める「営業秘密」や「不正競争行為」などの要件を満たさなければならず、差止請求による保護が認められない場合もあります。また、「営業秘密」として保護されるかどうかについては、情報の内容だけでなく、会社においてその情報がどのように管理されていたのかも重要な事情となりますので、日頃から適正な情報管理体制を構築しておくことが必要です。最後に、従業員への対応も検討する必要があります。具体的には、機密情報の返還、廃棄、さらなる漏洩を行わないように指示します。場合によっては、労働契約上の秘密保持義務違反などを理由に損害賠償などを請求することもあります。また、副業許可の取消しや懲戒処分を行うことも考えられますが、これらの処分を有効に行うために、機密情報の漏洩の可能性をふまえて、副業の許可要件、許可の取消事由、懲戒事由を定めておくことが重要になります。

懲戒処分

処分の軽い順に、戒告、けん責、減給、出勤停止、降格、諭旨解雇、懲戒解雇がある。懲戒処分をするときは、就業規則に根拠規定を定めておく必要がある。なお、規定があればどんな場合でも処分できるわけではなく、社会通念上相当なものと認められない場合は無効となる。

Column

勤務時間中に副業をしている社員への対処法

　会社で働く社員には、職務専念義務や誠実労働義務があります。

　たとえば社員が勤務時間中に、私用の電話やメールを行っていた場合には、職務専念義務違反にあたる可能性があります。勤務時間中に副業をしている場合、職務専念義務違反となる可能性が高いといえます。職務専念義務は、公務員を除いて法律上明記されているわけではありませんが、判例・学説によれば、特段の合意がなくても労働契約に付随する義務として当然に生じるものと考えられています。職務専念義務の程度については裁判で何度か争われていますが、会社への損害の有無や業務への支障の有無がなくても、職務専念義務違反としたケースがあります。

　勤務時間中の副業に対しては、まず、就業規則などに職務専念義務について明確にしておく必要があります。解雇処分を行う際には、就業規則に記載された解雇事由に該当することが原則として必要です。副業を許可制、届出制にしている会社は多いと思いますが、その際に誓約書をもらうなどの手続きを加えておくことも有効です。

　次に、社員が勤務時間中に副業を実際に行っていた場合には、その記録をつけておく必要があります。そして、口頭もしくは書面で注意、指導を行います。口頭で行った場合には記録に残りにくいため、面談などを利用して注意、指導を行い、注意、指導した内容を記録しておきましょう。面談では、今後勤務時間中に副業をしないことを約束させることも必要でしょう。

　また、副業について許可制を採用している場合には、勤務時間中は本業に専念することが許可の条件となること、および、職務専念義務の違反を許可の取消事由とすることを明文で定めておくことが有効です。注意や指導をしても改まらない場合には、懲戒処分を検討する必要があるでしょう。

PART 4

継続雇用・
パートタイム・
派遣などの法律知識

短時間正社員制度

・・・
短時間の勤務で正社員の身分が取得できる制度

■ 短時間正社員制度とは

短時間正社員制度とは、フルタイムの正社員として働くことが困難な労働者について、処理する事務の質は他の正社員と異ならないのに対し、就労時間が他の正社員よりも短い正規雇用型の労働者を指します。

一般的には、①期間の定めのない雇用契約（無期労働契約）を締結していること、②時間単位の基本給や賞与、退職金などの算定にあたり同等の業務を担う他の正社員と同様に扱われること、という条件を満たす者が短時間正社員に該当します。

■ 短時間正社員制度のメリットとデメリット

短時間正社員制度は、まかせる職種は正社員と同質であるにもかかわらず、他の正社員よりも短就労時間での勤務が認められていますので、多様な人材が正社員として、勤務が可能になります。また、特にパート社員などの非正規雇用型の労働者にとっては、キャリアアップの一環として、通常の正社員とは異なる形態が増えることで、より正社員登用のチャンスが拡大することにもつながります。

そして、企業側にとっても、有能な人材を短時間正社員制度を通じて確保することができるため、企業全体の生産性や効率が向上するとともに、少子・高齢化が進む我が国において、企業の社会的責任を果たすきっかけとして、短時間正社員制度を位置付けることも可能です。

もっとも、短時間正社員制度においては、質的にはフルタイ

短時間正社員制度の特徴

短時間正社員制度も、育児や介護によりフルタイムでの勤務が困難な労働者について、正社員として自身の時間の許す範囲における柔軟な勤務形態を認める制度である。また、より多様な人材を正社員として登用することが可能であるという特徴を持つ。

短時間正社員制度の活用例

定年退職後も引き続き雇用を望む高齢者を対象として導入したり、パートタイマーなどのキャリアアップの一環として導入するなど、短時間正社員制度の活用方法は多様性がある。

短時間正社員制度

フルタイム

正社員

(例) 9:00 始業　　　　　　　　　　　　　　　18:00 終業

短時間正社員制度　　　育児・介護など　必要な事柄に時間を充てることができる

短時間正社員

(例) 9:00 始業　　13:00 終業

可能な範囲で仕事を継続できる

① 期間の定めのない雇用契約（無期労働契約）を締結していること
② 時間単位の基本給や賞与、退職金などの算定にあたり同等の業務を担う他の正社員と同様に扱われること ➡ 担当する業務の質は他の正社員と同様　∴派遣社員やパート社員は対象にならない

ムの正社員と同様の条件で、雇用関係を締結するということが原則ですが、物理的に勤務している時間が短いために、どうしても他の正社員よりも、処理することのできる業務の量が少なくなり、物理的な差が不均衡を招くおそれがあります。短時間正社員制度を採用する際に、企業は不均衡が生じないように留意しつつ、細かな労働条件を練る必要があります。

■ どのように管理すればよいのか

　企業が短時間正社員制度を導入する際には、労働条件についても綿密に検討する必要があります。あくまでも正社員として登用する制度である以上、成果評価や人事評価の方法について、原則的に他の正社員と同様の基準に従って判断する必要があります。さらに、キャリアアップの方法として短時間正社員制度を導入する企業については、具体的なキャリアの相互転換に関する規定を、あらかじめ明確に規定しておく必要があります。

短時間正社員制度以前の問題点

我が国においては、かつては正社員はフルタイム勤務が可能な人を対象としてきた傾向が強く、どんなに有能な人物であっても、育児・介護などが原因で、正社員への道を断念せざるを得なかった。
これによって、労働者の雇用機会を奪うことはもちろん、事情を抱える有能な人材について、企業も手放さざるを得ないという問題点があり、これらを克服する手段として、短時間正社員制度が整備された。

パートタイマーを雇う際の注意点

········
パートタイマーの保護を目的とした法律もある

■ パートタイマーとは

パートタイマー（パートタイム労働者またはパート社員ともいう）とは、雇用期間の定めがあり、正社員と比べて短い労働時間（少ない労働日数）で働く人と解釈すれば間違いにはならないようです。

そして、パートタイマーをはじめとする短時間労働者の労働環境を改善すること（均衡待遇の確保など）を目的とする法律としてパートタイム・有期雇用労働法が制定されています。パートタイム・有期雇用労働法2条では、短時間労働者とは、「1週間の所定労働時間が同一の事業主に雇用される通常の労働者の1週間の所定労働時間と比し短い労働者をいう」と定義されています。

■ 労働基準法などの適用

労働基準法の「労働者」とは、職業の種類を問わず、事業または事務所に使用される者で、賃金を支払われる者のことです。パートタイマーも労働者に含まれますから、労働基準法の適用を受けます。また、労働基準法だけでなく、労働契約法、労働組合法、最低賃金法、労働安全衛生法、労災保険法、男女雇用機会均等法など労働者に関する他の法律も適用されます。

■ パートタイム・有期雇用労働法

この法律は、正社員とパートタイム・有期雇用労働者との間の不合理な待遇差をなくすことを目的とし、令和2年4月1日

パートタイマーとは

パートタイム・有期雇用労働法による定義

1週間の所定労働時間が同一の事業所に雇用される通常の労働者の1週間の所定労働時間に比べて短い労働者

例
・スーパーのレジ係
・工場の工員
・ファミレスの店員等

に施行されました。

この法律により、正社員とパートタイム・有期雇用労働者等の間で、基本給や賞与などあらゆる待遇について不合理な差を設けることが禁止されました。

同法3条1項では、事業主の責務として、短時間・有期雇用労働者の就業の実態などを考慮して、適正な労働条件の確保、教育訓練の実施、福利厚生の充実、通常の労働者への転換の推進に関する措置などを講じることによって、「通常の労働者との均衡のとれた待遇の確保等を図り、当該短時間・有期雇用労働者がその有する能力を有効に発揮することができるように努める」ことを定めています。

さらに、パートタイム・有期雇用労働者は、正社員との待遇差の内容や理由等について、事業主に説明を求めることができるようになりました。事業主は求めがあった場合、説明する義務が生じます。また、説明を求めた労働者に対する不利益扱いは禁止されています。

■ パート用就業規則を作成する

正社員やパートタイマーといった雇用形態にかかわらず、常時10人以上の従業員を抱える会社は、就業規則を作成する必要があります。就業規則の具体的な内容については、法令や労働

有期雇用労働者の範囲

パートタイム・有期雇用労働法2条2項は、有期雇用労働者とは、「事業主と期間の定めのある労働契約を締結している労働者」と定義しており、これにはフルタイムの非正規労働者（契約社員など）も含まれる。

協約に反しない範囲内であれば、各事業所の事情に沿って自由に定めることができます。パートタイマー用就業規則を作成する際にも、労働基準法はもちろん、労働契約法、最低賃金法、男女雇用機会均等法など、正社員に適用される法律は、原則としてパートタイマーも適用対象になります。

　特にパートタイム・有期雇用労働法や短時間・有期雇用労働指針の内容をよく理解して、その内容に沿った就業規則を作ることが必要です。その他、パート用就業規則を作成する際に注意すべき点としては、以下のようなものがあります。

① **対象者を明確にする**

　就業規則を複数作成する場合は、その就業規則を遵守すべき労働者が誰なのかを明確にしておく必要があります。雇用形態の違う労働者それぞれについて、別個の就業規則を作成する義務はないため、似たような労働条件である労働者については、同じ就業規則を使ってもかまいません。しかし、正社員とパートタイマーは労働時間や賃金体系が異なるのが一般的なため、正社員用就業規則とは別に、パートタイマー用就業規則を作成し労働条件の違いを明記しておくことは、トラブルの未然防止にもつながります。

② **正社員との均衡を考慮する**

　パートタイマーという雇用形態でも、正社員と「仕事内容・責任の程度・配置転換の範囲など」が同等の場合は、賃金等も同等の待遇をしなくてはなりませんので、十分注意しましょう。

③ **パートタイマーの意見を聴く**

　パートタイマーが労働組合に加入していない場合や、その人数が少ない場合においても、パートタイマーの意見を反映するため、パートタイマーを対象とする就業規則を作成・変更しようとする際に、事業主は、事業所で雇用するパートタイマーの過半数を代表する人の意見を聴かなければなりません。

就業規則の対象

派遣社員の場合、派遣元が雇用主であるため、実際に就業している事業場（派遣先）の就業規則の対象にはならないことに注意が必要である。

短時間・有期雇用労働指針の主な内容

短時間労働者・有期雇用労働者の雇用管理の改善等に関する措置等についての指針の主な内容

①事業主は、短時間・有期雇用労働者にも労働基準法・最低賃金法など、労働関係の法令が適用されることを認識し遵守すること

②短時間・有期雇用労働者の雇用管理の改善措置・就業実態をふまえた待遇措置を講ずるように努めること

③事業主は、一方的に労働条件を短時間・有期雇用労働者にとって不利益に変更することは法的に許されないと意識すること

④事業主は、短時間・有期雇用労働者の労働時間と労働日の設定・変更にあたっては、短時間・有期雇用労働者の事情を十分に考慮して定めるように努めること

⑤事業主は、短時間・有期雇用労働者については、できるだけ時間外労働、労働日以外の労働をさせないように努めること

⑥事業主は、短時間・有期雇用労働者の退職手当、通勤手当などについて、正社員との均衡を考慮して定めるように努めること

⑦事業主は、短時間・有期雇用労働者の福利厚生施設の利用について、就業実態・正社員との均衡を考慮した取扱いをするように努めること

⑧事業主は、短時間・有期雇用労働者から求められたら、法令で定められた事項以外の事項でも説明し、また、自主的な苦情処理による解決を図るように努めること

⑨事業主は、雇用管理の措置を講じるにあたって、短時間・有期雇用労働者の意見を聴くように努めること

⑩事業主は、短時間・有期雇用労働者が法律で認められた正当な権利を行使したことを理由に不利益な取扱いをしてはならないこと

⑪事業主は、短時間・有期雇用管理者を選任したときには、氏名を見やすい場所に掲示し、短時間・有期雇用労働者に知らせるように努めること

パートタイマーの採用手続き

....

パートタイマーの労働条件を明確にする

■ 雇用管理の際の注意点

パートタイマー（アルバイトも含む）の雇用管理については、正社員の雇用管理と共通する部分と異なる部分があります。

・採用

事業主は、パートタイマーを含めた短時間・有期雇用労働者と労働契約を締結する際、労働基準法やパートタイム・有期雇用労働法に基づき、一定の事項を文書（労働条件通知書）で明示することが義務付けられています。特に、労働条件に関する明示義務に違反した事業主は、10万円以下の過料に処せられるため注意が必要です。

・労働契約の期間

期間の定めのある労働契約の期間は原則3年以内ですから、その期間内で契約期間を設定します。さらに、労働契約の更新の有無を明確にします。「更新する場合があり得る」とした労働契約で「更新しない」（雇止め）としたい場合には、30日前までにその意思を伝えなければなりません。

・勤務場所が変わる異動

勤務場所の変更を伴う異動は、長期雇用を前提とした正社員に適用される制度であって、パートタイマーにとっては本来予定されたものとはいえません。本人の同意を得られたとしても、同じ事業場（事業所）内の異動に限るなど、正社員の異動とは別の規定を置く検討が必要になるでしょう。

・労働契約の解除（解雇）

契約期間中に使用者から労働契約を一方的に解約することを

賃金体系などの説明

短時間・有期雇用労働者を雇い入れた事業主は、速やかに、賃金体系や教育訓練といった事項について説明することが義務付けられている（14条）。

労働条件通知書の明示方法

書面の他、労働者が希望した場合はFAXやメールでも明示できる（労働者が印刷や保存しやすいよう、添付ファイルとして送ることが望ましい）。

パートタイマーを採用するときに提出してもらう書類

絶対に必要なもの	該当すれば必要となってくるもの
履歴書（職務経歴書を含む）	雇用保険被保険者証
免許証や学生証	年金手帳
扶養控除等（異動）申告書	源泉徴収票
通勤経路を記載した書類	在学証明書（高校生）、住民票記載事項証明書（年少者）
個人番号カード（ない場合は通知カード）	健康診断書
給与振込口座申請書	※資格証明書
※守秘義務誓約書　※身元保証契約書	※会社によっては提出を求めないところもある

解雇といいます。パートタイマーを含めた契約期間の定めある労働者（有期雇用労働者）は、「やむを得ない事由がある場合」でなければ、契約期間満了前に解雇することはできません。

その一方で、有期労働契約の契約期間満了時に、使用者が契約更新を拒絶することを雇止めといいますが、①有期労働契約が何度も更新され、契約期間の定めのない労働者（無期雇用労働者）と同視できる場合や②労働者が有期契約更新に合理的な期待をもっている場合には、その後の雇止めが制限されることがあります。これを雇止め法理といいます（236ページ）。

さらに、短時間・有期雇用労働者が通常の労働者（正社員など）との待遇差の内容・理由などに関する説明を求めたことを理由に、事業主が当該労働者を解雇することも禁止されています。

・賃金、賞与、退職金

ほとんどの企業において、パートタイマーの賃金は、正社員の賃金に比べて低く抑えられています。パートタイム・有期雇用労働法10条は、賃金の決定にあたり、通常の労働者との均衡に配慮して賃金の決定を行うことを事業主に対して求めています。もっとも、これは事業主に対する努力を求める規定（努力

規定）です。常に同一でなければ無効になるわけではありませんが、パートタイム・有期雇用労働法では、短時間・有期雇用労働者に対する不合理な待遇の禁止（8条）、通常の労働者と同視すべき短時間・有期雇用労働者に対する差別的取扱いの禁止（9条）が規定されていることに注意が必要です。

なお、差別的取扱いの禁止については、適用対象になる短時間・有期雇用労働者が限定されており、通常の労働者と職務内容が同一で、雇用期間すべてに渡って職務内容や配置変更の範囲も通常の労働者と同一であることが見込まれる短時間・有期雇用労働者が適用対象になります。差別的取扱いの禁止については、賃金の他にも、労働者に行われる教育・訓練や、福利厚生、昇進に関する事項など、あらゆる労働条件について、その禁止の適用対象になることに注意が必要です。事業主が差別的取扱いを行ったと認める場合には、不法行為にあたり、パートタイマーから損害賠償請求を受けるおそれがあります。

また、賞与・退職金についても、通常の労働者と職務内容などを比較した結果に応じ、不合理な待遇差・差別的取扱いとみなされない設定が必要となります。

・労働時間

短時間・有期雇用労働指針は、事業主に対し、パートタイマーを含めた短時間労働者にできるだけ所定労働時間を超えて、または所定労働日以外の日に労働させないよう努めることを求めています。所定労働時間を超える労働の有無は、労働契約の締結の際に書面（労働条件通知書）で明示します。

パートタイマーに時間外・休日労働を要請する際は、そのつど事情を説明の上、個別的な同意を求めるべきです。

・年次有給休暇

パートタイマーにも年次有給休暇（有休）が与えられます。ただし、パートタイマーの所定労働日数が通常の労働者に比べて相当程度少ない場合、年次有給休暇は比例付与になります。

短時間・有期雇用労働者の賃金と昇級・賞与を決定する際の考慮事項

賃金の決定
◆ 経験・資格等
◆ 会社の業績
◆ 従事する仕事の内容
◆ 近隣同業他社の相場
◆ 労働力市場の状況

など

昇給・賞与の決定
◆ 勤続年数
◆ 会社の業績
◆ 会社への貢献度
◆ 知識・経験・技術の向上度合い
◆ 就業規則などによる取り決め

など

短時間・有期雇用労働者（パートタイマーなど）と通常の労働者（正社員）との待遇（基本給や賞与など）の相違は、①職務の内容（業務の内容、当該業務に伴う責任の程度）、②職務の内容の変更の範囲、③配置の変更の範囲、④その他の事情のうち、待遇の性質・目的に照らして適切なものを考慮して、不合理と認められる相違を設けてはならない（パートタイム・有期雇用労働法8条）。

休暇に関する事項は、就業規則の絶対的必要記載事項ですので、年次有給休暇に関する条項は必ずパート用就業規則に定めなければなりません。就業規則には比例付与の表を載せるか、単に年次有給休暇は労働基準法に従って付与すると規定するだけでもよいでしょう。

・健康診断

以下のいずれかにあたるときに限り、常時使用される労働者となるため、一般健康診断を実施する義務が生じます。

① 期間の定めのない労働契約により使用される者（期間の定めがある労働契約であっても、当該契約の更新により1年以上使用されることが予定されている者および当該労働契約の更新により1年以上引き続き使用されている者を含む）

② 1週間の労働時間数が当該事業場において同種の業務に従事する通常の労働者の1週間の所定労働時間の4分の3以上であること

健康診断受診義務

本文記載の①または②に該当すれば、短時間・有期雇用労働者であっても、事業主は、該当する労働者に対して健康診断を実施する義務を負う。
一方、①または②に該当する労働者の側も、健康診断を受診する義務（健康診断受診義務）を負うことになる。

パートタイマーの雇止めと無期転換ルール

•••••••••••••••••••••••••••••••••••
５年間契約更新を続けたパート社員は無期労働契約への転換が可能

■ 雇止めとは

有期労働契約において、契約の更新を行わず、契約期間の満了をもって労働契約が終了することを雇止めといいます。一方、契約期間が満了した後も、労働者が引き続き働き、使用者が何ら異議を述べなかった場合には、同一の条件により、労働契約が黙示的に更新されたものと扱われます。

雇止めについては、①有期労働契約が反復継続して更新され、その契約を更新しないことが解雇と同視できる場合、②更新の手続きが形式的に行われていた場合など、労働者が契約更新を期待することに合理的な理由があると考えられる場合は、使用者による更新拒否について雇止め法理が適用されることがあります。①②に該当するかどうかは、雇用の臨時性・常用性、更新の回数、業務内容、雇用の継続に対する使用者の言動などから判断し、該当すると判断された場合は雇止めが無効となり、従前と同一の労働条件で有期労働契約が更新されます。

雇止め法理に関連するトラブルや紛争を防ぐためには、少なくとも厚生労働省が示した以下の行為をしておくことが必要です。

ⓐ 労働契約締結時に、更新の有無や更新の判断基準を明示すること

ⓑ ３回以上契約が更新されている又は１年を超えて継続勤務しているパートタイマーを雇止めするには、少なくとも期間が満了する日の30日前までにその予告をすること

ⓒ 労働者から雇止めの理由を明示するよう請求があった場合は、遅滞なく証明書を交付すること

更新の限度に関する規定

本文記載のような不更新特約の他、有期労働契約を締結する時点で、更新の限度回数についてあらかじめ合意しておくことを「更新限度特約」と呼ぶ。

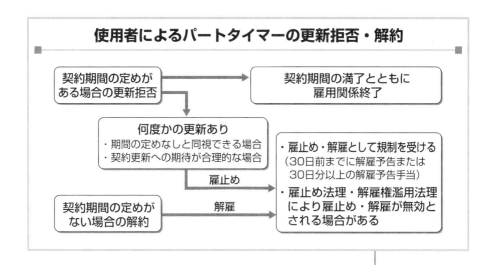

使用者によるパートタイマーの更新拒否・解約

```
┌─────────────────────┐      ┌─────────────────────┐
│ 契約期間の定めが      │─────→│ 契約期間の満了とともに │
│ ある場合の更新拒否    │      │ 雇用関係終了          │
└─────────────────────┘      └─────────────────────┘
          │
          ↓
┌──────────────────────────────┐
│ 何度かの更新あり               │
│ ・期間の定めなしと同視できる場合 │      ┌──────────────────────────┐
│ ・契約更新への期待が合理的な場合 │      │ ・雇止め・解雇として規制を受ける │
└──────────────────────────────┘      │ （30日前までに解雇予告または  │
          │           雇止め            │   30日分以上の解雇予告手当）  │
          └────────────────────────→│ ・雇止め法理・解雇権濫用法理    │
┌─────────────────────┐   解雇     │   により雇止め・解雇が無効と    │
│ 契約期間の定めが      │──────────→│   される場合がある            │
│ ない場合の解約        │           └──────────────────────────┘
└─────────────────────┘
```

　なお、会社が労働者と有期労働契約を締結する際、当該契約期間が満了した場合には更新しないことについて、あらかじめ労働者と合意しておくことを不更新特約（不更新条項）と呼びます。

　会社は、パートタイマーの入社時に不更新特約を盛り込んだ有期労働契約を結ぶことで、雇止め法理の適用を受けることなく、後述する無期転換ルールが適用される前に、労働契約を終了できる場合があります。ただし、労働者が無期労働契約への転換を申し込まないことを条件に契約更新をするなど、無期労働契約への転換を申し込む権利をあらかじめ放棄させて有期労働契約を結ぶことはできません。

　しかし、不更新特約に関しては、単に契約書などで不更新特約を設けたとしても、常に雇止めが有効になるとは限りません。労働契約は会社と労働者との間に合意が必要ですが、往々にして労働者は立場が弱いため、本心では契約更新を希望するにもかかわらず、労働者側は不更新特約が設けられた契約に合意せざるを得ないことがあります。このように、その真意に背いて不更新特約が付いた労働契約を締結せざるを得ない状況にあったと認められると、不更新特約に基づく雇止めが客観的に合理

性を欠くと判断され、最終的には裁判所で否定されることにも
なりかねません。

　そのため、契約前に不更新特約について十分に説明し、契約
後も継続的に相談に応じるなどの配慮が必要です。不更新特約
を盛り込んだ労働契約自体が有効としても、再就職のあっせん、
慰労金の支払い、年休残日数への配慮を行うなど、会社はパー
ト社員にも真摯に向き合い、無用なトラブルを防止しましょう。

■ 無期転換ルールとは

　平成25年4月1日以後に開始した有期労働契約が、同一の使
用者との間で、通算5年を超えて更新された場合において、労
働者からの申込みにより、期間の定めのない労働契約（無期労
働契約）へ転換することが義務付けられています。これを無期
転換ルールといい、使用者は労働者からの申込みを断ることは
できません。同一の使用者かどうかは、事業所単位ではなく事
業主単位で判断します。無期労働契約に転換した際の労働条件
は、原則として転換前と同一の労働条件が適用されます。

■「クーリング期間」について

　無期転換ルールは、「通算して5年」という通算契約期間の
算定について例外が認められています。それは、有期労働契約
の終了から次の有期労働契約の開始までの間（空白期間）が6
か月以上の場合は「通算」が認められなくなるというものです。
このときの空白期間をクーリング期間と呼んでいます。

　この点、使用者がクーリング期間に関する規定の適用を受け
るため、もとの有期労働契約の終了後、実質的に職務内容など
が同じであるにもかかわらず、派遣の形態に変更したり、請負
契約の形式を装い、労働契約の当事者を形式的に他の事業主に
切り替えたりする場合があります。この場合、形式的にはクー
リング期間が生じるように見えますが、これは使用者が無期労

**契約期間が
10か月以下の場合**

クーリング期間の前の
有期労働契約の契約期
間が10か月以下の場合
には、その契約期間に
応じてクーリング期間
が6か月よりも短くな
る。具体的には、有期
労働契約の契約期間の
2分の1を基本として、
クーリング期間の長さ
が決定される。たとえ
ば、有期労働契約期間
が6か月の場合のクー
リング期間は、3か月と
いうことになる。

無期転換ルールの例外（有期特措法）

5年超の一定期間内に完了予定のプロジェクトに従事する高度専門知識を持つ有期雇用労働者		10年を上限とするプロジェクト完了予定期間は無期転換申込権が発生しない
定年後に継続して雇用されている有期雇用労働者		定年後に継続して雇用されている期間は無期転換申込権が発生しない

働契約への転換を嫌がり、無期転換ルールの適用を逃れるための潜脱行為だといえます。このような派遣や請負などを利用した潜脱行為があったときは、クーリング期間が発生せず、潜脱行為の期間を含めて、有期雇用労働者は「通算して」雇用されていたと判断されると考えられています。

■ 無期転換ルールの効果

有期労働契約のパートタイマーが無期労働契約へ転換しても、それはパートタイマーが正社員になることを直ちに意味するものではありません。有期労働契約から無期労働契約に転換した場合、契約期間以外の労働条件（職務の内容、勤務地、労働時間、賃金など）は、労働協約や就業規則などに別段の定めがある場合を除き、これまでの労働条件がそのまま引き継がれるからです。つまり、無期転換ルールの適用により、有期労働契約のパートタイマーから無期労働契約のパートタイマーに変更されます。一方、無期労働契約に転換される際に、別段の定めがないにもかかわらず、これまでの労働条件を引き下げることはできません。有期労働契約者には通常定められていない定年などの労働条件を適用する必要がある場合は、あらかじめ明確に設定しておく必要があります。

無期転換ルールの特例

本文記載の無期転換ルールには以下の特例があり、いずれも都道府県労働局長の認定が必要となる。
① 高度専門職に対する特例
対象となるのは、博士の学位を有する者や公認会計士、システムアナリストの資格保持者などで、一定の年収要件に該当する専門職となっている。これらの専門職は固定のプロジェクトに従事している期間は、上限を10年とし無期転換申込権が発生しない。
② 継続雇用の高齢者に対する特例
同一使用者の下で定年後も引き続き雇用される高齢者は、その期間は無期転換申込権が発生しない。

パートタイマーの待遇確保

労働保険や社会保険の加入有無は労働時間によって異なる

■ 不合理な待遇差の禁止

　令和2年4月1日、「パートタイム・有期雇用労働法」が施行され、同一企業内におけるパートタイマーと正社員の間で、基本給や賞与など、あらゆる待遇について不合理な待遇差を設けることが禁止されました（中小企業への適用は令和3年4月から）。これにより、パートタイマーなどの非正規社員であっても、正社員と同じ業務を行っていたり、配置変更の範囲などが同じである場合は、基本給、昇給、賞与や各種手当といった賃金にとどまらず、教育訓練や福利厚生についても、同等の扱いが求められるようになりました。

　「同一労働同一賃金ガイドライン」には、待遇差が存在する場合において、どのような内容が不合理と認められるのか、原則となる考えや具体例が示されています。

　たとえば、賞与について、会社業績への貢献に応じて支給するものについては、正社員と同じ貢献であれば同一の支給を、違いがあれば違いに応じた支給を行わなければならないとされています。昇給についても、勤続年数による能力の向上に応じて行われるものについては、同一の能力向上であれば同一の昇給を行うことが必要であると示されています。

　一方、退職手当や住宅手当など、具体的に示されていない項目もありますが、それらについても不合理と認められる待遇差は解消するよう求められています。

　また、パートタイマーは「正社員との待遇差の内容や理由」などについて、使用者に説明を求めることができ、使用者には

パートタイマーと労働保険・社会保険の適用

保険の種類		加入するための要件
労働保険	労災保険	なし（無条件で加入できる）
	雇用保険	31日以上引き続いて雇用される見込みがあり、かつ、1週間の労働時間が20時間以上であること
社会保険	健康保険	1週間の所定労働時間および1か月の所定労働日数が正社員の4分の3以上であること
	厚生年金保険	※従業員数が常時501人以上の企業では加入条件が緩和されている（本文参照）

説明義務が発生します。違反企業への罰則などは特に設けられていませんが、損害賠償請求などが生じる可能性があるため、不合理な待遇差として認められるおそれがある場合は、待遇の改善が求められます。実際に裁判などで争われた際に不合理であると判断された判例も複数あるため、会社は、雇用形態にかかわらずすべての労働者が納得して働き続けることができるよう、同一労働同一賃金が実現できる環境整備を進めることが必要です。

■ 労働保険や社会保険への加入条件

　パートタイム・有期雇用労働法は、正社員と同視できるパートタイマー・有期雇用労働者に対する差別取扱いを禁止しています。

　一定の要件に該当すれば、パートタイマーも労働保険（労災保険・雇用保険）や社会保険（健康保険・厚生年金保険）に加入する必要があります（上図）。労災保険は、雇用形態にかかわらず、労働者を一人でも雇用している会社は事業所単位で強制加入ですので、パートタイマーも当然に適用対象です。事業

所単位での適用となるため、本店の他に支店などがある場合は、本店・支店それぞれで加入する必要があります（一定の要件を満たす場合は事務処理の一括が可能）。

　雇用保険は、原則として１週間の労働時間が20時間以上あり、31日以上の雇用見込みがある労働者が適用対象になります。しかし、パートタイマーの場合、シフト勤務のため勤務時間や日数が不規則になるケースが発生します。１週間の労働時間が決まっていない時は、１か月の労働時間が87時間以上ある場合に雇用保険の適用対象となります。その他、季節的に雇用される労働者（積雪など自然現象の影響を受ける業務）の場合は、４か月を超える期間を定めて雇用され、１週間の所定労働時間が30時間以上である場合が適用対象です。一方、労働者が退職した際は資格喪失の手続きが必要となりますが、雇用が継続している途中で労働時間が変更される場合にも注意が必要です。たとえば、当初の契約では加入要件を満たしていても、その後の契約変更などにより１週間の労働時間が20時間未満となった場合は、その時点で雇用保険の喪失とみなし、資格喪失手続きが必要となります。

　社会保険は、原則として１週間の所定労働時間と１か月の所定労働日数が正社員の４分の３以上の労働者が適用対象です。ただし、被保険者数が常時501人以上の大企業の場合、４分の３未満でも①１週の労働時間20時間以上、②月額賃金8.8万円以上（年収106万円以上）、③雇用期間１年以上（見込みを含む）、④学生でない、という要件をすべて充たす短時間労働者も被保険者になるため注意が必要です。また、被保険者数が常時500人以下の企業でも①労使合意に基づき申し出をする法人・個人の事業所、または②地方公共団体に属する事業所も、社会保険の適用対象となりました。

　一方、雇用保険同様に、雇用が継続している途中で勤務日数が少なくなったなどの理由で要件を満たさなくなった場合は、

税金や社会保険に関する収入要件

	対象	制限の内容
100万円を超えると	住民税	保育園や公営住宅の優先入所、医療費助成などの自治体のサービスの一部が制限される場合がある
103万円を超えると	所得税	夫（妻）が所得税の配偶者控除を受けられなくなる ※「150万円以下」の場合は同額の配偶者特別控除が受けられる
130万円を超えると	社会保険	健康保険などの夫（妻）の被扶養者にはなれない ※常時501人以上の企業では「年収106万円以上」となる

社会保険においても資格喪失の手続きが必要となります。

■ パートタイマーの所得調整・年末調整

　会社員の配偶者がパートで働く場合、年収103万円以下であれば、配偶者本人の所得税が課税されず、会社員の控除対象配偶者になれます。給与収入から控除される給与所得控除額が最低55万円、すべての人が対象となる基礎控除額が48万円（合計所得金額が2400万円以下の場合）であるため、年収103万円以下であれば所得が「ゼロ」になり、所得税が課税されません。ただし、配偶者特別控除が適用される場合には、配偶者の年収150万円まで配偶者控除と同額（38万円、配偶者が70歳以上の場合は48万円）の控除が受けられます（150万円超から減少して201万円超でゼロとなる）。

　そして、パートタイマーであっても、所得税を源泉徴収されていた場合、年末調整（１年間に源泉徴収した所得税の合計額と本来の所得税額を一致させる手続）を行うことにより、源泉所得税の還付を受けることができます。

配偶者特別控除

たとえば、配偶者の年収が103万円を超えたとしても、配偶者特別控除を受けることができる。

給与所得控除と基礎控除の改正

令和２年度から給与所得控除と基礎控除の改正が行われた。基礎控除額が10万円増えた分、給与所得控除額が10万円減るためプラスマイナスゼロとなるが、年収850万円超から給与所得控除額の減額が大きくなる。

継続雇用制度

継続雇用制度として再雇用制度の導入も可能である

■ 高年齢者の雇用を確保する義務がある

　高年齢者雇用安定法（高年齢者等の雇用の安定等に関する法
律）では、65歳未満の定年制を採用している事業主に対し、雇
用確保措置として、①65歳までの定年の引き上げ、②65歳まで
の継続雇用制度（高年齢者が希望するときは定年後も引き続き
雇用する制度）の導入、③定年制の廃止、のいずれかを導入す
る義務を課しています。企業の実態として、雇用確保措置のうち、
多くの企業が採用しているのが、②65歳までの継続雇用制度です。

　なお、令和3年4月からは、70歳までの就業確保を支援する
ことが企業の努力義務となります。具体的な措置として、①〜
③に加えて、④継続的に業務委託契約する制度や、⑤社会貢献
活動に継続的に従事できる制度を導入して70歳までの雇用を支
援することも追加されました。④と⑤は、65歳以降については
高齢者の健康や生活環境も配慮して必ずしも雇用という形態に
縛られずに働きたいという高齢者のニーズをくみ取ったものと
いえます。

■ 継続雇用制度とは

　継続雇用制度の具体的な内容は法令で定められているわけで
はなく、65歳まで雇用する条件については、高年齢者雇用安定
法の趣旨および各種労働関係法令に違反しない範囲で、各企業
で自由に定めることができます。そのため、労働条件の引下げ
がまったく認められないわけでありません。たとえば、「57歳
以降は労働条件を一定の範囲で引き下げた上で65歳まで雇用す

経過措置の対象年齢引き上げスケジュール

	年金の 支給開始年齢	経過措置の適用が認められない 労働者の範囲
平成25年4月1日から 平成28年3月31日	61歳以降	60歳から61歳未満
平成28年4月1日から 平成31年3月31日	62歳以降	60歳から62歳未満
平成31年4月1日から 令和4年3月31日	63歳以降	60歳から63歳未満
令和4年4月1日から 令和7年3月31日	64歳以降	60歳から64歳未満
令和7年4月1日以降	65歳以降	60歳から65歳未満

※ 年金の支給開始年齢欄の年齢は男性が受給する場合の年齢を記載

る」という制度も継続雇用制度として認められます。

しかし、定年になる前と比べて職務内容や配置などがほとんど変わっていないのに、賃金が大きく低下するなどという場合には、同一労働同一賃金の原則に基づき、不合理な労働条件として継続雇用制度の下で締結された契約が違法・無効と判断されるケースもあります。

その一方で、継続雇用制度の下で、以前とはまったく異なる職務や部署に配置することは、労働者自身にとっても負担であると同時に、会社にとっても生産性の低下などを招くおそれがあり、明らかに合理性を欠く配置転換には訴訟リスクが伴うため、適切な処遇が求められるといえます。

継続雇用制度の類型としては、再雇用制度と勤務延長制度の2つがあります。

① 再雇用制度

再雇用制度とは、定年になった労働者を退職させた後に、もう一度雇用する制度です。雇用形態は正社員、契約社員、パート社員などを問いません。再雇用を行う場合には、労働契約の

高齢者継続雇用制度の背景

医療技術の発展による長寿化と少子高齢化の加速とともに、日本は世界でも未曾有の超高齢社会へと突き進んでいる。労働力人口の減少、年金支給開始年齢の引き上げに伴い、高齢者の雇用確保措置が課題になっているという背景がある。

**令和7年3月
までの経過措置**

労使協定により継続雇
用制度の対象者を限定
できるしくみが平成
24年8月の改正高年
齢者雇用安定法により
廃止され、平成25年
4月以降は、事業主は
原則として、継続雇用
を希望するすべての労
働者を継続雇用の対象
にしなければならなく
なった。
ただし、経過措置とし
て、平成25年3月31
日までに労使協定を締
結していることを条件
に、年金の支給開始年
齢以上の労働者につい
て、その労使協定で定
めた基準を適用し、継
続雇用の対象から外す
措置をとることが認め
られている（前ページ
図）。経過措置が認め
られるのは令和7年3
月までである。

期間を1年間として、1年ごとに労働契約を更新することも可能ですが、契約更新の条件として65歳を下回る上限年齢が設定されていないことなどが必要です。

再雇用制度導入の手続きには、特に決まった形式があるわけではありません。就業規則の変更を届け出ることや、労働協約を結ぶなどして、再雇用制度を導入することが必要です。労働者と企業とが定年後に雇用契約を締結するというシステムを導入することが、再雇用制度導入の手続きになります。

② 　勤務延長制度

勤務延長制度とは、定年になった労働者を退職させず、引き続き定年前と同じ条件で雇用する制度です。再雇用制度と継続雇用制度とは、定年に達した労働者を雇用する点では共通しています。再雇用制度は、雇用契約を一度解消してから労働者と改めて雇用契約を締結するのに対して、勤務延長制度では今までの雇用契約が引き継がれる点で、両者の違いがあります。

勤務延長制度導入の手続きについても、特に決まった形式があるわけではありません。就業規則の変更や労働協約の締結などによって、労働者と企業との間の労働契約を60歳以降も延長するというシステムを導入することが、勤務延長制度導入の手続きになります。

■ 異なる企業での再雇用も認められる

高年齢者雇用安定法では、一定の条件を満たした場合には、定年まで労働者が雇用されていた企業（元の事業主）以外の企業で雇用することも可能です。その条件とは、定年まで労働者が雇用されていた企業と定年後に労働者が雇用されることになる企業とが実質的に一体と見ることができ、労働者が確実に65歳まで雇用されるというものです。

具体的には、①元の事業主の子法人等、②元の事業主の親法人等、③元の事業主の親法人等の子法人等（兄弟会社）、④元

継続雇用制度の対象者の限定

継続雇用する労働者の限定	就業規則に定める解雇事由や退職事由に該当する場合 ・心身の故障のために業務を遂行できない ・勤務状況が著しく悪く従業員としての職責を果たせない ・労働者の勤務状況が著しく悪い　　　　　　　　など
	平成25年３月までに締結した労使協定で、継続雇用制度の対象者を限定する基準を定めていた場合

の事業主の関連法人等、⑤元の事業主の親法人等の関連法人等で雇用することが認められます。①～⑤を特殊関係事業主（グループ会社）といいます。

　他社を自己の子法人等とする要件は、その他社の意思決定機関を支配しているといえることです。たとえば親法人が子法人の株主総会の議決権の50％超を保有している場合、その子法人は①に該当し、親法人を定年退職した労働者をその子法人で再雇用すれば、雇用確保措置として認められます。

■ 指針で運用が定められている

　平成24年８月の改正高年齢者雇用安定法に伴う、事業主が講じるべき高年齢者の雇用確保の実施と運用について、指針が定められています。継続雇用制度を導入する場合には、希望者全員を対象としなければなりません。ただ、指針では、就業規則に定める解雇事由や退職事由に該当する者（心身の故障のために業務を遂行できないと認められる者、勤務状況が著しく悪く従業員としての職責を果たし得ない者など）については、継続雇用をしないことが認められています（上図）。

再雇用するグループ会社

高年齢者雇用安定法で認められた範囲であれば、遠隔地にある会社だとしても、それだけで直ちに高年齢者雇用確保措置義務違反になることはない。

労働者が継続雇用を希望しない場合

会社は、希望する労働者をすべて継続雇用する義務があり、会社が任意で継続雇用する労働者を選択することは原則としてできない。ただし、継続雇用制度はあくまで希望者を継続雇用する制度であり、労働者が本心から継続雇用を希望していないときは60歳で退職という取扱いをしてもかまわない。

外国人雇用

雇う前に知っておかなければならないことをつかむ

■ 在留資格は29種類ある

外国人が日本で就労するためには、一定の在留資格を持って
いることが必要です。在留資格とは、外国人が日本に入国や在
留して行うことができる行動などを類型化したものです。令和
2年8月現在は29種類あり、一定の在留資格に該当しなければ
就労は認められません。日本で就労できる外国人は「高度な専
門的能力を持った人材」に限られています。具体的には、芸術、
報道、研究、教育、技術、介護、興行、技能、技能実習などに
限定されています。

外国人の就労資格の有無については、原則として在留カード
によって確認することができます。

特に注意が必要なのは、不法就労者であっても、他の「労働
者」と同様に、労働基準法など各種の労働法上の規定が適用さ
れるという点です。そのため、不法就労助長罪の成立とは別に、
不法就労者であるからという理由で、労働条件などにおいて、
他の労働者よりも劣悪な条件で雇っている場合には、労働基準
法上の国籍に基づく不合理な差別にあたります。また、労働基
準法で定める基準に達しない労働条件は無効となります。

なお、平成31年4月に、改正入管法が施行されました。これ
は、在留資格に、新たに「特定技能」を追加し、従来よりも長
期間に渡って、外国人労働者の雇用を可能にする制度を構築し、
少子高齢化が進む我が国における労働人口確保をめざすもので
す。具体的には、特定技能は「1号」と「2号」に分類されて
います。「1号」は、介護や建設などの職種を想定し、日本語

就労が認められる主な在留資格

在留資格	内　容	在留期間
教育	教育機関で語学の指導をすること	5年、3年、1年または3か月
医療	医療についての業務に従事すること	5年、3年、1年または3か月
興行	演劇やスポーツなどの芸能活動	3年、1年、6月、3月または15日
法律・会計業務	外国法事務弁護士、外国公認会計士などが行うとされる法律・会計業務	5年、3年、1年または3か月
技術・人文知識・国際業務	理学・工学・法律学・経済学などの知識を要する業務	5年、3年、1年または3か月
報道	外国の報道機関との契約に基づいて行う取材活動	5年、3年、1年または3か月

での会話などが可能であれば、最長で5年間にわたり、日本に滞在することが可能になります。そして「2号」は、基本的に1号からの移行を前提に、より難易度の高い試験合格者を対象とした、更新可能な、長期滞在を可能にする在留資格です。また、要件を満たせば家族（配偶者・子）の帯同も可能です。

■ 技能実習制度について

　技能実習制度とは、外国人が技能・技術・知識（技能など）の修得・習熟・熟達を図ることを目的に日本の企業に雇用され、対象の業務に従事する制度です。技能実習を行う外国人には、次のような3つのステップを修了することが求められます。

　第1段階では、技能などを「修得」することを目的に、外国人が対象の業務に従事します。第2段階では、第1段階の修了者を対象に、技能などに「習熟」するために業務に従事することが求められます。最後の第3段階では、第2段階の修了者を対象に、技能などについて「熟達」するレベルまで引き上げる

研修制度

技能実習制度と同様に、外国人が技能などを修得することを目的に設けられている制度として「研修制度」がある。研修制度では「研修」の在留資格を取得して来日している外国人が対象になるので、研修生は業務に従事している企業から報酬を受け取ることができない。

ことを目的に、対象の業務に従事することが求められます。つまり、第2段階以降は、その前の段階を終了している人のみが対象になります。

技能実習制度においては、外国人は「技能実習」の在留資格に基づいて、日本の企業と雇用契約を結んだ上で業務に従事します。したがって、就業の対価としての報酬を受け取ることが可能です。

技能実習制度は、①企業単独型の技能実習と、②団体監理型の技能実習に大別することができ、技能実習制度に基づいて、次ページ図にあるような6種類の内容に分類されます。1号は修得を目的としていますが、2号で習熟、3号で熟達と段階的に習熟度が高くなります。在留期間については「技能実習1号」で1年以内、「技能実習2号」と「技能実習3号」で2年以内が実習期間として定められています。すべての技能実習の段階を経ることで最長5年間滞在することが可能です。

① **企業単独型技能実習**

日本の企業の支社や現地法人などが外国にある場合に、その職員である外国人が、技能などの修得のため、その日本の企業との間で雇用契約を結んで、講習や技能修得のための業務に従事する場合を指します（講習期間中は雇用契約が締結されません）。

② **団体監理型技能実習**

外国人が技能などを修得する目的で、日本の非営利の管理団体により受け入れられた後、必要な講習を受ける場合です。外国人は、その管理団体の傘下の企業との間で雇用契約を結び、業務に従事します（講習期間中は雇用契約が結ばれません）。

■ 技能実習計画の認定を受ける必要がある

技能実習制度を実施する会社は、技能実習計画を策定して、厚生労働大臣や法務大臣といった主務大臣に提出した上で、その技能実習計画が適正であることについて認定を受ける必要が

技能実習の在留資格

	在留資格の種類		内容など
技能実習	技能実習 1号	イ	第1号企業単独型技能実習に基づく講習の受講、技能などに関する業務に従事する活動
		ロ	第1号団体監理型技能実習に基づく講習の受講、技能などに関する業務に従事する活動
	技能実習 2号	イ	第2号企業単独型技能実習に基づく技能などに関する業務に従事する活動
		ロ	第2号団体監理型技能実習に基づく技能などに関する業務に従事する活動
	技能実習 3号	イ	第3号企業単独型技能実習に基づく技能などに関する業務に従事する活動
		ロ	第3号団体監理型技能実習に基づく技能などに関する業務に従事する活動

あります。技能実習計画の認定にあたって、技能実習の目的と内容が、技能実習の区分に応じて定められた基準に適合している必要があります。さらに、技能検定あるいは技能実習評価試験の合格に関する目標が達成されている必要があります。

■ 残業代の支払や最低賃金の適用について

日本国内の企業に使用される労働者であれば、外国人労働者であっても労働関係法令および社会保険関係法令は適用されます。

また、外国人を雇用する場合にも労働契約書（雇用契約書）、労働条件通知書、就業規則を整備する必要があります。人材募集や面接を始める前に、これらの書式の整備を行います。社会保険や労働保険の加入条件を満たしても、本人が保険料の負担を理由に加入したがらないこともありますが、面接時に公的保険および加入義務についての説明を行い、加入条件を満たす場合は採用時に必ず加入させることが必要です。

外国人雇用状況 届出制度

外国人を雇用する事業主に届出を義務付けており、留学生が行うアルバイトも届出の対象になる。届け出る際には資格外活動許可を得ていることなどを確認しなければならない。

労働者派遣のしくみ

派遣元、派遣労働者、派遣先の三者が関わる契約である

■ 労働者派遣とは

派遣会社が雇用する派遣社員を、その雇用関係を維持しつつ、受入企業の指揮命令により受入企業のために労働に従事させることを労働者派遣といいます。労働者派遣は、労働者と雇用主の一対一の関係と異なり、労働者である派遣労働者を雇用している派遣元と、派遣社員が実際に派遣されて働く現場となる派遣先の三者が関わります。労働者派遣は三者が関わるため、通常の一対一の雇用関係と比べると複雑な法律関係となります。

労働者派遣の場合は、派遣元と派遣労働者の間で雇用契約が交わされますが、派遣労働者が労働力を提供する相手は派遣先です。派遣先は、派遣労働者に対し業務に関連した指揮や命令を出します。派遣労働者に対する賃金は派遣元が支払います。

なお、派遣元と派遣先の間では、労働者を派遣することを約束した労働者派遣契約（派遣契約）が結ばれます。

■ 派遣労働者（派遣社員）とは

派遣労働者（派遣社員）は、ある会社（派遣元）に雇用されながら、他の会社（派遣先）での指揮命令を受けて労働する労働者のことです。そして、労働者派遣事業とは、派遣元で雇用する派遣労働者を、その雇用関係を維持したまま派遣先の事業所で働かせ、派遣先の指揮命令を受けて派遣先の労働に従事させる事業です。

派遣労働者の安全衛生については、派遣元が原則として責任を負います。しかし、派遣労働者は派遣先で仕事をするので、

個人単位の期間制限

同一組織単位（○○課）内での派遣期間　＝　3年

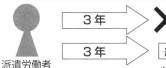
派遣労働者

3年 ➡ ✕
・原則は業種を問わず就労は ✕
・同一組織単位内での異動も ✕

3年 ➡ 組織単位を異動しての就労は○ ➡
※同じ事業所内の場合は過半数組合などの
意見聴取が必要（3年の事業所単位の期間制限に達する場合）

【派遣元が派遣労働者に対して行うべき雇用安定措置】
①派遣先に直接雇用を促す　②新たな派遣の場を提供する
③派遣元での無期雇用を約束する　④上記以外の雇用安定措置

派遣先が安全衛生につき責任を負うケースも多くなります。

■ 2種類の派遣期間の制限が及ぶ

労働者派遣においては、派遣先の業務に関係なく、①派遣先事業所単位の期間制限と、②個人単位の期間制限の2種類の制限が適用されています。

① 派遣先事業所単位の期間制限

同じ派遣先の「事業所」（工場、事務所、店舗など場所的に独立しているもの）に派遣できる期間（派遣可能期間）は3年が限度となります。派遣先が3年を超えて受け入れようとする場合は、派遣先の過半数組合などからの意見聴取が必要です。

② 個人単位の期間制限

同じ派遣労働者を派遣先の事業所における同じ「組織単位」（「課」や「グループ」に相当します）に派遣できる期間（派遣可能期間）も3年が限度となります。この制限は過半数組合などの意見聴取による延長ができません。

派遣契約書への記載事項

派遣契約書に記載する主な事項は、派遣社員が行うことになる業務内容、業務に伴う責任の程度や労働者派遣の期間などを具体的に記載する必要がある。

過半数組合など

原則として事業場の過半数を組織する労働組合。ない場合は事業場の過半数を代表する者。

派遣契約の締結と解除

‥‥‥‥‥‥‥‥‥‥‥‥‥‥‥‥‥‥‥‥‥‥‥‥‥‥‥‥‥‥‥
派遣社員の地位を保護するため、派遣契約の内容や解除は制限されている

■ 派遣契約の内容で何を決めるか

労働者派遣契約（派遣契約）は、派遣先と派遣元との間で、個別の派遣労働について契約書を作成します。その後、派遣元は派遣社員（派遣労働者）に就業条件明示書を交付します。

派遣契約には、派遣社員から苦情の申し出を受けた場合の処理などに関する事項、派遣契約の解除の際の派遣社員の雇用の安定を図るための措置等も取り決めておく必要があります。その他には、派遣料金、債務不履行の場合の賠償責任についても、あらかじめ契約書に記載しておきましょう。

■ 派遣契約の解除の制限

労働者派遣契約の解除が問題になるのは、主として派遣先の都合で契約期間満了前に派遣契約を解除する場合です。

この場合、派遣先は、派遣元の同意を得るとともに、相当の猶予期間をおいて派遣元に解除の申入れを行う必要があります。そして、関連会社などで派遣社員が新たに働けるように手配するなどの努力をしなければなりません。

派遣社員の新たな就業機会を確保できない場合には、解除によって派遣元に生じた損害の賠償を行うことが必要です。たとえば、派遣先は、派遣契約の解除を行う予定の日の30日以上前に解除の予告を行う必要があります。予告を行わず直ちに解除をする場合には、派遣先は、派遣元に対して、派遣社員の30日分の賃金に相当する金額以上の損害賠償を支払わなければなりません。また、派遣元が派遣社員を休業させ休業手当を支払う

派遣先責任者

派遣社員を受け入れる場合、派遣先企業は派遣先責任者を置かなければならない。派遣先責任者は、派遣社員の受入期間の変更通知、派遣先における均衡待遇の確保、派遣先管理台帳の作成・記録・保存および記載事項の通知、派遣社員からの苦情への対処、派遣社員の安全衛生に関する派遣元との連絡調整などの業務を行う。

**派遣元の情報
提供義務**

派遣先は、派遣契約を締結する前に、派遣元に対して「比較対象労働者」とその賃金その他の待遇に関する一定の情報を提供しなければならない。「比較対象労働者」とは、派遣先で雇用される通常の労働者で、派遣契約を締結しようとする業務と、同一の業務に従事している労働者をいう。情報提供が派遣先から行われなければ、派遣元が派遣契約を締結することが禁止され、上記情報に変更があったときは遅滞なく派遣元労働者に変更後の情報を提供しなければならない。

派遣契約を中途で解除する場合の注意点

1	その解除が真にやむを得ず、正当なものかを十分に検討すること
2	あらかじめ相当の余裕をもって、派遣元に解除の申し出を行い、合意を得ること
3	派遣先の関連会社での就業をあっせんするなど、その派遣労働者の新たな就業の機会の確保を図ること
4	派遣先の責めに帰すべき事由で派遣契約を中途解除する場合は、派遣元に生じた損害の賠償を行うこと。 ・派遣労働者を休業させる場合は、休業手当に相当する額以上の賠償 ・解除予告を行わない場合は30日分以上の賠償、予告から解雇までの期間が30日に満たない場合は、当該解雇の30日前の日から予告の日までの日数分以上の賠償
5	派遣先と派遣元の双方の責めに帰すべき事由がある場合は、派遣先と派遣元のそれぞれの責めに帰すべき部分の割合についても十分に考慮すること

場合には、その休業手当に相当する額以上を賠償する必要があります。

派遣契約の解除の際にその理由を派遣元から問われた場合には、派遣先は理由を明らかにする義務を負います。

もっとも、派遣先が行う派遣契約の解除には、いくつかの制限（解除自体が禁止される場合）があります。

まず、労働者派遣法は、派遣社員の国籍、信条、性別、社会的身分、派遣社員が労働組合の正当な行為を行ったことなどを理由に、派遣先が派遣契約を解除することを禁止しています。

次に、各種の労働法に基づき、人種や門地、婚姻や妊娠出産、心身の障害、派遣社員が派遣先に苦情を申し出たことなどを理由とする解除も禁止されています。派遣先が違法行為を行っていたことを派遣社員が関係行政機関に申告した場合、派遣先がそれを理由に派遣契約を解除することも許されません。

想定した能力に満たない派遣社員

派遣社員について、想定していた能力に満たない者が派遣された場合には、派遣先が派遣元に対して派遣社員の交代などの検討を求める場合もある。

派遣契約の解除の制限

本文記載の派遣契約の解除に関する制限に関して、信条に基づく解除とは、特定の宗教的あるいは政治的な信念に基づく解除を指し、社会的身分に基づく解除とは生来的な地位に基づく解除を指す。また、労働組合の正当な行為を行ったことを理由とする解除は、正当性のある団体交渉や争議行為に基づく解除を指す。

【監修者紹介】
森島 大吾（もりしま だいご）
1986年生まれ。三重県出身。社会保険労務士、中小企業診断士。三重大学大学院卒業。観光業で人事労務に従事後、介護施設で人事労務から経営企画、経理まで幅広い業務に従事する。

2020年1月に「いちい経営事務所」を開設。会社員時代には、従業員の上司には言えない悩みや提案を聞くことが多く、開業してからも経営者の悩みに共感し寄り添うことをモットーに、ネガティブな感情をポジティブな感情に動かす『感動サービス』の提供を行っている。人事労務から経理まで多岐にわたる業務に従事していた経験と中小企業診断士の知識を活かして、給与計算代行や労働保険・社会保険の手続き代行だけでなく、経営戦略に寄与する人事戦略・労務戦略の立案も行い、ヒト・モノ・カネの最大化に向けたサポートをしている。

監修書に、『入門図解 テレワーク・副業兼業の法律と導入手続き実践マニュアル』『入門図解 高年齢者雇用安定法の知識』『入門図解 危機に備えるための 解雇・退職・休業・助成金の法律と手続き』『失業等給付・職業訓練・生活保護・給付金のしくみと手続き』『図解で早わかり 医療保険・年金・介護保険のしくみ』（小社刊）などがある。

図解で早わかり
最新 人事・労務の基本と実務

2021年1月30日 第1刷発行

監修者	森島大吾
発行者	前田俊秀
発行所	株式会社三修社
	〒150-0001 東京都渋谷区神宮前2-2-22
	TEL 03-3405-4511　FAX 03-3405-4522
	振替 00190-9-72758
	http://www.sanshusha.co.jp
	編集担当 北村英治
印刷所	萩原印刷株式会社
製本所	牧製本印刷株式会社

©2021 D. Morishima Printed in Japan
ISBN978-4-384-04860-5 C2032